Gerhard Schönrich (Hg.)
Normativität und Faktizität

THELEM

Studien zur Philosophie und Logik
Hg. von Gerhard Schönrich und Heinrich Wansing
Band 1

Gerhard Schönrich (Hg.)

Normativität und Faktizität

Skeptische und transzendentalphilosophische

Positionen im Anschluß an Kant

THELEM

bei w.e.b.

2004

Gedruckt mit freundlicher Unterstützung
der Fritz Thyssen Stiftung.

Bibliografische Information der Deutschen Bibliothek
Die Deutsche Bibliothek verzeichnet diese Publikation in der
Deutschen Nationalbibliografie; detaillierte bibliografische Daten
sind im Internet unter <http://dnb.ddb.de> abrufbar.

Bibliographic information published by Die Deutsche Bibliothek
Die Deutsche Bibliothek lists this publication in the Deutsche
Nationalbibliografie; detailed bibliographic data is available in
the Internet at <http://dnb.ddb.de>

ISBN 3-937672-31-1

© w.e.b. Universitätsverlag & Buchhandel
Eckhard Richter & Co. OHG
Bergstr. 78 | D-01069 Dresden
Tel.: 0351/4 72 14 63 | Fax: 0351/4 72 14 65
http://www.web-univerlag.de
Thelem ist ein Imprint von w.e.b.
Satz: Kay Malcher
Gesamtherstellung: w.e.b.
Druck und Bindung: difo-Druck GmbH Bamberg
Made in Germany.

VORWORT

Der vorliegende Band geht auf ein Kolloquium der zu diesem Anlass gegründeten *Deutsch-Polnischen Gesellschaft für Philosophie* zurück, das vom 30. April – 2. Mai 2003 an der TU Dresden unter dem gleichen Titel stattgefunden hat. Er enthält vorwiegend Beiträge jüngerer polnischer und deutscher Philosophen. Mit einer Ausnahme wurden auf diesem Kolloquium alle hier versammelten Beiträge auch als Vorträge präsentiert und diskutiert. Die Abhandlungen der drei Beiträger aus Polen: A. LORENZ, A. BOBKO und L. MIODOŃSKI wurden in Deutsch geschrieben und vorgetragen.

Ohne die engagierte Mithilfe von KAY MALCHER, CONSTANZE DEMUTH und GUNTRAM BIENECK wäre die zeitnahe Veröffentlichung nicht zu realisieren gewesen. Ihnen gilt mein besonderer Dank. Zu danken habe ich auch der Fritz-Thyssen-Stiftung für die großzügige Unterstützung des Kolloquiums und vor allem für die rasche und unbürokratische Gewährung eines Druckkostenzuschusses, der die Publikation in dieser Form überhaupt ermöglichte.

Dresden, im März 2004   Gerhard Schönrich

INHALT

Gerhard Schönrich

NORMATIVITÄT UND FAKTIZITÄT
Einleitung

Zu den elementaren, nicht nur Fachphilosophen umtreibenden Gegenwartsfragen gehört zweifellos die Frage nach dem Status von Werten, Regeln, Vorschriften und Gesetzen. Worin gründet letztlich deren Normativität? Wer oder was webt den immer dichter werdenden Mantel aus Normen, der uns schützend umgibt, aber zugleich auch beengt? Ob es sich um den Kategorischen Imperativ, die Straßenverkehrsordnung, die Maastrichter Vorschriften der EU oder um das logische Gesetz vom zu vermeidenden Widerspruch handelt – stets ist es unsere gemeinsame Praxis, die Normen instituiert, mit Sanktionen bewehrt und schließlich durchsetzt. Diese naheliegende Antwortstrategie ist ebenso einfach wie unbefriedigend. Sie plädiert für einen unverblümten Naturalismus, der die fragliche Normativität schlicht im Machtspruch der jeweiligen Werte- und Regelbefolgungsgemeinschaft und deren Konformitätsdruck auflöst. Die Beschreibung der faktischen Praxis eines gemeinschaftlichen „So handeln wir eben" wäre dann die letzte Auskunft auf die Ausgangsfrage.

Unter dem Schutz der alteuropäischen Tradition von PLATON bis KANT glaubt man, mit solchen naturalistischen Reduktionsversuchen leichtes Spiel zu haben, gilt doch Normativität als eine Sache unmittelbarer Einsicht, die den Zwängen unserer jeweiligen Praxen grundsätzlich so weit enthoben ist, dass umgekehrt dieser Einsicht per se schon normative Bedeutung zugeschrieben wird, auf die man nur zuzugreifen brauche, um unsere jeweilige Praxis normativ aufzuladen. In der obligatorischen Anrufung einer „Wertegemeinschaft" ist diese Begründungsfigur längst in das Feuilleton und die politischen Sonntagsreden vorgedrungen. Der *locus classicus* findet sich bei KANT. Das Bewusstsein des moralischen Grundgesetzes gilt ihm als „Faktum der Vernunft", „weil es sich für sich selbst uns aufdringt" (KpV, AA, S. 31).[1] Die Rückbindung an Faktisches kann auch KANT nicht gänzlich abschütteln; naturalistischen Reduktionsversuchen will er sich jedoch durch eine Nobilitierung der von ihm beanspruchten Faktizität zu einem Bedeutungsfaktum entziehen, das er für kritikresistent hält, da er ihm neben Präskriptivität und Unmittelbarkeit auch noch Unleugbarkeit zuschreibt (ebd., S. 32). Indem KANT dann noch den freien Willen und den Willen unter sittlichen Gesetzen gleichsetzt, d.h. spontane Praxis und moralische Praxis als „einerlei" (GMS, AA, S. 447) verstanden wissen will, kompensiert er die Normentleerung des Naturalismus durch ein forciertes Programm der Normüberfrachtung – mit paradoxalen Konsequenzen, wie G. PRAUSS gezeigt hat.[2]

KANTs Berufung auf ein normativitätsstiftendes Bedeutungsfaktum hält dem gewachsenen Druck eines Bedeutungs- und Regelskeptizismus', wie er von QUINE bis

---

[1] Zur Zitierweise der Werke KANTs vergleiche das Siglenverzeichnis am Ende des Bandes.
[2] Vgl. dazu PRAUSS (1983), S. 81f.

KRIPKE[3] vertreten wird, nicht mehr stand. Ein Skeptiker, der durch diese Schule gegangen ist, wird sich weder von der Autorität KANTs noch von dem dahinter stehenden Gewicht einer langen Tradition abhalten lassen, seine Vexierfragen gezielt anzubringen. Besteht das „Sich-Aufdringen" einer Norm wie der des als Fundamentalnorm verstandenen Moralgesetzes in einem inneren Spezial-Erlebnis? Und wie könnte ein solches Erlebnis als Korrektheitsbedingung die öffentliche Regelanwendung (hier die des kategorischen Imperativs) festlegen? Woher wissen wir, dass wir die Bedeutung der Norm (ihren Inhalt) überhaupt korrekt erfasst haben? Der Skeptiker macht geltend, dass Erlebnisse, in denen sich Bedeutung aufdrängt, nicht weniger interpretationsbedürftig sind als die Zeichen, in denen das Moralgesetz als Regel ausbuchstabiert wird. Beruft man sich zur Begründung der korrekten Interpretation erneut auf ein Bedeutungsfaktum, lässt sich der Regress nicht mehr abwenden. Bleibt also nur die skeptische Alternative? Die Frage nach der Normativität scheint in eine aporetische Situation zu führen.

Dass für die Fragestellung des vorliegenden Bandes gerade die Transzendentalphilosophie KANTs einen geeigneten Ausgangspunkt vorgibt, liegt nicht nur an der für die gesamte Moderne maßgebenden Weise, in der KANT die Ausgangsfrage beantwortet hat, sondern vor allem an der überraschenden Anschlussfähigkeit seiner Philosophie an die skeptische Problemstellung. So verschieden die Antworten auf die Ausgangsfrage auch ausfallen mögen, so offenkundig ist doch die Übereinstimmung von skeptischer und transzendentaler Problemanalyse. Auch wenn KANTs unverhohlene Berufung auf ein Bedeutungsfaktum in der praktischen Philosophie anderes vermuten lässt, so ist, wie ein Blick zum Beispiel in das Schematismus-Kapitel der „Kritik der reinen Vernunft" lehrt, die Kritik an der platonisch geprägten Bedeutungstheorie in seiner Philosophie schon angelegt.

Wie der Skeptizismus misstraut nämlich auch KANT in der Erkenntnistheorie den privaten Sinnesdaten als Begründungsbasis; seine Kategorienlehre lässt eher an Normen einer gemeinschaftlichen Praxis von Zeichenverwendern denken als an unveränderliche Ideen oder Begriffe, auf die man im Erkenntnisvollzug nur Bezug zu nehmen braucht, um dessen Wahrheitsanspruch sicherzustellen. Und der vom Skeptiker initiierten Ersetzung der Wahrheitsbedingungen durch Behauptbarkeitsbedingungen kommt KANT mit seinem Konzept des Erkenntnisobjekts als etwas von uns Gemachtem weit entgegen. Es gibt also gute Gründe, vor diesem Hintergrund die Frage nach dem Verhältnis von Normativät und Faktizität im Kontext der Kantischen Philosophie – der theoretischen wie der praktischen – noch einmal neu zu stellen. Wo beginnt für den Philosophen jeweils das Normative und wo hört das Deskriptive auf? Ist die Deskription eines wie auch immer ausgezeichneten Faktischen die letzte Antwort?

Nun sind die angedeuteten Anschluss-Stellen nicht einfach an der Oberfläche der Kantischen Texte abzugreifen. Vielmehr kommt die skizzierte Spannung, unter der KANTs Philosophie selbst steht, erst in einer entschlossenen Weiterentwicklung seines Ansatzes zum Tragen. Diese Spannung auszumessen und ihr Energiepotential für eine Antwort auf die Ausgangsfrage nutzbar zu machen, ist das Ziel des vorliegenden Bandes, nicht etwa eine Textexegese, die einem anderen Rahmen vorbehalten sein mag.

---

3   Hier sei stellvertretend für eine weit verzweigte Debatte nur auf zwei Quellen verwiesen, nämlich QUINEs Bedeutungsskeptizismus in QUINE (1960), bes. Kap. II, und KRIPKEs Regelskeptizismus in KRIPKE (1982).

Die Konfrontation mit dem Bedeutungs- und Regelskeptizismus dient dabei als notwendiger Katalysator.

Ihr ist deshalb die erste unter dem Titel „Normative Bedeutungsfakten und Gebrauchsfakten" geordnete Gruppe von Abhandlungen gewidmet. Die Leitfrage lautet hier: Lassen sich Bedeutungsfakten auf Gebrauchsfakten reduzieren? Bestimmt die Bedeutung einer Norm (Regel) den Gebrauch oder umgekehrt der Gebrauch die Bedeutung? A. RAMI geht es in seinem Beitrag „Über die sogenannte Normativität der Bedeutung" um eine begriffliche Klärung dessen, was Normativität überhaupt als intrinsische Normativität auszeichnet. Er unterscheidet zunächst vier Arten von Normativität (Normativität als normative Beziehung zwischen Bedeutung und Gebrauch; normative Beziehung zwischen Gebrauch und Bedeutung; Normativität als Korrektheitsbedingung für den Gebrauch; Normativität als Bedeutungsfaktum), auf die er seinen in der Auseinandersetzung mit SCHNÄDELBACH und V. WRIGHT gewonnenen Verbesserungsvorschlag anwendet. Demnach sind nur präskriptive Normen, die sagen, was zu tun und zu lassen ist, normativ in einem strikten Sinn. Bedeutungen von Ausdrücken – so zeigt sich – sind nicht normativ in diesem intrinsischen Verständnis, weder als Korrektheitsbedingungen für den Gebrauch, noch als eine aus der Bedeutung angeblich erwachsende spezielle Verpflichtung für den Verwender. RAMI zweifelt an der Reduzierbarkeit von Bedeutungsfakten auf Gebrauchsfakten und favorisiert eine Reduktion der Bedeutung auf genuine normative Fakten. Solche normativen Fakten sind soziale Fakten; sie laden dann Gebrauchsfakten normativ auf.

Der Gebrauchsaspekt des Normativen steht auch im Mittelpunkt von P. SCHMECHTIGs Auseinandersetzung mit R. BRANDOMs Pragmatismus in dem Beitrag „Normativität, objektiver Gehalt und genuine Intentionalität". BRANDOMs Ziel ist, den objektiven Gehalt von intentionalen Einstellungen angemessen zu erklären, und zwar durch den normierenden Einfluss jener Einstellungen, die in einer diskursiven Praxis zur Zuschreibung solcher objektiven Inhalte berechtigen sollen. SCHMECHTIG verteidigt die These, dass der entscheidende Gedanke, der eine pragmatische Erklärung von Normen stützt, im Konzept einer genuinen Intentionalität zu suchen ist. Zu diesem Zweck wird BRANDOMs Grundthese auf drei Ebenen einer genaueren Untersuchung unterzogen: (1) der Zurückweisung von KANTs Begriffsverständnis einschließlich der damit verbundenen „regulistischen" Auffassung der Normenbefolgung; (2) vor dem Hintergrund der methodologischen Schwierigkeiten, die sich aus einer phänomenalistischen Behandlung des „Normativen" ergeben; (3) in Bezug auf eine Theorie intentionaler Einstellungen, die explizieren sollen, wie in sogenannten dere-Zuschreibungen objektiver Gehalt zustandekommt.

Die tiefreichende Skepsis gegen die zentrale Annahme traditioneller Theorien, dass Bedeutungsfakten den Gebrauch bestimmen, teilt auch der Beitrag „Ein normatives Dilemma in Kants Erkenntnistheorie" von G. SCHÖNRICH. Die Frage, worin die normative Dimension einer Gebrauchstheorie besteht, findet hier allerdings mit Blick auf KANTs Erkenntnistheorie eine aporetische Antwort. Zwar lässt sich KANTs Begriffstheorie zunächst als normative Dimension des Gebrauchs von Anschauungen rekonstruieren. Erkenntnis ist eine Regelbefolgungspraxis. Wenn aber allein präskriptive Normen (im Unterschied zu konstitutiven und direktiven Normen) wirklich verletzbar sind und damit für sich genuine Normativität beanspruchen können, dann entsteht ein Dilemma insofern, als solche Regeln gerade das Kriterium nicht erfüllen können, an dem KANT transzendentale Regeln misst, nämlich alternativenlos gültig zu sein. Alternativenlos gültig sind nur konstitutive Regeln (Normen), die den Standard dafür festlegen, was überhaupt als objektkonstituierender Gebrauch von Anschauungen gilt und was nicht. Auch der Skeptiker müsste solche Regeln noch voraussetzen, um seinen Zweifel überhaupt verständlich machen zu können. Konstitutive Normen sind aber nicht normativ in dem intrinsischen Verständnis dieses Begriffs.

Unter dem Titel „Normativität in geschichtlicher Relativität" versammelt der zweite Teil des vorliegenden Bandes Aufsätze, die die Geltung Kantischer Theoriebildungen – sei es in der theoretischen, sei es in der praktischen Philosophie – als geschichtlich bedingt bewerten, nämlich entweder durch das jeweilige Wissenschaftskonzept einer Epoche oder durch den jeweiligen Entwicklungsstand menschlicher Verhaltensweisen. Wie er in seinem Beitrag „Gewissheit versus Hypothese. Anmerkungen zum Theoriestatus der Transzendentalphilosophie Kants" detailliert ausführt, ist für A. LORENZ das philosophische Konzept KANTs ganz der Naturphilosophie NEWTONs und ihrem hypothesenfeindlichen Wissenschaftsverständnis verpflichtet. Die revolutionäre Bedeutung der sogenannten Kopernikanischen Wende verdankt sich nach LORENZ den aus der Wissenschaftsrevolution NEWTONs stammenden Direktiven, ohne die KANTs Transzendentalphilosophie letztlich unverständlich bleiben müsse.

Mit Blick auf SCHOPENHAUER stellt L. MIODOŃSKI eine geschichtliche Bedingtheit der praktischen Philosophie KANTs fest, die der Geschichtlichkeit der theoretischen Philosophie korrespondiert. In seinem Beitrag „Normativität oder Deskriptivität? Schopenhauer als Kritiker der Moralphilosophie Kants" rekonstruiert er die Schopenhauersche Kritik an einer präskriptiven Ethik als letztes noch nicht aufgelöstes *theologoumenon*. Ein starker Normativitätsbegriff lässt sich nach MIODOŃSKI unter dieser versteckten theologischen Prämisse nicht begründen. Behält SCHOPENHAUER recht, bleibt als philosophische Aufgabe lediglich die Beschreibung des faktischen Verhaltens von Menschen. Menschenliebe und Mitleid erscheinen in dieser Sicht gleichsam als die Gebrauchsfakten, auf die sich das Bedeutungsfaktum des Moralgesetzes reduziert.

Einen weiteren programmatischen Schritt auf dem Wege einer Vergeschichtlichung der Vernunft zeichnet CH. DANZ in seinem Beitrag „Ethische Normativität und geschichtliche Relativität. Kantische Elemente in der ethischen Geschichtsphilosophie Ernst Troeltschs" nach. Wie DANZ zeigt, hat TROELTSCH insbesondere KANTs Geschichts- und Religionsphilosophie einer Neubewertung unter den Bedingungen des historischen Denkens unterzogen. Zwar wird die vergeschichtlichte Vernunft aller invarianten Konstituenten entkleidet, was aber nicht zu einer Verabschiedung des Geltungsbegriffs führen muss. Mit TROELTSCH sieht DANZ die Dimension des Normativen in dem Moment einer in die historische Forschung eingebetteten individuellen Stellungnahme des Normsubjekts gerettet, die die Geltung von Normen tragen soll.

Einen Perspektivenwechsel vollziehen die zwei unter der dritten Rubrik „Normativität und Emotionalität" subsumierten Arbeiten. Wurde bisher die Bedeutung von Normativität entweder kritisch an Gebrauchsfakten gemessen oder in ihrer geschichtlichen Relativität bedacht, so wird nun die emotionale Seite der Normsubjekte beleuchtet. Sind Gefühle wie das Gefühl der Achtung oder das Gefühl der ästhetischen Lust nur das Sediment einer allein in der Vernunft begründeten Normativität oder sind sie

Ausdruck dieser Normativität selbst? Für die letztere Deutung spricht sich – was ästhetische Urteile angeht – der Beitrag „Die Normativität des Kantischen Geschmacksurteils" von A. BOBKO aus. KANT zufolge ist das Schöne nämlich nicht mit der Beschaffenheit eines entsprechend beurteilten Gegenstandes gleichzusetzen. Der Geltungsgrund ästhetischer Normativität liegt in dem als lustvoll erfahrenen Zusammenspiel kognitiver Kompetenzen. Dieser Geltungsgrund wird von KANT nicht nur zufällig als *sensus communis* charakterisiert und damit ausdrücklich über den Horizont eines einsamen Normsubjekts hinausgehoben, indem er auf einen Begriffs- und Anschauungsgebrauch einer Gemeinschaft von Normsubjekten bezogen wird. Wenn diese Art von Normativität überhaupt als präskriptiv zu bezeichnen ist, dann wäre sie eine Präskriptivität ohne jeden Zwang, ein Sollen ohne Nötigung, d.h. als Ausdruck von Normativität nur in paradoxer Weise charakterisierbar.

Im Gegensatz zum ästhetischen Wohlgefallen gibt sich das Gefühl der Achtung eindeutig als ein von der Vernunft bewirktes Gefühl zu verstehen, d.h. als direkter Niederschlag einer unabhängig von diesem Gefühl schon gerechtfertigten Normativität. W. METZ arbeitet in seinem Aufsatz „Das Gefühl der Achtung in Kants *Kritik der praktischen Vernunft*" den Unterschied des Kantischen Konzepts sowohl zur britischen moral-sense-Philosophie als auch zu ROUSSEAUs Konzept heraus. Das Gefühl der Achtung ist weder eine normfreie Lust bzw. Unlust (wie der Gebrauch der Sinne) noch ist es der zwanglose Zwang eines Normen zumindest insinuierenden *sensus communis* (wie im Gebrauch ästhetischer Urteile); als vernunftgewirktes Gefühl markiert es im Bereich der Emotionalität den Primat einer nicht vollständig auf Gebrauchsfakten reduzierbaren Normbedeutung des Moralgesetzes.

Die mit einem Fragezeichen versehene vierte Rubrik „Normativität aus reiner Vernunft?" versammelt die Beiträge, die dem Vernunftkonzept in seiner klassischen Lesart eine problemklärende, wenn nicht sogar problemlösende Leitfunktion zutrauen. In die letztere Kategorie fällt G. PRAUSS' Beitrag „Das Problem der Herleitung einer Verpflichtung. *Sollen für die Theorie und für die Praxis*". Danach ist es KANT nicht gelungen, die Grundnorm der praktischen Philosophie, das Moralgesetz, aus dem freien Wollen abzuleiten (Slogan: „Du sollst, denn Du kannst"); später versucht er in der Umkehrung dieses Ableitungsversuchs, die Freiheit aus dem Moralgesetz zu begründen (Slogan: „Du kannst, denn Du sollst"). Nach PRAUSS nimmt KANT diese Freiheit nun aber schon in seiner theoretischen Philosophie in Anspruch. Und hier hätte er, wie PRAUSS zeigt, tatsächlich eine Norm ableiten können: das Gesetz von der zu vermeidenden Widersprüchlichkeit, eine eindeutig präskriptive Norm also, insofern der Widerspruch etwas ist, das vermieden werden soll, weil anders Erkenntnis im Sinne einer intentionalen Verwirklichung von Gegenständen nicht möglich ist.

Auch R. HILTSCHER beantwortet in seinem Beitrag „Kants Lehre vom Faktum der Vernunft" die Frage nach der problemlösenden Kraft des Vernunftkonzepts letztlich positiv. Zwar hat seiner Analyse zufolge KANT die Schwierigkeiten in der „Kritik der praktischen Vernunft" nicht selbst lösen können, da er nicht hinreichend klar zwischen dem Moralgesetz in „Prinzipienfunktion" und „kriteriologischer Funktion" unterschieden hat. Einer weiterentwickelten Transzendentalphilosophie, die diese Unterscheidung entschlossen umsetzt, scheint HILTSCHER jedoch grundsätzlich eine Lösung zuzutrauen.

Am wenigsten begründungsoptimistisch – doch keineswegs begründungspessimistisch – gibt sich G. LÖHRERs Aufsatz: „Kants Problem einer Normativität aus reiner Vernunft" LÖHRER unterzieht hier den Kantischen Anspruch, in der Ethik ein kategorisches Sollen identifiziert zu haben, einer genauen Prüfung. Wie PRAUSS und HILTSCHER ist auch LÖHRER der Meinung, dass es KANT nicht gelungen ist, zu zeigen, wie eine Norm aus reiner Vernunft möglich ist. Er geht nun allerdings noch einen Schritt weiter: Selbst wenn sich die Normgebungsfunktion der reinen Vernunft beweisen ließe, wäre immer noch nicht vorgeführt, wie ein Moralgesetz als Grundnorm überhaupt motivierend wirksam sein und wie weit sich deren Geltungsbereich dann überhaupt erstrecken könnte. Trotz dieser immensen Schwierigkeiten plädiert LÖHRER für eine mutige Fortsetzung transzendentaler Begründungsanstrengungen – freilich unter einer entscheidend veränderten Prämisse, nämlich dass Normativität nicht mehr als Angelegenheit einer isolierten Freiheit des einzelnen Normsubjekts, sondern von vornherein unter dem sozialen Aspekt einer Gemeinschaft von Normbefolgern zu konzipieren ist.

Als gemeinschaftliche Angelegenheit einer Pluralität von Norm- oder Regelbefolgern, die in einer gemeinschaftlichen Praxis engagiert sind, ist Normativität dann freilich weitaus stärker von Gebrauchsaspekten durchsetzt als Vertretern einer rein aus Vernunft erfassbaren Bedeutung von Normativität recht sein kann. Der Kreis schließt sich: Ein Bedeutungsfaktum wie die sich aufdrängende Grundnorm KANTS, sei es das Moralgesetz oder das Gesetz vom zu vermeidenden Widerspruch, ist sicher nicht auf Gebrauchsfakten einer immer auch historisch relativierten Gemeinschaft von Normbefolgern reduzierbar – aber eben auch nicht unabhängig von solchen Gebrauchsfakten zu haben.

Literatur

KRIPKE, SAUL A. (1982): Wittgenstein on Rules and Private Language, Oxford: Blackwell.

PRAUSS, GEROLD (1983): Kant über Freiheit als Autonomie, Frankfurt a.M.: Klostermann.

QUINE, W.V.O. (1960): Word and Object, Cambridge, Mass.: MIT Press.

1. NORMATIVE BEDEUTUNGSFAKTEN UND GEBRAUCHSFAKTEN

Adolf Rami

ÜBER DIE SOGENANNTE NORMATIVITÄT DER BEDEUTUNG[1]

Der Slogan ‚Bedeutung ist normativ' kann als ein fester Bestandteil der sprachphilosophischen Diskussion der letzten zwanzig Jahre angesehen werden. Es ist das Ziel dieser Arbeit herauszufinden, was sich hinter diesem Slogan verbirgt, und ob die sogenannte Normativität der Bedeutung zu den wesentlichen, intrinsischen Eigenschaften
der Bedeutung sprachlicher Ausdrücke zählt. Meine Untersuchung vollzieht sich in
vier Schritten. Im ersten Schritt werde ich der Frage nachgehen, im Rahmen welcher
Aspekte und Phänomene der sprachlichen Bedeutung in der Literatur gewöhnlich von
einer Normativität der Bedeutung geredet wird, und ob es womöglich unterschiedliche
Arten der Normativität der Bedeutung gibt. Im zweiten Schritt werde ich mich der
Frage zuwenden, was wir unter Normativität verstehen sollen und was darunter gewöhnlich verstanden wird. Ich werde zu diesem Zweck eine gängige Klassifikation der
Normativität, die auf VON WRIGHT und SCHNÄDELBACH zurückgeht, einer Kritik unterziehen und eine modifizierte Version dieser Klassifikation präsentieren. Als drittes
werde ich auf der Basis der im zweiten Untersuchungsschritt gewonnenen Klassifikation der Normativität der Frage nachgehen, auf welche der Arten der Normativität der
Bedeutung, die im ersten Untersuchungsschritt eingeführt wurden, sich die unterschiedenen Begriffe der Normativität sinnvoll anwenden lassen, und welche Konsequenzen wir daraus zu ziehen haben. Im letzten Abschnitt der Arbeit werde ich mich
mit einigen Strategien zur Rechtfertigung einer gebrauchstheoretischen Auffassung
der Bedeutung beschäftigen. Ich werde zu zeigen versuchen, warum diese Strategien
nicht überzeugend sind, und worin die Schwierigkeiten solcher Rechtfertigungen liegen. Dies alles soll zur Veranschaulichung der Tatsache dienen, dass es keine Selbstverständlichkeit ist, von einer intrinsischen Normativität der Bedeutung zu sprechen.

(A) Welche Arten der Normativität der Bedeutung gibt es?

Erstmalig explizit wurde der Begriff der Normativität mit dem Begriff der Bedeutung
im Rahmen der sprachphilosophischen Diskussion der letzten Jahrzehnte von KRIPKE
in seiner einflussreichen WITTGENSTEIN-Interpretation *Wittgenstein on Rules and Private
Language* in Verbindung gebracht. Die folgende Stelle aus diesem Buch gilt als der *locus
classicus* der jüngeren Diskussion über die Normativität der Bedeutung:

> „Nehmen wir an, ich meine mit >+< tatsächlich die Addition. Was ist die Bezie-
> hung zwischen dieser Voraussetzung und der Frage, wie ich auf die Aufgabe

---

[1] Das Erstveröffentlichungsrecht für eine teilweise veränderte Fassung dieses Aufsatzes liegt bei
den *Grazer Philosophischen Studien*. Der Aufsatz erscheint dort in Heft 68, 2004.

>68+57< antworten werde? Der Dispositionstheoretiker gibt eine *deskriptive* Er­klärung dieser Beziehung, die eben nicht deskriptiv, sondern *normativ* ist. Es geht *nicht* darum, daß ich, sofern mit >+< die Addition gemeint war, >125< antworten *werde*, sondern daß ich >125< antworten *sollte*, sofern ich mit dem bisher mit >+< Gemeinten in Einklang zu bleiben beabsichtige. Rechenfehler, die Endlichkeit meiner Fähigkeiten und sonstige Störfaktoren können die Wirkung haben, daß ich nicht *disponiert* bin, so zu antworten, wie ich antworten *sollte*, doch wenn es dazu kommt, habe ich nicht in Einklang mit meinen Absichten gehandelt. Die Beziehung zwischen Meinen und Intendieren einerseits und künftigen Handlungen andererseits ist nicht *deskriptiv*, sondern *normativ*." [2]

Auf der Grundlage dieser Passage bekommen wir einen ersten Eindruck, wovon die Diskussion um die Normativität der Bedeutung im Detail handelt. KRIPKE vertritt die Auffassung, dass zwischen dem Meinen oder Intendieren einer Person, also der Sprecher-Bedeutung eines sprachlichen Ausdrucks und künftigen damit verknüpften Sprachhandlungen ein normatives Verhältnis besteht. Was ist damit konkret gemeint? Wenn ein Sprecher zu einem Zeitpunkt t mit dem Zeichen ‚+' die Rechenoperation der Addition meint, und wenn er zu einem beliebigen Zeitpunkt s nach t dieses Zeichen in Übereinstimmung mit seinem Meinen zum Zeitpunkt t gebrauchen will, dann *verpflichtet* er sich nach KRIPKE[3] aufgrund seines Meinens zum Zeitpunkt t und seiner Absicht zum Zeitpunkt s darauf, das Zeichen ‚+' zum Zeitpunkt s als Zeichen der Rechenoperation der Addition zu gebrauchen. In diesem Sinn besteht (a) zwischen dem Meinen, (b) dem Intendieren und (c) der Verwendung eines Wortes oder Zeichens durch einen kompetenten Sprecher eine normative Beziehung im Sinne einer Verpflichtung. Diese Art der Normativität der Bedeutung kann aber nicht nur zwischen der Sprecherbedeutung, einer Absicht und der Verwendung eines Wortes bestehen, sondern naturgemäß auch zwischen der sprachlichen Bedeutung eines Wortes, einer Absicht und der Verwendung eines Wortes oder der sprachlichen Bedeutung eines komplexen Ausdrucks, wie eines Satzes, einer Absicht und der Verwendung dieses Ausdrucks. Es lassen sich also in diesem Zusammenhang bereits unterschiedliche Ebenen der Normativität der Bedeutung unterscheiden, auf die wir noch genauer eingehen werden.

Wir können auf dieser Grundlage und in der Folge von KRIPKE eine erste Art der Normativität der Bedeutung unterscheiden, welche besagt, dass zwischen der Bedeutung eines sprachlichen Ausdrucks und dem Gebrauch, den wir von diesem Ausdruck machen, unter bestimmten Umständen eine normative Beziehung besteht. Oder wie KATRIN GLÜER dies ausdrückt:

„[...] die Idee ist [...], dass, was ein sprachlicher Ausdruck bedeutet, normative Konsequenzen hat. Und das heißt hier: normative Konsequenzen für seinen Gebrauch, also dafür, was damit zu tun ist."[4]

---

[2]   KRIPKE (1987), S. 52-53.
[3]   KRIPKE selbst verwendet in diesem Zusammenhang den Ausdruck ‚sollte' (='should'); was aber nur Verwirrung stiftet. Denn es handelt sich hier um kein *Sollen*, sondern eindeutig um eine *Verpflichtung*.
[4]   GLÜER (2000), S. 455.

Die angeführte Art der Normativität der Bedeutung ist aber bei weitem nicht die einzige Art der Normativität der Bedeutung von der in der jüngeren Diskussion über dieses Thema die Rede war. Wir können mindestens drei weitere Formen der Normativität der Bedeutung unterscheiden. KATRIN GLÜER, die sich als Kritikerin der Auffassung hervorgetan hat, dass es sich bei der sogenannten Normativität der Bedeutung um eine wesentliche Eigenschaft der Bedeutung handelt, hat in ihrer frühen Arbeit „Sprache und Regeln" es noch verabsäumt, unterschiedliche Arten der Normativität der Bedeutung zu unterscheiden. Was sich natürlich auf die Klarheit und Durchsichtigkeit ihrer Untersuchungen negativ ausgewirkt hat. Sie hat, wie aus der folgenden Stelle hervorgeht, in „Sprache und Regeln" ausschließlich von einer „regulativ-präskriptiven Ambivalenz" im Zusammenhang mit *der* Normativität der Bedeutung gesprochen:

> „Die Normativitätsthese scheint zwischen regulativen und präskriptiven Elementen zu schillern, gerade weil sie etwas Wesentliches über Bedeutung zu formulieren versucht. Bedeutung soll, das dürfen wir nicht vergessen, essentiell normativ sein, d.h. ohne die fraglichen Normen gar nicht möglich."[5]

In ihren späteren Arbeiten hat sie diese Einschätzung aufgegeben und ist zu dem Ergebnis gekommen, dass es neben der von uns angeführten ersten Art der Normativität der Bedeutung noch eine weitere Art derselben gibt. Und so schreibt sie im unmittelbaren Anschluss an ihre oben zitierte Charakterisierung der ersten Art der Normativität der Bedeutung:

> „Diese Idee wird nun aber oftmals mit einer zweiten kombiniert, mit der Idee nämlich, dass Bedeutung selbst normativ bestimmt ist. […] Wir haben es also mit zwei unterscheidbaren Bestimmungsrelationen zu tun: Zum einen wird Bedeutung selbst auf normative Weise bestimmt und zum anderen bestimmt Bedeutung auf normative Weise den Gebrauch sprachlicher Ausdrücke."[6]

Diese zweite, zu unterscheidende Art der Normativität der Bedeutung besteht nun im Gegensatz zur ersten Art der Normativität der Bedeutung nicht in einer normativen Beziehung zwischen Bedeutung und Gebrauch, sondern vielmehr umgekehrt in einer Beziehung zwischen Gebrauch und Bedeutung; und zwar in einer sogenannten konstitutiv-normativen Beziehung oder Bestimmung der Bedeutung eines sprachlichen Ausdrucks durch den Gebrauch dieses Ausdrucks. Diese Art der Normativität der Bedeutung bringt die zu Grunde liegende Idee aller sogenannten gebrauchstheoretischen Auffassungen der Bedeutungen zum Ausdruck. Gebrauchstheoretische Auffassungen der Bedeutung gehen davon aus, dass sich die Bedeutung eines sprachlichen Ausdrucks in einer bestimmten Weise (bspw. in der Form einer Regel) auf seinen (korrekten) Gebrauch durch kompetente Sprecher reduzieren lässt. Darin liegt die konstitutive Normativität, die zwischen dem Gebrauch eines Ausdrucks und seiner Bedeutung besteht. Da gebrauchstheoretische Auffassungen der Bedeutung sehr umstritten sind, ist auch diese zweite Art der

---

[5] GLÜER (1999), S. 165.
[6] GLÜER (2000), S. 455.

Normativität der Bedeutung als sehr umstritten und problematisch anzusehen. Wir werden auf diesen Umstand in dieser Arbeit noch zu sprechen kommen.

Ganz im Gegensatz dazu steht die dritte zu unterscheidende Art der Normativität der Bedeutung. Es handelt sich hierbei wohl um die naheliegendste Art der Normativität in Bezug auf Bedeutung und Gebrauch. Sie ergibt sich auf der Grundlage sogenannter Korrektheitsbedingungen des Gebrauchs sprachlicher Ausdrücke. PAUL A. BOGHOSSIAN hat diese Form der Normativität der Bedeutung bspw. wie folgt beschrieben:

> „The normativity of meaning turns out to be, in other words, simply a new name for the familiar fact that, regardless of whether one thinks of meaning in truth-theoretic or assertion-theoretic terms, meaningful expressions possess conditions of *correct use*."[7]

Eine Korrektheitsbedingung oder ein Korrektheitsstandard ist nichts anderes als eine Norm, die den korrekten Gebrauch eines sprachlichen Ausdrucks festlegt. In diesem Sinne scheint es in jedem Fall Sinn zu machen, von einer Normativität der Bedeutung oder des Gebrauchs zu sprechen. HANS-JOHANN GLOCK bringt diesen Umstand wie folgt zum Ausdruck:

> „Und die Bedeutung eines Ausdrucks A ist ihrerseits gegeben durch die Regeln seines Gebrauchs. […] Solche Regeln sind […] normativ. [Sie] legen […] fest, unter welchen Umständen A sinnvoller- bzw. korrekterweise verwendet werden kann."[8]

Wenn wir das Zitat genauer betrachten, dann sehen wir, dass in ihm sowohl von der zweiten als auch von der dritten von uns unterschiedenen Normativität der Bedeutung die Rede ist. Denn GLOCK bringt nicht nur zum Ausdruck, dass Korrektheitsbedingungen oder Regeln des Gebrauchs normativ sind, weil sie normativ festlegen was korrekt ist und was nicht, sondern er vertritt im Zitat auch die Auffassung, dass die betreffenden Regeln des Gebrauchs die Bedeutung eines Wortes bestimmen. Diese These besagt nichts anderes, als dass ein konstitutiv normatives Verhältnis zwischen einer Regel des Gebrauchs für einen sprachlichen Ausdruck und der Bedeutung dieses Ausdrucks besteht.

Es lässt sich meiner Ansicht nach noch eine vierte Art der Normativität der Bedeutung unterscheiden, die zwar gewisse Verbindungen mit der zweiten unterschiedenen Art der Normativität der Bedeutung aufweist, sich jedoch in einigen wesentlichen Punkten davon unterscheidet. Wahre Aussagen der Form „A' bedeutet *A'* oder „p' bedeutet, dass p' werden gemeinhin Bedeutungstatsachen genannt. Sie scheinen ebenso triviale und bezweifelbare Wahrheiten darzustellen wie Aussagen der Form „p' ist wahr gdw. p' oder ‚Dass p ist wahr gdw. p', die wir Wahrheitstatsachen nennen wollen. Beide Arten von Tatsachen gehören zu den sogenannten semantischen Tatsachen. Jeder kompetente Sprecher akzeptiert in ebenso apriorischer und nicht-abgeleiteter Weise alle (wohlgeformten) Instanzen der Schemata „p' ist wahr gdw. p' oder

---

7 BOGHOSSIAN (1989), S. 513.
8 GLOCK (2000), S. 431.

‚Dass p ist wahr gdw. p', wie er dies in Bezug auf alle (wohlgeformten) Instanzen der Schemata „A' bedeutet *A*' oder „p' bedeutet, dass p' tut. Auch wenn beide Arten von Tatsachen, Bedeutungstatsachen so wie Wahrheitstatsachen, in trivialer und unbezweifelbarer Weise wahr zu sein scheinen, so fragt es sich, was nun die *Wahrheit* dieser Tatsachen konstituiert. Diese Frage führt uns zu einem Grundproblem der Sprachphilosophie der letzten Jahrzehnte. Der Physikalismus besagt, dass es neben den physikalischen Tatsachen keine anderen genuinen Tatsachen gibt. Alle sogenannten anderen Tatsachen müssen demnach auf physikalische Tatsachen zurückführbar sein. Der Physikalismus zeichnet sich durch seine Kompatibilität mit dem modernen naturwissenschaftlichen Weltbild aus und ist deshalb unter den gegenwärtigen Philosophen eine verbreitete Auffassung. Diese Position ist jedoch nicht frei von Schwierigkeiten. Eine Schwierigkeit besteht eben darin zu erklären, wie semantische Tatsachen auf physikalische Tatsachen zurückgeführt werden können. Ähnliche Probleme treten im Rahmen der Ethik und Philosophie des Geistes in Bezug auf ethische Tatsachen und mentale Tatsachen auf. Es gibt manche Philosophen, die der Auffassung sind, dass diese Schwierigkeiten unlösbar sind, und dass der Physikalismus daher in seiner *starken* Form nicht vertretbar ist. Sie plädieren dafür, eine „zweite" Natur, neben der physikalischen Natur (ontologisch) anzuerkennen. Diese „zweite" Natur sollte möglichst unkontrovers und schwer zu leugnen zu sein. Einige Philosophen, wie bspw. MCDOWELL oder BRANDOM,[9] haben zur Bestimmung dieser „zweiten" Natur den Vorschlag gemacht, eine altehrwürdige Art des Dualismus zwischen Sein und Sollen wieder aufleben zu lassen, die auf HUME und KANT zurückgeht. KANT bringt diese Position wie folgt zum Ausdruck:

> „Das Sollen drückt eine Art von Notwendigkeit und Verknüpfung mit Gründen aus, die in der ganzen Natur sonst nicht vorkommt. Der Verstand kann von dieser nur erkennen, was da ist, oder gewesen ist, oder sein wird. Es ist unmöglich, daß etwas darin anders sein soll, als es in allen diesen Zeitverhältnissen in der Tat ist, ja das Sollen, wenn man bloß den Lauf der Natur vor Augen hat, hat ganz und gar keine Bedeutung."[10]

Und so haben sich diese Philosophen auf der Grundlage der Kantischen Auffassung der Nicht-Reduzierbarkeit des *Sollens* auf das *Sein* dazu entschieden, eine „zweite" Natur des *Normativen* einzuführen. Auf der Grundlage dieses sogenannten Normativismus ergibt sich nun die Möglichkeit der Reduktion aller problematischen Tatsachen, die sich nicht ohne weiteres auf physikalische Tatsachen reduzieren lassen, auf sogenannte normative Tatsachen. Und genau darin besteht nun die vierte Art der Normativität der Bedeutung, welche die These beinhaltet, dass sich Bedeutungstatsachen auf normative Tatsachen reduzieren lassen.

Welche Art normativer Tatsachen kommt nun für die Reduktion von Bedeutungstatsachen in Frage? Normative Tatsachen, auf welche die Bedeutungstatsachen zurückgeführt werden sollen, müssen nicht notwendigerweise ausschließlich normative Gebrauchstatsachen sein, was einen ersten wesentlichen Unterschied zur zweiten Art der Normativität der Bedeutung darstellt. Ein zweiter Unterschied besteht darin,

---

[9] Vgl. dazu: MCDOWELL (1992) und BRANDOM (1994).
[10] KrV B 575.

dass es im Rahmen der zweiten im Gegensatz zur vierten Art der Normativität der Bedeutung nicht notwendig ist, dass es sich bei den Gebrauchstatsachen, die Bedeutungstatsachen normativ konstituieren, um normative Tatsachen handelt.[11] Die Verwandtschaft, die dennoch zwischen der zweiten und vierten Art der Normativität besteht, ergibt sich aus der Möglichkeit, dass beide Positionen unter bestimmten Bedingungen zusammenfallen können. D.h., wenn die normativen Tatsachen, auf die Bedeutungstatsachen reduziert werden, ausschließlich normative Gebrauchstatsachen sind und wenn der Begriff der Reduktion in einem normativ-konstitutiven Sinn aufgefasst wird, dann besteht kein Unterschied zwischen der zweiten und vierten Art der Normativität der Bedeutung. Dies ist jedoch nur einer von vielen möglichen Fällen. Und um alle möglichen Fälle zu berücksichtigen, macht es Sinn, zwischen der zweiten und vierten Art der Normativität der Bedeutung zu unterscheiden.

Bevor wir uns etwas differenzierter mit den vier unterschiedenen Arten der Normativität der Bedeutung auseinandersetzen werden, möchte ich mich dem Begriff der Normativität selbst zuwenden und der Frage nachgehen, ob es unterschiedliche Begriffe der Normativität gibt und welche unterschiedlichen Begriffe oder Arten der Normativität das sind.

(B) Was ist Normativität?

Wir haben in Bezug auf die vierte Art der Normativität der Bedeutung von einem Sein-Sollen-Dualismus gesprochen, der auf KANT und HUME zurückgeht. Diesem Sein-Sollen-Dualismus liegt eine landläufige und sehr undifferenzierte Auffassung der Normativität zugrunde. Im Sinne der landläufigen Auffassung der Normativität beschränkt sich das Normative auf das Gebotene, Verbotene oder Erlaubte.[12] D.h. im semantischen Sinn: nur solche Aussagen gelten als normativ, die mindestens eine der drei Modalitäten ‚Es ist geboten, dass', ‚Es ist verboten, dass' und ‚Es ist erlaubt, dass' enthalten. Das Normative beschränkt sich somit auf den Bereich des *Sollens* und das Deskriptive auf den Bereich des *Seins*. Für unsere Zwecke scheinen wir mit einem solch eingeschränkten Begriff der Normativität nicht sehr weit zu kommen. Der Begriff der Normativität, so wie er im Rahmen der Debatte über die Normativität der Bedeutung gebraucht wird, scheint in jedem Fall weitläufiger und differenzierter zu sein. Denn nicht alle unterschiedenen Formen der Normativität der Bedeutung lassen sich ausschließlich unter Zuhilfenahme der drei Modalitäten ‚Es ist geboten, dass', ‚Es ist verboten, dass' und ‚Es ist erlaubt, dass' angemessen formulieren und behandeln. Und wir wollen zu diesem frühen Zeitpunkt daraus nicht den Schluss ziehen, dass es

---

[11] Mir geht es vor allem darum, die Bemühungen des Normativismus klar von den Bemühungen solcher Philosophen zu unterscheiden, die sich zwar für eine Gebrauchstheorie der Bedeutung stark machen, aber sich wenig oder gar nicht um die Reduzierbarkeit dieser Tatsachen auf normative Tatsachen bemühen. HORWICH nimmt in diesem Zusammenhang eine wichtige Rolle ein. Er vertritt eine Gebrauchstheorie der Bedeutung, aber er leugnet die Zurückführbarkeit semantischer Tatsachen auf normative Tatsachen im Sinne des Sein-Sollen-Dualismus (Vgl. dazu HORWICH (2003b)). Allein dieser Standpunkt scheint eine Unterscheidung zwischen den Arten zwei und vier der Normativität der Bedeutung zu rechtfertigen. Wie wir noch sehen werden, liegt darüber hinaus der zweiten Art der Normativität der Bedeutung ein anderer Begriff der Normativität zugrunde als der vierten Art.

[12] Vgl. dazu GLÜER (1999), S. 136.

sich bei manchen der angesprochenen Arten der Normativität der Bedeutung um gar keine Normativität im eigentlichen Sinn handelt. Vor allem, weil es differenziertere Auffassungen der Normativität als die altehrwürdige von HUME und KANT geprägte Auffassung gibt. Eine weitaus differenziertere Auffassung des *Normativen* geht bspw. auf VON WRIGHT und SCHNÄDELBACH zurück. Wir wollen uns mit dieser Auffassung nun im Detail befassen.

Die Klassifizierung von SCHNÄDELBACH und VON WRIGHT[13] basiert auf der fundamentalen Unterscheidung zwischen Gegenstandsnormen und Handlungsnormen. In Bezug auf Gegenstandsnormen unterscheidet SCHNÄDELBACH drei verschiedene Arten von Normen: „Gegenstandsnormen können feststellen, was das Normale ist."[14] Diese erste Art der Gegenstandsnormen nennt er *Normalnormen*. „Gegenstandsnormen können [...] festlegen, welche Merkmale jemand oder etwas aufweisen muß, um bestimmten Anforderungen zu genügen."[15] Gegenstandsnormen der zweiten Art werden *Standards* oder *Normierungsnormen* genannt. „Eine dritte Klasse von Gegenstandsnormen wird zur Festlegung dessen benutzt, was jemand oder etwas im Idealfall ist."[16] Diese Art von Norm nennt SCHNÄDELBACH *Idealnormen*. Bezüglich dieser Unterscheidung gesteht SCHNÄDELBACH allerdings ein: „Normalnormen, Standards und Idealnormen schöpfen den Umkreis möglicher Gegenstandsnormen nicht aus, repräsentieren aber doch die wichtigsten paradigmatischen Fälle."[17]

Die Handlungsnormen stehen in dem Sinne im Gegensatz zu den Gegenstandsnormen, dass sie keine Normen für Handlungen als Gegenstände sind, sondern *handlungsleitende* Normen sind. D.h., sie „legen fest, wie zu handeln sei"[18]. Bezüglich der Handlungsnormen unterscheidet SCHNÄDELBACH erneut drei Haupttypen oder Arten von Normen. Im Gegensatz zu den Gegenstandsnormen hält er diese Charakterisierung auf der Grundlage von drei Haupttypen von Handlungsnormen für vollständig. Die erste Art der Handlungsnormen nennt er *regulative Normen*. „Regulative Normen legen fest, was man tun muß, um Handlungen einer bestimmten Art auszuführen."[19] Die zweite Art der Handlungsnormen nennt er *direktive Normen*. „Direktive Normen; ihnen entnehmen wir, was wir tun müssen, um ein bestimmtes Ziel zu erreichen oder bestimmten Anforderungen zu entsprechen."[20] Die dritte Art nennt er *präskriptive Normen*. „Präskriptive Normen ... sie sagen uns, was wir dürfen und was wir tun und lassen sollen."[21]

Wir sehen bereits auf den ersten Blick, inwiefern diese Klassifikation die landläufige Auffassung übersteigt. Nach der landläufigen Auffassung erschöpfen die präskriptiven Normen den Bereich des Normativen. Nach SCHNÄDELBACH und VON WRIGHT gibt es aber neben den präskriptiven Normen noch mindestens fünf andere Arten von Normen. SCHNÄDELBACH und VON WRIGHT haben in jedem Fall ge-

---

[13] Diese Unterscheidung geht ursprünglich auf VON WRIGHT zurück. Sie wurde von SCHNÄDELBACH um bestimmte Aspekte erweitert. Wir gehen hier explizit nur auf die Unterscheidung von SCHNÄDELBACH ein, so wie er sie im Anschluss an VON WRIGHT weiterentwickelt hat.
[14] SCHNÄDELBACH (1990), S. 84.
[15] Ebd.
[16] Ebd.
[17] Ebd.
[18] Ebd., S. 130.
[19] Ebd., S. 85.
[20] Ebd.
[21] Ebd.

genüber der landläufigen Auffassung insofern Recht, als der Bereich des Normativen nicht allein durch präskriptive Normen erschöpft wird.

Die angeführte Klassifizierung von SCHNÄDELBACH und VON WRIGHT ist allerdings selbst nicht frei von Problemen. Es scheinen mehrere Verbesserungen der Klassifikation notwendig zu sein. Die einzige Klasse von Normen, die SCHNÄDELBACH in unstrittiger und korrekter Weise von den anderen Normen abgegrenzt und klassifiziert hat, sind die präskriptiven Normen.

Die allgemeine Form von präskriptiven Normen lässt sich daher auf der Basis von SCHNÄDELBACHs Ausführungen recht eindeutig angeben. Es gibt zwei Möglichkeiten, eine solche Norm zu formulieren. Die allgemeine, uneingeschränkte Form einer präskriptiven Norm lässt sich wie folgt formulieren: *Es ist geboten/verboten/erlaubt, x zu tun.* Die allgemeine, eingeschränkte Form, im Rahmen derer eine eingeschränkte Bedingung der eigentlichen Norm vorgeschaltet wird, lässt sich derart anführen: *Wenn x der Fall ist, dann ist es geboten/verboten/erlaubt, x zu tun.* Der Unterschied dieser beiden Arten der Formulierung einer präskriptiven Norm ergibt sich allein in Bezug auf den *Geltungsbereich* dieser Norm, der im einen Fall uneingeschränkt, im andern Fall eingeschränkt ist. Präskriptive Normen werden von SCHNÄDELBACH zu Recht als handlungsleitend charakterisiert, da solche Normen ein Gebot, Verbot oder eine Erlaubnis enthalten.

Bezüglich aller anderen von SCHNÄDELBACH unterschiedenen und charakterisierten Typen von Normen ergeben sich allerdings Schwierigkeiten. Die erste Schwierigkeit, die ich hier anführen möchte, betrifft die Gegenstandsnormen. SCHNÄDELBACHs Unterscheidung der Haupttypen von Gegenstandsnormen ist als inadäquat anzusehen, denn er hat in diesem Zusammenhang zwei Untertypen neben den einzigen, echten Haupttyp der Gegenstandsnormen gestellt. Alle Gegenstandsnormen sind Standards oder Normierungsnormen. D.h., es gibt genau einen Haupttyp einer Gegenstandsnorm und das sind *Standards* oder *Normierungsnormen.* Wie lässt sich diese These rechtfertigen? Werfen wir einen Blick auf die Beispiele, die SCHNÄDELBACH für Normierungsnormen anführt. Er führt einerseits den Standard an, der angibt, unter welcher Bedingung ein Ei als Ei der Güteklasse A aufgefasst werden kann, und andererseits den Standard, der angibt, unter welcher Bedingung ein Blatt als Papier der Größe A4 gilt. Idealnormen oder Normalnormen unterscheiden sich durch keine wesentliche Eigenschaft von diesen Beispielen. Eine Normalnorm ist ein Standard, der festlegt, unter welchen Bedingungen ein bestimmter Gegenstand als ein *normaler* Gegenstand eines bestimmten Typs gilt. Eine Idealnorm ist ein Standard, der festlegt, unter welchen Bedingungen ein bestimmter Gegenstand als *idealer* Gegenstand eines bestimmten Typs gilt. Die angeführten Beispiele von SCHNÄDELBACH für Normierungsnormen mögen spezifischer erscheinen als Normalnormen oder Idealnormen, aber daraus ergibt sich kein wesentlicher Unterschied. Sie sind alle Standards, Standards die angeben unter welchen bestimmten Bedingungen ein Gegenstand x als ein Gegenstand der Art oder des Typs y gilt. Neben den Güteklasse-Normen, DIN-Normen, Idealnormen, Normalnormen gibt es eine Unzahl anderer Gegenstandsnormen, die Normierungsnormen oder schlicht Standards sind, z.B. Korrektheitsnormen, Rationalitätsnormen, TÜV-Normen, EU-Normen und viele andere mehr. Es mag Normierungsnormen geben, die einem künstlicher, und andere, die einem natürlicher erscheinen mögen. Das ist aber kein wesentlicher Unterschied dieser Normen, denn im Endeffekt sind sie alle künstlich, in dem Sinn, als sie einfach in bestimmter Weise festgesetzt wurden. Und in diesem Sinne gibt es keinen wesentlichen Unterschied zwischen einer Normalnorm, die den Wasserstand der Elbe betrifft und einer Normalnorm, die angibt, wann ein Ei als Ei der Güteklasse A aufzufassen ist.

Lässt sich, um unsere Feststellung zu verdeutlichen, eine allgemeine Form einer Gegenstandsnorm, eines Standards anführen? Meiner Ansicht nach haben solche Normen die folgende prototypische Form: *Ein Gegenstand x gilt als Gegenstand vom Typ, der Art, Klasse etc. y gdw. er den Standard oder die Bedindgung z erfüllt.* Als Instanzen dieses Schemas gelten die folgenden Beispiele: Der Pegelstand der Elbe gilt als *normal(er)* (Pegelstand) gdw. der Pegelstand der Elbe die und die Marke nicht übersteigt. Ein Ehemann gilt als *ideal(er)* (Ehemann) gdw. er sich so-und-so verhält. Ein Ei gilt als Ei der Güteklasse A gdw. es die und die Form und die und die Farbe hat. Aus all diesen Ausführungen dürfte eindeutig hervorgehen, dass es nur einen Haupttyp von Gegenstandsnormen gibt und neben diesem Haupttyp eine Unzahl von Untertypen.

Kommen wir nun zu der zweiten Schwierigkeit der Klassifikation von SCHNÄDELBACH. Diese Schwierigkeit betrifft SCHNÄDELBACHs Charakterisierung der direktiven Normen. Wenn wir uns an der Beschreibung der direktiven Normen, die SCHNÄDELBACH gibt, orientieren, dann gelangen wir zu der folgenden allgemeinen Form von direktiven Normen: *Wenn du x erreichen/tun willst, dann musst du/ist es notwendig/bist du verpflichtet, y zu tun.* Es verhält sich jedoch anders, wenn wir uns an die Beispiele halten, die SCHNÄDELBACH für direktive Normen gibt. Als Beispiele führt er Gebrauchsanweisungen, Bedienungsvorschriften, methodologische, technische und logische Regeln an.[22] Es darf jedoch bezweifelt werden, dass diese Beispiele in sinnvoller Weise in die angeführte allgemeine Form von direktiven Normen gebracht werden können. Betrachten wir zu diesem Zweck die folgende Gebrauchsanweisung: *Wenn du das Regal zusammenbauen willst, dann bist du verpflichtet, zuerst das zu tun und dann das und das* … In keiner Gebrauchsanweisung – für welches Ding auch immer – findet sich eine solche Regel. Die Beispiele, die SCHNÄDELBACH anführt, entsprechen vielmehr Regeln der folgenden Form: *Tue x!* Im Rahmen dieser Regeln spielt allerdings der Begriff der Verpflichtung keine Rolle, auch nicht der Begriff des Gebotes, Verbots oder der Erlaubnis. Es lässt sich aber ähnlich wie im Falle der präskriptiven Regeln eine allgemeine, uneingeschränkte Form dieser Regeln von einer allgemeinen, eingeschränkten Form unterscheiden. Die allgemeine, uneingeschränkte Form lautet: *x ist zu tun* oder *Tue x!* Die allgemeine, eingeschränkte Form lautet: *Wenn y, dann ist x zu tun* oder *Wenn y, dann tue x!* Wir sehen, dass solche Regeln anstelle einer Verpflichtung oder eines Gebots ausschließlich eine Handlungsanweisung beinhalten und in diesem Sinne sind diese Regeln als normativ zu betrachten. Aber sie sind grundverschieden von Regeln, die eine Verpflichtung enthalten, wie Regeln der allgemeinen Form ‚Wenn du x erreichen/tun willst, dann musst du/ist es notwendig/bist du verpflichtet, y zu tun'. SCHNÄDELBACH vermengt offensichtlich unter dem Begriff der direktiven Normen unterschiedliche Arten von Normen. Wie sollen wir damit umgehen? Ich will den Begriff der direktiven Normen auf Normen, die eine Verpflichtung (auf eine bestimmte Handlung) enthalten, einschränken. Also auf Normen der allgemeinen Form: *Wenn du x erreichen/tun willst, dann musst du/ist es notwendig/bist du verpflichtet, y zu tun.* Damit gebe ich der allgemeinen Beschreibung von SCHNÄDELBACH den Vorzug gegenüber den angeführten Beispielen. Die anderen angeführten Normen, die den Bei-

---

22 Vgl. SCHNÄDELBACH (1990), S. 85.

spielen entsprechen und die ausschließlich eine Anweisung und keine Verpflichtung enthalten, will ich einer eigenen und anderen Kategorie von Normen zuordnen. Dazu aber später mehr.

Eine dritte Schwierigkeit, die ich hier anführen möchte, betrifft die Frage nach dem handlungsleitenden Charakter von regulativen Regeln, so wie diese Regeln von SCHNÄDELBACH beschrieben werden. Direktive Normen und präskriptive Normen sind eindeutig handlungsleitende Normen. Die ersten enthalten, wie wir sie beschrieben haben, eine Verpflichtung, eine bestimmte Handlung zur Erfüllung einer Absicht oder eines Zieles auszuführen, die zweiten enthalten ein Gebot, ein Verbot oder eine Erlaubnis, eine Handlung auszuführen. Wie sieht es aber mit den regulativen Normen aus? Sind diese Normen wirklich handlungsleitend? Werfen wir dazu erneut einen Blick auf die Beispiele, die SCHNÄDELBACH in Bezug auf diese Regeln anführt. Und zwar sind es: „Konventionen des Grüßens, Regeln des Schach oder des Fußballspiels, aber auch sprachliche Regeln."[23] Regulative Normen scheinen vor diesem Hintergrund durch Regeln repräsentiert zu werden, die nicht sagen, *dass etwas* zu tun ist, um einer Norm zu entsprechen, sondern *wie etwas* zu tun ist, um einer Norm zu entsprechen. Eine Konvention des Grüßens besagt bspw.: wer in dem und dem Zusammenhang die Hand hebt, der begeht dadurch eine Grußhandlung. Wenn wir diesem und anderen möglichen Beispielen folgen, so scheinen regulative Normen die folgende allgemeine Form zu haben: *x zu tun gilt unter der und der Bedingung z als y tun*. Es ergibt sich nun aber ein ähnliches Problem, wie bei den direktiven Normen: Nicht alle angeführten Beispiele von SCHNÄDELBACH lassen sich auf diese allgemeine Form bringen. Schließlich gibt es sowohl im Fußball als auch im Schach Regeln, die nicht nur sagen, wie man etwas zu tun hat, sondern was man tun darf, oder was korrekt ist und was nicht. Die von SCHNÄDELBACH angeführten Beispiele grenzen demnach die regulativen Normen nicht eindeutig von den präskriptiven Normen und den Korrektheitsstandards ab. Was ist nun an den regulativen Normen tatsächlich *regulativ*? Lassen sich regulativen Normen womöglich in direktive Normen überführen? Schließlich scheint sich eine Regel der Form ‚x zu tun gilt unter der und der Bedingung als y tun' auch derart formulieren zu lassen: *Wenn du y tun willst, dann musst du unter der und der Bedingung x tun*. Damit wäre aber der Unterschied zwischen regulativen und direktiven Normen verwischt.

Wir sollten uns daher, um Klarheit über die regulativen Normen und ihren handlungsleitenden Charakter zu gewinnen, mit den Regeln genauer auseinandersetzen, welche die allgemeine Form ‚x zu tun gilt unter der und der Bedingung z als y tun' haben und die SEARLE *konstitutive Regeln* nennt. SEARLE hat den Begriff der konstitutiven Regel erstmalig in seinem Buch *Sprechakte* eingeführt. Dort heißt es:

„Konstitutive Regeln […] regeln nicht nur, sondern erzeugen oder prägen neue Formen des Verhaltens. Die Regeln für Fußball oder Schach zum Beispiel regeln nicht bloß das Fußball- oder Schachspiel, sondern sie schaffen überhaupt erst die Möglichkeit, solche Spiele zu spielen. […] Konstitutive Regeln konstituieren (und regeln damit) eine Tätigkeit, deren Vorhandensein von den Regeln logisch abhängig ist. […] >Die Aufstellung konstitutiver Regeln schafft die Möglichkeit neuer

---

[23] SCHNÄDELBACH (1990), S. 85.

Verhaltensformen< und >Konstitutive Regeln haben häufig die Form: X gilt als Y im Kontext C<.“[24]

Diese Passage wirft einige Fragen auf. Wie kann es sein, dass Regeln sowohl konstitutiv als auch regulativ sein können? Trifft diese Doppelfunktion auch auf SCHNÄDELBACHs regulative Normen zu? Schaffen solche konstitutive Regeln tatsächlich neue Verhaltensformen? SEARLE hat neben den konstitutiven Regeln eine zweite Klasse von Regeln unterschieden, nämlich sogenannte regulative Regeln. Inwiefern entsprechen diese nun den regulativen Normen von SCHNÄDELBACH? SEARLE führt den Begriff der regulativen Regel wie folgt ein:

> „Die regulativen Regeln können wir zunächst als Regeln charakterisieren, die bereits bestehende oder unabhängig von ihnen existierende Verhaltensformen regeln. […] Für regulative Regeln ist charakteristisch, daß sie die Form von Imperativen haben oder sich als solche paraphrasieren lassen. […] Regulative Regeln lassen sich dadurch charakterisieren, daß sie die Form >Tue X< oder >Wenn Y, tue X< haben oder sich leicht in einer solchen Form paraphrasieren lassen.“[25]

Wir sehen auf den ersten Blick, dass wir es bei den regulativen Regeln mit einer Form von Regel zu tun bekommen, mit der wir bereits Bekanntschaft gemacht haben. Denn auf die allgemeine Form ‚x ist zu tun' bzw. ‚Tue x' einer Regel sind wir bereits im Rahmen der Beispiele gestoßen, die SCHNÄDELBACH für die direktiven Normen angeführt hat. Sollen wir daher die regulativen Regeln von SEARLE mit den regulativen Normen von SCHNÄDELBACH gleichsetzen? Gehen wir in der Beantwortung der aufgeworfenen Fragen der Reihe nach vor.

Was uns in Bezug auf die konstitutiven Regeln von SEARLE auffällt, ist die Ähnlichkeit von konstitutiven Regeln der Form ‚X gilt als Y im Kontext C' mit der von uns angeführten allgemeinen Form der Normierungsnormen. Woher rührt diese Ähnlichkeit? Es macht keinen wesentlichen Unterschied, ob wir eine konstitutive Regel durch eine Aussage der Form ‚X gilt als Y im Kontext C' oder durch eine Aussage der Form ‚x gilt als y gdw. x die Bedingung oder den Standard z erfüllt' paraphrasieren. Es lassen sich jedoch hinsichtlich dieser Art von Regeln oder Normen einige Spezifizierungen vornehmen, die Klarheit darüber schaffen, welches Verhältnis zwischen SEARLEs konstitutiven Regeln und unseren Standards besteht. Wie wir bereits festgestellt haben, sind es *Gegenstände*, auf die Normierungsnormen der Form ‚x gilt als y gdw. x die Bedingung oder den Standard z erfüllt' angewendet werden können. Handlungen fallen naturgemäß ebenso unter die Gegenstände wie Stühle, Eier oder Papierblätter. Wir können also die allgemeine Form eines Standards ‚der Gegenstand x gilt als Gegenstand y gdw. x die Bedingung oder den Standard z erfüllt' von der speziellen Form ‚die Handlung x gilt als Handlung y gdw. x die Bedingung oder den Standard z erfüllt' unterscheiden. Zwischen der zuletzt genannten Form einer Regel und einer Formulierung wie ‚x zu tun gilt als y zu tun gdw. x die Bedingung oder den Standard z erfüllt' besteht kein wesentlicher Unterschied. Damit scheint zumindest eine große Klasse der konstitutiven Regeln nach SEARLE unter die Normierungsnor-

---

[24] SEARLE (1971), S. 54-57.
[25] Ebd., S. 54-56.

men zu fallen. Und das hat die Konsequenz, dass konstitutive Regeln damit in keiner Weise zu den handlungsleitenden Normen gehören können. Diesbezügliche Behauptungen von SEARLE und SCHÄDELBACH sind als Fehleinschätzung zu bezeichnen. Der Umstand, dass konstitutive Regeln keine handlungsleitenden Normen sind, wird auch durch die folgende Feststellung bestätigt, die von unterschiedlichen Autoren gemacht wurde:[26] Ein wesentliches Charakteristikum einer handlungsleitenden Norm scheint darin zu bestehen, dass diese Normen verletzt werden können; d.h. dass ein Handelnder gegen sie verstoßen kann. Die Möglichkeit eines Verstoßes gibt es bei konstitutiven Regeln nicht. Die von uns gemachte Feststellung, dass es sich bei konstitutiven Regeln um Standards handelt, erklärt diesen Umstand. Standards können von Gegenständen erfüllt oder nicht erfüllt werden, aber es kann nicht gegen einen Standard im Sinne eines Handelns verstoßen werden. Die Sache scheint eindeutig zu sein. SCHNÄDELBACH vermengt unter dem Begriff der regulativen Norm Unvereinbares. Am deutlichsten geht dies aus der folgenden Bemerkung von ihm hervor:

> „Searles Unterscheidung zwischen regulativen und konstitutiven Regeln […] bedeutet eine weitere Präzisierung dessen, was ich hier im Anschluß an von Wright als regulative Norm bezeichne."[27]

Doch selbst wenn wir Recht haben, dass konstitutive Regeln eine bestimmte Klasse der Standards darstellen, gibt es nicht zumindest eine wesentliche Eigenschaft, die konstitutive Regeln von anderen Standards unterscheidet? Sie sind zwar nicht handlungsleitend, aber SEARLE hat auch davon gesprochen, dass konstitutive Regeln neue Formen des Verhaltens erzeugen oder prägen können. Wie steht es um diese Eigenschaft konstitutiver Regeln, haben sie diese Eigenschaft wirklich? Durch Standards werden naturgemäß neue Eigenschaften eingeführt. Eier der Güteklasse A gibt es nicht ohne einen betreffenden Standard. Einen König, der schachmatt ist, gibt es nicht ohne einen Standard, eine Norm, die festlegt, unter welchen Bedingungen er als schachmatt gilt. Dasselbe gilt naturgemäß auch für Standards für Handlungen. Durch diese Standards werden neue Handlungstypen eingeführt. Ein Handheben zählt nur unter Erfüllung einer bestimmten Norm als Grüßen und ohne eine solche Norm gibt es keine Handlung, die sich als ‚Grußhandlung' bezeichnen lässt. In diesem Sinne sind alle Standards *kreativ* und *konstitutiv* zugleich. Das heißt aber nicht, dass Standards, die Handlungen betreffen, somit neue Verhaltensformen *einführen*. Standards sagen ja nur, was als eine bestimmte Verhaltensform gilt. Eingeführt wird eine Verhaltensform, die durch einen Standard festgesetzt wird, dadurch, dass der Standard, der dem Verhalten zugrundeliegt, von der überwiegenden Anzahl der kompetenten Akteure akzeptiert wird. Konstitutive Regeln legen zwar einen Standard fest, aber sie führen selbst keinen solchen Standard ein. Erst die *(kollektive) Akzeptanz* eines Standards schafft eine neue Verhaltensform. Diese Akzeptanz kann auch implizit erfolgen, das heißt, ohne dass die betreffende Person, die einen Standard akzeptiert, weiß, dass sie diesen Standard akzeptiert. Diese Person muss also nicht in der Lage sein, den Standard explizit formulieren oder ausdrücken zu können. Es genügt, wenn ihrem Verhalten der betreffende Standard zugrundeliegt. D.h., die konstitutiven Regeln von SEARLE unterschei-

---

[26] GLÜER (1999), S. 186; GLÜER/PAGIN (1999), S. 214-219; GLOCK (2000), S. 444-447; BALTZER (2002), S. 198; STRUB (2002), S. 211-212.
[27] SCHNÄDELBACH (1990), S. 85.

den sich durch keine wesentliche Eigenschaft von dem, was wir in Anlehnung an SCHNÄDELBACH *Normierungsnorm* oder *Standard* genannt haben. Konstitutive Regeln der Form ‚x zu tun gilt als y tun gdw. x die Bedingung oder den Standard z erfüllt' unterscheiden sich nicht wesentlich von anderen Standards. Sie unterscheiden sich von anderen Standards nur darin, dass sie *Handlungen* als Gegenstände betreffen und nicht irgendwelche anderen Arten von Gegenständen. Das ist aber nur ein kontingenter Unterschied. Dieser Unterschied hebt diese Art von Standard nicht von den anderen Arten ab. Daraus ergibt sich nun die Konsequenz, dass wir SCHNÄDELBACHs Klassifikation insofern abzuändern haben, als die konstitutiven Regeln nach SEARLE den Standards zuzuordnen sind und nicht den regulativen Normen. Die Kategorie der regulativen Normen muss durch andere Formen von Regeln besetzt, oder aber gänzlich gestrichen werden.

Wodurch ließe sich die Kategorie der regulativen Normen besetzen? Wir können diese Frage auf der Grundlage der gemachten Feststellung zu SEARLEs regulativen Regeln leicht beantworten. Wir haben festgestellt, dass jene Beispiele von Normen, die SCHNÄDELBACH in Bezug auf die Kategorie der direktiven Normen angeführt hat, mit der allgemeinen Beschreibung dieser Normen durch SCHNÄDELBACH nicht in Übereinstimmung zu bringen waren. Diese Beispiele stellten Regeln dar, welche entweder die allgemeine, uneingeschränkte Form ‚x ist zu tun' oder ‚Tue x!' oder die allgemein, eingeschränkte Form ‚Wenn y, dann ist x zu tun' oder ‚Wenn y, dann tue x!' hatten. Und das sind genau die Regeln, die SEARLE regulative Regeln nennt. Diese Regeln sind handlungsleitend, sie enthalten aber weder eine Verpflichtung, noch ein Gebot, Verbot oder eine Erlaubnis, sondern ausschließlich eine Anweisung. Und sie sind aus diesem Grunde als normativ im Sinne einer Handlungsleitung aufzufassen. Es bietet sich nun sehr offensichtlich die Möglichkeit an, die regulativen Regeln nach SEARLE der Kategorie der regulativen Normen zuzuordnen. Damit wird auch diese Kategorie erneut und eindeutig besetzt, und wir gelangen somit zu einer modifizierten und vollständigen Klassifikation der unterschiedlichen Arten der Normativität, die sich auf der Grundlage der Lösung der angeführten Schwierigkeiten der Klassifikation von SCHNÄDELBACH und VON WRIGHT ergeben hat. Wir können diese verbesserte Klassifikation nun dazu verwenden, uns in genauerer und detaillierterer Weise mit den vier unterschiedenen Arten der Normativität der Bedeutung zu beschäftigen.

(C) Normativität und Bedeutung

Unsere Untersuchung hat bisher zweierlei Ergebnisse zutage gebracht. Wir können nunmehr einerseits auf eine intuitive Unterscheidung vier unterschiedlicher Arten der Normativität der Bedeutung zurückgreifen und anderseits auf eine Klassifikation unterschiedlicher Arten der Normativität. Unser nächster Untersuchungsschritt besteht nun darin, die unterschiedenen Arten von Normen mit den vier intuitiv unterschiedenen Arten der Normativität der Bedeutung in Beziehung zu setzen. D.h., wir wollen herausbekommen, ob nun tatsächlich eine der unterschiedenen Arten von Normen jeder unterschiedenen Art der Normativität der Bedeutung zu Grunde liegt, und wenn dies der Fall ist, welche Art von Norm der jeweiligen Art der Normativität der Bedeutung zu Grunde liegt.

Bevor wir uns dieser Aufgabe zuwenden, ist es allerdings nötig, einige Worte über den Begriff der Bedeutung zu verlieren und diesbezüglich einige Differenzierungen vorzunehmen. Der Bedeutungsbegriff ist ein ebenso wenig eindimensionaler Begriff wie der Begriff der Normativität. Es lassen sich vielmehr unterschiedliche Ebenen der sprachlichen Bedeutung unterscheiden. Und eigentlich müsste für jede dieser Ebenen die Frage geklärt werden, ob einer der unterschiedenen Arten der Normativität und die betreffende Ebene der Bedeutung zutrifft. Welche Ebenen der Bedeutung lassen sich nun unterscheiden? Als erstes ist natürlich die Ebene der *wörtlichen Bedeutung* zu berücksichtigen. Diese Ebene betrifft die per Konvention festgelegte lexikalische Bedeutung eines Wortes, einer komplexen Phrase oder eines Satzes. Neben dieser ersten Ebene ist die *Sprecherbedeutung* eines Wortes zu unterscheiden. Sie ist das, was ein Sprecher mit einem Wort, einer komplexen Phrase oder einem Satz meint. In manchen Fällen kann die Sprecherbedeutung eines Wortes von der wörtlichen Bedeutung abweichen. Als dritte Ebene ist die *präsuppositionale Bedeutung* eines Satzes oder einer Äußerung (d.h. eines Satzes im Äußerungskontext) einzuführen. Diese Art der Bedeutung umfasst alle jene Informationen, die bei einer Äußerung eines Satzes implizit vorausgesetzt werden. Die vierte Ebene ist die Ebene der *implikativen Bedeutung;* sie umfasst im Gegensatz dazu alle Informationen, die bei der Äußerung eines Satzes, *impliziert* werden, d.h. implizit eingeschlossen bzw. konventionell oder konversationell erschlossen werden können. Die fünfte Ebene ist die Ebene der *konnotativen Bedeutung.* Diese Ebene unterscheidet sich von der Ebene der implikativen Bedeutung insofern, als sie Informationen beinhaltet, die sich nicht allein auf der Grundlage von Konventionen oder der Einhaltung oder Missachtung von Konversationsmaximen aus der wörtlichen Bedeutung eines Satzes erschließen lassen, sondern sie umfasst vielmehr die *Begleitvorstellungen*, die ein kompetenter Sprecher beim Erfassen der wörtlichen Bedeutung eines Ausdrucks haben kann. Als sechste und vorletzte Ebene der Bedeutung ist die *illokutionäre Bedeutung* von Äußerungen von Sätzen zu berücksichtigen. Diese Ebene umfasst alle diejenigen Absichten eines Sprechers, die er in *konventioneller* Weise mit der Äußerung eines Satzes verbindet. Als siebente und letzte Ebene ist die *perlokutionäre Bedeutung* von Äußerungen von Sätzen zu beachten, sie umfasst all das, was ein Sprecher durch seine Äußerung eines Satzes bei einem Hörer bewirken will.

Es würde natürlich den Rahmen dieser Untersuchung sprengen, würden wir die Normativität aller dieser Ebenen der Bedeutung im Detail untersuchen wollen. Wir werden uns daher auf die Ebene der wörtlichen Bedeutung und der Sprecherbedeutung beschränken. Welche Arten von Normen liegen unseren vier unterschiedlichen Arten der Normativität zugrunde? In Bezug auf die erste und dritte Art der Normativität der Bedeutung, die wir unterschieden haben, fällt diese Einschätzung relativ leicht. Wir haben gesagt, die erste Art der Normativität der Bedeutung besteht in einem normativen Verhältnis zwischen Bedeutung und Gebrauch. KRIPKE hat sich bei seinen Ausführungen über die erste Art der Normativität der Bedeutung vor allem auf den Begriff der Sprecherbedeutung oder des Meinens beschränkt. Was hat KRIPKE betreffs der Normativität der Sprecherbedeutung festgestellt? Er sagt, wenn ein Sprecher zu einem Zeitpunkt t mit dem Zeichen ‚+' die Addition meint und zu einem Zeitpunkt s nach t das Zeichen in Übereinstimmung mit seinem Meinen zum Zeitpunkt t gebrauchen will, dann ist er *verpflichtet,* dieses Zeichen zum Zeitpunkt s nach t als Zeichen der Addition zu gebrauchen. Dieser Art von normativer Beziehung zwischen der Sprecherbedeutung eines Zeichens, einer Absicht und dem Gebrauch dieses

Zeichens liegt eindeutig eine direktive Norm zugrunde. Ähnliche Normen lassen sich auch in Bezug auf die wörtliche Bedeutung von sprachlichen Ausdrücken aufstellen. Nehmen wir das folgende Beispiel: Wenn das Wort ‚rot' *rot* bedeutet und du es korrekt gebrauchen willst, dann bist du verpflichtet, es nur auf rote Dinge anzuwenden. Welche Konsequenzen können wir nun daraus ziehen, dass der ersten von uns unterschiedenen Art der Normativität der Bedeutung direktive Normen zugrunde liegen? Es kann auf keinen Fall die Konsequenz daraus gezogen werden, dass die Bedeutung eines sprachlichen Ausdrucks intrinsisch normativ ist. Denn die erste Art der Normativität der Bedeutung entspringt keiner intrinsischen Eigenschaft der Bedeutung eines Ausdrucks, sondern dem Umstand, dass eine normative Beziehung zwischen jeder Absicht eines Sprechers und der Erfüllung dieser Absicht besteht. Diese normative Beziehung lässt sich am besten durch den Begriff der Verpflichtung beschreiben. Direktive Normen bringen nichts anderes als die intrinsische Normativität von Absichten in Bezug auf ihre Erfüllungsbedingungen zum Ausdruck. Es kann also in diesem von KRIPKE beschriebenen Zusammenhang keineswegs von einer Normativität *der Bedeutung* gesprochen werden.[28] Die erste unterschiedene Art der Normativität der Bedeutung hat sich somit mehr oder weniger in Luft aufgelöst. Es verbirgt sich dahinter zumindest keine wesentliche Eigenschaft der Bedeutung; weder der Sprecherbedeutung, noch der wörtlichen Bedeutung oder irgendeiner anderen Art der Bedeutung eines sprachlichen Ausdrucks. In der Literatur werden allerdings oft zweierlei Fehler begangenen: Erstens wird die betreffende Art der Normativität, die von KRIPKE angesprochen wurde, oft als präskriptive Normativität ausgelegt, und zwar aufgrund einer Verwechslung der Bedeutung der Ausdrücke ‚soll' und ‚sollte'. Es wird daher angenommen, dass Bedeutungstatsachen präskriptiv-normative Konsequenzen haben. Und zweitens wird die betreffende Art der Normativität auf der Grundlage dieser Verwechslung dann zumeist als Lackmustest für Bedeutungskonzeptionen verwendet. Es wird von einer Bedeutungskonzeption eingefordert, dass sie erklären muss, warum Bedeutungstatsachen normative Konsequenzen haben und wir daher von einer intrinsischen Normativität der Bedeutung ausgehen müssen. Dieses Vorgehen ist jedoch nicht gerechtfertigt und ist daher zurückzuweisen. Die eben beschriebene und von KRIPKE herausgestellte Normativität der Bedeutung ist das Produkt von Verwirrung und Unklarheiten. Wenn man diese Verwirrungen und Unklarheiten beseitigt, lösen sich die Konsequenzen des von KRIPKE beschriebenen Phänomens für die Natur der Bedeutung eines sprachlichen Ausdrucks in Luft auf.[29]

Gehen wir nun auf die dritte unterschiedene Art der Normativität der Bedeutung ein. Welche Arten von Norm liegen dieser Art der Normativität der Bedeutung zugrunde? Wie wir festgehalten haben, geht es bei der dritten Art der Normativität der Bedeutung um den normativ signifikanten Unterschied zwischen inkorrektem und korrektem Gebrauch. Auf der Basis unserer modifizierten Klassifikation der Normativität ist es nun relativ leicht zu sagen, welche Art von Norm dieser Art der Normativität der Bedeutung zugrunde liegt. Es sind Standards, sogenannte Korrektheitsstandards oder Korrektheitsnormen. Diese Standards haben die allgemeine Form: *Der Gebrauch des Ausdrucks x gilt als korrekt gdw. dieser die Bedingungen y erfüllt.* Als konkretes Beispiel lässt sich ein Korrektheitsstandard für den Gebrauch des Wortes ‚rot' anfüh-

---

[28] Vgl. dazu WIKFORSS (2001), S. 212-214.
[29] Vgl. dazu ebd., S. 203-209.

ren: *Der Gebrauch des Wortes 'rot' gilt als korrekt gdw. 'rot' ausschließlich auf rote Dinge angewendet wird.* Diese Korrektheitsstandards haben allerdings nicht notwendigerweise etwas mit der *Bedeutung* von Ausdrücken zu tun. Aus der Tatsache, dass etwa das Wort 'rot' *rot* bedeutet, lässt sich zwar der Umstand ableiten, dass es nur korrekt ist, das Wort 'rot' auf rote Gegenstände anzuwenden. Das heißt aber noch nicht, dass die Bedeutung eines Wortes im Sinne eines Standards intrinsisch normativ ist. Es ist nämlich alles andere als klar, ob diese Folgerung unmittelbar aus der Bedeutungstatsache, dass 'rot' *rot* bedeutet, geschlossen werden kann. Dazu scheinen vielmehr zusätzlich Prämissen notwendig zu sein. Auf der Basis eines Korrektheitsstandards scheint sich auf den ersten Blick auch ein Gebot ableiten zu lassen: Aus der Tatsache, dass es korrekt ist, 'rot' nur auf rote Dinge anzuwenden, lässt sich die Tatsache ableiten, dass es geboten ist, 'rot' nur auf rote Dinge anzuwenden. Diese Folgerung kann aber keineswegs als unmittelbar angesehen werden; es benötigt zusätzliche Annahmen, um sie ziehen zu können. Beispielsweise das Gebot, dass es rational oder sinnvoll ist, ein Wort ausschließlich korrekt und nicht inkorrekt zu gebrauchen. Ähnliches gilt auch für die Ableitung von Korrektheitsstandards aus Bedeutungstatsachen.[30] Diese Ableitungen können nur mittels zusätzlicher Prämissen gezogen werden. Korrektheitsstandards stellen demnach eine Form der Normativität dar, die wesentlich und intrinsisch ausschließlich den Gebrauch eines Wortes betrifft; und solange nicht erwiesen ist, dass Gebrauchstatsachen Bedeutungstatsachen konstituieren, kann nicht davon geredet werden, dass es sich bei der Normativität, die Korrektheitsstandards eigen ist, um eine Normativität *der Bedeutung* handelt.

Womit wir zum eigentlichen Kern unseres Problemfeldes vorgedrungen sind: Welche Normen liegen der zweiten und vierten Art der Normativität der Bedeutung zugrunde? Beginnen wir mit der zweiten Art der Normativität der Bedeutung. Werden Bedeutungstatsachen tatsächlich durch Gebrauchstatsachen konstituiert? Bezüglich der zweiten Art der Bedeutung haben wir festgestellt, dass sie in der Annahme besteht, dass zwischen dem Gebrauch und der Bedeutung ein normativ-konstitutives Verhältnis besteht. Dahinter steckt nichts anders als die Idee, dass Tatsachen, die ausschließlich den Gebrauch eines Wortes betreffen, Bedeutungstatsachen für dieses Wort konstituieren. Der verwendete Ausdruck 'normativ-konstitutiv' weist bereits eindeutig daraufhin, dass das angesprochene Verhältnis zwischen Gebrauch und Bedeutung durch einen Standard bzw. eine konstitutive Regel bestimmt wird. Es stellt sich daher die Frage, ob es einen Standard der folgenden Form gibt, der von allen kompetenten Sprecher explizit oder implizit akzeptiert wird: *Die Tatsache, dass p, die den Gebrauch des Wortes x betrifft, gilt als Tatsache, dass q, die die Bedeutung des Wortes x betrifft, gdw. die Bedingung y durch die Tatsache, dass p, erfüllt wird.* Wenn es ein solches normatives Verhältnis zwischen Gebrauch und Bedeutung geben sollte, so hieße das, dass Bedeutungstatsachen in einem bestimmten Sinn intrinsisch normativ sind. Allerdings nicht in dem Sinne, der im Rahmen der vierten Art der Normativität der Bedeutung gefordert wird. Der Normativismus fordert nicht, dass ein normativ-konstitutives Verhältnis zwischen Gebrauchstatsachen und Bedeutungstatsachen besteht, sondern

---

[30] Es scheint auch möglich zu sein, aus der Tatsache, dass 'rot' rot bedeutet, die Tatsache abzuleiten, dass es geboten ist, 'rot' nur auf rote Dinge anzuwenden. Auch hier kann die Unmittelbarkeit der Ableitung angezweifelt werden. (Ein solches Beispiel einer Ableitung wird oft verwendet, um die intrinsisch präskriptive Normativität der Bedeutung aufzuzeigen. Was aber völlig verfehlt ist. Vgl. dazu HORWICH (1998), S. 92f, S. 221.)

er fordert, dass Bedeutungstatsachen auf intrinsisch normative Tatsachen reduzierbar sind. Und das ist ein bedeutender Unterschied, der auch die strikte Unterscheidung zwischen der zweiten und vierten Art der Normativität der Bedeutung rechtfertigt. Die zweite Art der Normativität der Bedeutung trifft dann zu, wenn es einen Standard gibt, der besagt, dass eine bestimmte Klasse von Gebrauchstatsachen unter der Erfüllung einer bestimmten Bedingung als Bedeutungstatsache gilt. Dafür ist es jedoch nicht notwendig, dass diese Gebrauchstatsachen selbst intrinsisch normativ sind, d.h. dass die Gebrauchstatsachen durch Normen in dem von uns klassifizierten Sinn repräsentiert werden. Gebrauchstatsachen brauchen überhaupt keine Normen zu sein. In Bezug auf die zweite Art der Normativität der Bedeutung muss es ausschließlich einen Standard geben, der Bedeutungstatsachen durch Gebrauchstatsachen *konstituiert*.

Ganz anders verhält es sich bezüglich der vierten Art der Normativität der Bedeutung. Betreffs dieser Art ist es nicht notwendig, dass es einen Standard gibt, der Bedeutungstatsachen durch Gebrauchstatsachen konstituiert. Die vierte Art der Normativität der Bedeutung trifft dann zu, wenn Bedeutungstatsachen auf normative Tatsachen reduzierbar sind. D.h., Bedeutungstatsachen müssen auf solche Tatsachen reduzierbar sein, die durch Normen in dem von uns klassifizierten Sinn repräsentiert werden. Das können Gebrauchstatsachen sein, die selbst Normen darstellen und intrinsisch normativ sind, aber es können auch andere Arten normativer Tatsachen sein, die mit dem Gebrauch von Wörtern nichts zu tun haben. Was notwendig ist, ist der Umstand, dass es sich um Normen handelt, und dass Bedeutungstatsachen auf diese Normen reduzierbar sind.[31] Reduzierbarkeit, auf die im Rahmen der vierten Art der Normativität der Bedeutung verwiesen wird, muss allerdings in keiner Weise eine (intrinsisch) *normative* Relation darstellen. Dieser Begriff lässt sich beispielsweise durch eine logische und rein formale Relation spezifizieren, wie die Relation der notwendigen Äquivalenz. Das hängt ganz davon ab, welche Stärke dieser Relation in Bezug auf die Reduzierbarkeit von Bedeutungstatsachen auf normative Tatsachen erfordert wird. D.h. auch, dass die Beziehung der Reduzierbarkeit in diesem Zusammenhang durch den Begriff der normativen Konstitution bestimmt wird; dies ist jedoch nicht notwendigerweise der Fall.

Wir sehen also, dass die Rechtfertigung der zweiten Art der Normativität der Bedeutung ein völlig verschiedenes Unterfangen von der Rechtfertigung der vierten Art der Normativität der Bedeutung ist. Im einen Fall kommt es vor allem auf die Art der Beziehung zwischen Bedeutungstatsachen und Tatsachen des Gebrauchs an, im anderen Fall kommt es vor allem auf die Art der Tatsachen an, die mit den Bedeutungstatsachen in einer reduktiven Beziehung stehen sollen. Vor diesem Hintergrund ergibt sich folgendes Urteil über die zweite und vierte Art der Normativität der Bedeutung: Im eigentlichen Sinn postuliert nur die vierte Art der Normativität der Bedeutung, dass Bedeutungstatsachen und daher auch Bedeutung selbst intrinsisch normativ sind, und zwar aufgrund der Überzeugung, dass Bedeutungstatsachen auf normative Tatsachen reduziert werden können. Die zweite Art der Normativität der Bedeutung erhebt diesen Anspruch nicht, für sie ist ausschließlich die Beziehung zwischen bestimmten

---

[31] Es sei hier bemerkt, dass der Normativismus und der Sein-Sollen-Dualismus, wie wir ihn oben eingeführt haben, mit einem sehr engen Konzept der Normativität arbeitet. Für diese an HUME und KANT anknüpfende philosophische Strömung sind präskriptive Normen die einzige Art von Normen. Das scheint mir allerdings eine nicht gerechtfertigte Einschränkung zu sein. Wir wollen daher dem Normativismus unseren reicheren Begriff der Normativität zu Grunde legen.

Gebrauchstatsachen und Bedeutungstatsachen normativ. Und weil es sich bei dieser Beziehung um eine normative und *konstitutive* Beziehung zwischen Gebrauch und Bedeutung handelt, können wir zumindest in einem abgeleiteten Sinn davon sprechen, dass nach der zweiten Art der Normativität der Bedeutung Bedeutung intrinsisch normativ ist. Auf dieser Grundlage ergibt sich eine eindeutige Antwort auf eine unserer Ausgangsfragen: Wenn mit dem Slogan ‚Bedeutung ist normativ' gemeint ist, dass Bedeutungstatsachen und daher der Begriff der Bedeutung selbst *intrinsisch* normativ ist, dann wird im Rahmen dieses Slogans ausschließlich die vierte Art der Normativität der Bedeutung postuliert.

(D) Das Verhältnis von Bedeutung und Gebrauch

Zum Abschluss unserer Untersuchungen wollen wir uns mit der Frage beschäftigen, welche Gründe sich für die zweite und vierte Art der Normativität der Bedeutung anführen lassen, und ob sich eine dieser beiden Arten der Normativität der Bedeutung tatsächlich rechtfertigen lässt. Wie wir gesehen haben, besteht einerseits die Möglichkeit, eine Position zu beziehen, bezüglich der die zweite und vierte Art der Normativität der Bedeutung in einem Gegensatz zueinander stehen. Nämlich dann, wenn die Bedeutungstatsachen, auf die im Rahmen der zweiten Art der Normativität zurückgegriffen wird, keine normativen Tatsachen sind und die Beziehung der Reduzierbarkeit im Rahmen der vierten Art der Normativität der Bedeutung als eine nicht-normative Relation aufgefasst wird. Andererseits besteht die Möglichkeit, dass beide Arten der Normativität zusammenfallen, dann nämlich, wenn die Gebrauchstatsachen, von denen im Rahmen der zweiten Art der Normativität der Bedeutung die Rede ist, intrinsisch normativ sind, und wenn der Begriff der Reduzierbarkeit, von dem im Rahmen der vierten Art der Normativität der Bedeutung die Rede ist, mit dem Begriff der normativen Konstitution gleichgesetzt wird. Diese unterschiedlichen möglichen Positionen müssen bei der Rechtfertigung beider Arten der Normativität beachtet werden.

Welche Rechtfertigungen können vor diesem Hintergrund nun bezüglich der zweiten und vierten Art der Normativität vorgebracht werden? Gibt es Tatsachen, die gegen diese Positionen sprechen? Damit wir diese beiden Fragen beantworten können, müssen wir zuerst herausbekommen, welche Gebrauchstatsachen für die Konstitution von Bedeutungstatsachen und welche normativen Tatsachen für die Reduktion von Bedeutungstatsachen überhaupt in Frage kommen.

Als eine erste mögliche Art von Gebrauchstatsachen wollen wir Standards in Betracht ziehen, die festlegen, worin der korrekte Gebrauch eines Wortes besteht; also sogenannte Korrektheitsstandards des Gebrauchs. Können solche Korrektheitsstandards Bedeutungstatsachen konstituieren? Können Bedeutungstatsachen auf Korrektheitsstandards zurückgeführt werden?[32] Um mehr über das Verhältnis von Korrektheitsstandards und Bedeutungstatsachen sagen zu können, sollten wir uns einige Aussagen ansehen, die ein konditionales Verhältnis zwischen Korrektheitsstandards und Bedeutungstatsachen zum Ausdruck bringen. Und wir sollten diese Aussa-

---

[32] Wir haben den Begriff der Bedeutungstatsachen so eingeführt, dass er sich auf die wörtliche Bedeutung eines Ausdrucks beschränkt. Wir wollen diese Einschränkungen aufrecht erhalten und alle weiteren Ebenen der Bedeutung, die wir unterschieden haben, bei unseren weiteren Untersuchungen nicht berücksichtigen.

gen auf ihre Plausibilität und Wahrheit überprüfen. Werfen wir zu diesem Zweck einen Blick auf die folgenden vier Konditional-Sätze:

(1) Wenn ‚rot' *rot* bedeutet, dann gilt es als korrekt, ‚rot' nur auf rote Gegenstände anzuwenden.

(2) Wenn es als korrekt gilt, ‚rot' nur auf rote Gegenstände anzuwenden, dann bedeutet ‚rot' *rot*.

(3) Wenn ‚rot' nicht *rot* bedeuten würde, dann würde es nicht als korrekt gelten, ‚rot' nur auf rote Dinge anzuwenden.

(4) Wenn es nicht als korrekt gelten würde, ‚rot' nur auf rote Gegenstände anzuwenden, dann würde ‚rot' nicht *rot* bedeuten.

Sind alle diese Konditional-Sätze als wahr zu akzeptieren? Welche sind als falsch einzuschätzen? Der Konditional-Satz (1) scheint als einziger in unproblematischer Weise wahr zu sein. Der Konditional-Satz (2) scheint dann wahr zu sein, wenn wir die in (2) ausgedrückte Wenn-dann-Beziehung zwischen Korrektheitsstandards und Bedeutungstatsachen als materiale Implikation auffassen. Schließlich sind beide Glieder des Konditionalsatzes wahr. Die Beziehung der materialen Implikation scheint aber auf jeden Fall eine zu schwache Beziehung zu sein, um eine Reduktion oder eine konstitutive Beziehung zwischen Korrektheitsstandards und Bedeutungstatsachen herzustellen. Wir sollten die Wenn-dann-Beziehung im Rahmen der angeführten Aussagen also zumindest als notwendige Implikation auffassen. Auf dieser Grundlage sehen wir, dass nämlich keine notwendige Beziehung zwischen einem bestimmten Korrektheitsstandard und einer bestimmten Bedeutungstatsache besteht. Die Tatsache, dass es als korrekt gilt, ‚rot' nur auf rote Gegenstände anzuwenden, ist nicht allein mit der Bedeutungstatsache, dass ‚rot' *rot* bedeutet vereinbar, sondern mit unzähligen anderen Bedeutungstatsachen, wie der Tatsache, dass ‚rot' *rot und nicht blau* bedeutet, die aber selbst mit der Bedeutungstatsache, dass ‚rot' *rot* bedeutet, unvereinbar sind. Aus diesem Grund sind sowohl (2) als auch der irreale Konditionalsatz (4) als falsch anzusehen. Es besteht kein notwendiger Zusammenhang zwischen Korrektheitsstandards und Bedeutungstatsachen. In Bezug auf (3) ist es nicht einfach, ein Urteil zu fällen. Denn es fragt sich, was es heißt, dass ‚rot' nicht *rot* bedeuten würde? Heißt es, dass in der Sprache Deutsch ‚rot' nicht *rot* bedeuten würde? Wenn dies der Fall wäre, wäre diese Sprache dann noch als Deutsch zu bezeichnen? Wäre es dann nicht eine ganz andere Sprache, für die es dennoch korrekt sein könnte, ‚rot' nur auf rote Dinge anzuwenden? Es fragt sich somit auch, welcher Sprache (3) selbst angehört, ob der Deutschen oder einer anderen Sprache. Denn wenn in einer anderen Sprache als Deutsch ‚rot' nicht *rot* bedeuten würde, würde es Deutsch dennoch korrekt sein, ‚rot' auf rote Gegenstände anzuwenden. Wir sehen also, dass wir (3) nicht ohne weiteres als wahr akzeptieren können.

Damit gelangen wir zu einem eindeutigen Urteil, was die Reduktion von Bedeutungstatsachen auf Korrektheitsstandards betrifft und die Konstitution der ersten durch die zweiten. Dieses Unterfangen ist zum Scheitern verurteilt. Es scheint in unserer Sprache kein Standard zu existieren, der Bedeutungstatsachen durch Korrektheitsstandards konstituiert. Wir müssten sonst die Aussagen (1)-(4) als eindeutig und intuitiv wahr akzeptieren können. Das ist aber nicht der Fall. Das gilt auch für eine Reduktion von Bedeutungstatsachen auf Korrektheitsstandards. Diese scheitert ebenso an den angeführten Gründen. Wir müssen uns also für diesen Zweck nach anderen Gebrauchstatsachen umsehen als den Korrektheitsstandards.

Es sei hier bemerkt, dass ein Einwand, der oft gegen Gebrauchstheorien der Bedeutung ins Feld geführt wird, auf die eben angeführte Variante nicht zutrifft. Es ist das sogenannte *problem of error*.[33]

Manche Gebrauchstheorien scheinen von diesem Problem betroffen zu sein, welches darin besteht, dass die betreffenden Theorien nicht erklären können, warum ein Wort, wenn es inkorrekt gebraucht wird, dadurch nicht gleichzeitig bedeutungslos wird. Der inkorrekte Gebrauch eines Wortes ist von dem bedeutungslosen Gebrauch eines Wortes zu unterscheiden. Dieses Problem trifft allerdings nicht auf eine Gebrauchstheorie der Bedeutung zu, der Korrektheitsstandards zu Grunde liegen. Denn dadurch, dass ein Sprecher, mehrere Sprecher oder alle Sprecher ein Wort in bestimmten Zusammenhängen inkorrekt gebrauchen, ändert sich der Korrektheitsstandard für den Gebrauch eines Wortes nicht und damit auch nicht seine Bedeutung. Mit anderen Worten: Wenn ein Korrektheitsstandard die Bedeutung eines Wortes konstituiert, dann folgt daraus in keiner Weise, dass ein inkorrekter Gebrauch eines Wortes damit automatisch ein bedeutungsloser Gebrauch ist.

Auf die zweite Variante einer Gebrauchstheorie der Bedeutung scheint dieses Problem allerdings zuzutreffen. Es handelt sich dabei um sogenannte *dispositionale* Versionen der Gebrauchstheorie der Bedeutung. Für *dispositionale* Versionen der Gebrauchstheorie wird die Bedeutung eines Wortes durch die Dispositionen von kompetenten Sprechern, dieses Wort so und so zu gebrauchen, konstituiert.[34] Solche Gebrauchsdispositionen sind eindeutig nicht-normativ. D.h., sie kommen für eine Reduktion im Sinne des Normativismus gar nicht in Frage. Wir können uns daher auf die Frage beschränken, ob Gebrauchsdispositionen Bedeutungstatsachen konstituieren. Und dagegen scheint vor allem das sogenannte *problem of error* zu sprechen. Dieses Problem ist jedoch nicht der einzige Grund, der gegen die Plausibilität dieser Variante der Gebrauchstheorie der Bedeutung spricht. Werfen wir einen Blick auf die folgenden Konditional-Sätze:

> (5) Ein kompetenter Sprecher ist disponiert, ,rot' nur auf rote Gegenstände anzuwenden gdw. ,rot' *rot* bedeutet.
>
> (6) Nur wenn die überwiegende Mehrzahl der kompetenten Sprecher disponiert ist, ,rot' nur auf rote Gegenstände anzuwenden, dann bedeutet ,rot' *rot*.
>
> (7) Nur wenn alle kompetenten Sprecher disponiert sind, ,rot' nur auf rote Gegenstände anzuwenden, dann bedeutet ,rot' *rot*.

Diese Konditionalsätze scheinen allesamt falsch zu sein. Am deutlichsten ist natürlich (5) falsch. Wenn ein kompetenter Sprecher disponiert ist, ,rot' nur auf rot Gegenstände anzuwenden, dann ergibt sich daraus noch lange nicht die Tatsache, dass ,rot' *rot* bedeutet. Auch das *problem of error* zeigt sich in diesem Zusammenhang deutlich. Wenn (5) wahr wäre, und der betreffende Sprecher nur ein einziges Mal nicht disponiert wäre, ,rot' nur auf rote Gegenstände anzuwenden, und es daher auf einen anderen Gegenstand anwendet, dann würde sich dadurch die Bedeutung von ,rot' ändern;

---

[33] Vgl. HORWICH (1998), S. 218-219; WIKFORSS (2001), S. 208, S. 209-212; HORWICH, (2003b).
[34] Vgl. dazu KRIPKE (1987), S. 34-53; BOGHOSSIAN (1989), S. 528-534; HORWICH (1998), S. 217-225.

was allerdings absurd ist. Wie sieht es mit (6) und (7) aus? Diese Konditionalsätze scheinen zwar plausibler zu sein als (5), aber sie sind dennoch falsch. Auch auf sie trifft das *problem of error* zu. Der Fall ist denkbar und möglich, dass alle kompetenten Sprecher oder die überwiegende Mehrzahl derselben im Rahmen einer konkreten Anwendung des Wortes ‚rot' nicht disponiert sind, das Wort ‚rot' nur auf rote Gegenstände anzuwenden, sondern auch auf bestimmte nicht-rote Gegenstände. Auf der Grundlage von (6) und (7) würde sich dadurch die Bedeutung von ‚rot' in der betreffenden Situation ändern. Das scheint jedoch nicht der Fall zu sein und deshalb sind auch (6) und (7) als falsch einzuschätzen. Davon abgesehen genügt eine Disposition, ein Wort so und so zu gebrauchen, nicht, um eine Bedeutungstatsache eindeutig zu konstituieren. Eine konkrete Gebrauchsdisposition ist mit vielen unterschiedlichen Bedeutungstatsachen vereinbar. Sie ist niemals in der Form als eindeutig aufzufassen, dass sie nur auf genau eine Bedeutungstatsache zutrifft. Auch in die umgekehrte Richtung scheint keine Eindeutigkeit zu bestehen. Es scheint eine unendliche Anzahl von Dispositionen in Bezug auf den Gebrauch eines Wortes zu geben, die mit der Bedeutungstatsache, die dieses Wort betrifft, vereinbar ist. Daher muss eine Konstitution von Bedeutungstatsachen durch Gebrauchsdispositionen fehlschlagen. Man kann sich natürlich in vieler Hinsicht verfeinerte und komplexere Varianten der dispositionalen Auffassung der Gebrauchstheorie der Bedeutung ausdenken als die von uns besprochene. Ich fürchte jedoch, dass diese Varianten von denselben oder zumindest ähnlichen Problemen betroffen sind wie die angeführte Version einer dispositionalen Auffassung der Gebrauchstheorie der Bedeutung. Somit sind wahrscheinlich alle Varianten dieser Auffassung als unangemessen zurückzuweisen.

Gibt es neben den beiden angeführten Arten von Tatsachen noch weitere Arten von Tatsachen des Gebrauchs, die in Frage kämen, Bedeutungstatsachen zu konstituieren? HORWICH hat eine Variante der Gebrauchstheorie der Bedeutung vorgeschlagen, die auf sogenannten *basic acceptance properties of use* basiert.[35] Die Grundidee dieser Auffassung besagt, dass der Gebrauch eines Wortes durch die (implizite) Akzeptanz bestimmter Aussagen, die dieses Wort in seiner prototypischen Verwendung enthalten, bestimmt wird.[36] So wird nach HORWICH bspw. der Gebrauch des Wortes ‚wahr' durch die implizite Akzeptanz der Instanzen des Schemas ‚Dass p ist wahr gdw. p' festgelegt.[37] Können solche Gebrauchstatsachen bezüglich der Akzeptanz eines Wortes im Rahmen bestimmter Aussagen tatsächlich Bedeutungstatsachen konstituieren? Es dürfte klar sein, dass HORWICHs Gebrauchstatsachen ebenso wie die Gebrauchsdispostionen keine Normen sind und eine Rechtfertigung des Normativismus auf der Basis dieser Theorie daher gar nicht in Frage kommt. Werfen wir erneut einen Blick auf einige Konditionalsätze, um HORWICHs Gebrauchstheorie besser beurteilen zu können. Und zwar sind das die folgenden drei:

(8) Wenn ich alle Sätze der Form ‚Dass p ist wahr gdw. p' (implizit) akzeptiere, dann bedeutet ‚wahr' *wahr*.

(9) Wenn alle kompetenten Sprecher alle Sätze der Form ‚Dass p ist wahr gdw. p' (implizit) akzeptieren, dann bedeutet ‚wahr' *wahr*.

---

[35] HORWICH (1998), S. 6, S. 44-45.
[36] HORWICH (1998), S. 44-45; HORWICH (2003a), S. 9.
[37] HORWICH (1998), S. 45.

(10) Wenn die Mehrzahl der kompetenten Sprecher alle Sätze der Form
‚Dass p ist wahr gdw. p' (implizit) akzeptiert, dann bedeutet ‚wahr' *wahr*.

Als Erstes fragt sich natürlich in Bezug auf diese Konditionale, wie HORWICH den
Begriff der Akzeptanz auffasst, der ein wesentlicher Bestandteil der Gebrauchstatsachen nach HORWICH ist. Für ihn drückt dieser Begriff eine nicht-semantische, psy-
chologische Relation aus, die in etwa QUINEs Begriff *der Disposition etwas Zuzustimmen*
oder DAVIDSONs Begriff des *Für-Wahr-Haltens* entspricht.[38] HORWICH beschreibt diesen Begriff selbst so, dass ein Sprecher einen Satz akzeptiert, wenn der Satz „Element
seiner Überzeugungsbox" ist. Was damit aber konkret gemeint ist, ist nicht klar. Es
fragt sich auf jeden Fall, wie man einen Satz akzeptieren kann, wie man disponiert sein
kann, diesem Satz zuzustimmen, wie man ihn für-wahr-halten kann, oder wie man ihn
in seine „Überzeugungsbox" aufnehmen kann, ohne ihn zu verstehen. Macht diese
Annahme Sinn? Denn diese Annahme ist notwendig, wenn man die Zirkularität des
Ansatzes von HORWICH verhindern will. Wenn wir nämlich einen Satz nur dann akzeptieren könnten, wenn wir ihn verstehen, dann setzt dieser Umstand voraus, dass
wir bereits über die Bedeutung *aller* Ausdrücke verfügen, die im Rahmen dieses Satzes
verwendet werden. Dann können wir die Akzeptanz bestimmter Sätze jedoch nicht als
eine konstituierende Eigenschaft von Bedeutungstatschen ansehen. Diese beiden
Schwierigkeiten scheinen meiner Ansicht wesentliche intrinsische Schwierigkeiten von
HORWICHs Konzeption zu sein. Aber wir wollen einmal von diesen Schwierigkeiten
absehen und uns unabhängig davon fragen, wie es mit der Wahrheit der Konditional-
sätze (8)-(10) bestellt ist. Es dürfte klar sein, dass die Akzeptanz eines Sprechers bestimmter Sätze, die ein bestimmtes Wort in seiner prototypischen Verwendung enthalten, nicht genügt, um die Bedeutung dieses Wortes zu bestimmen. Es fragt sich
vielmehr, ob ich bspw. wirklich allein auf der Grundlage meiner impliziten Akzeptanz
der Instanzen des Schemas ‚Dass p ist wahr gdw. p' über die Bedeutung des Wortes
‚wahr' verfüge. Kann allein die Akzeptanz bestimmter Sätze, die ein bestimmtes Wort
in seiner prototypischen Verwendung enthalten, durch eine ganze Sprechergemeinschaft die Bedeutung dieses Wortes konstituieren? Es ist denkbar und plausibel anzunehmen, dass kompetente Sprecher zu unterschiedlichen Zeitpunkten unterschiedliche Mengen von Sätzen akzeptieren, die ein bestimmtes Wort in seiner prototypischen
Verwendung enthalten. Das kann auch für eine ganze Gemeinschaft von Sprechern
oder die Mehrzahl derselben gelten. Daraus muss sich aber nicht notwendigerweise
eine Änderung der Korrektheitsstandards eines Wortes und damit auch seiner Bedeutung ergeben. Es kann sein, dass ein Wort von einer Sprechergemeinschaft korrekt
gebraucht wird, ohne dass jeder oder die Mehrzahl der Sprecher all jene Sätze akzeptiert, die nach HORWICH die Bedeutung dieses Wortes konstituieren. Das scheint vor
allem in Bezug auf das Wort ‚wahr' bezogen der Fall zu sein. Vor allem Philosophen
lehnen es ab, alle Instanzen des Schemas ‚Dass p ist wahr gdw. p' zu akzeptieren. Für
sie gibt es eine Reihe von Instanzen dieses Schemas, die als paradox, sinnlos oder
nicht angemessen anzusehen sind. Manche Philosophen, wie z.B. DAVIDSON, akzeptieren keine einzige Instanz dieses Schemas. Und dennoch gebrauchen diese Philosophen das Wort ‚wahr' korrekt. Es ist darüber hinaus denkbar, dass ein Sprecher ein
Wort in systematischer Weise inkorrekt gebraucht, obwohl er alle Sätze akzeptiert, die

---

[38] HORWICH (1998), S. 95; HORWICH (2003a), S. 11.

das Wort enthalten und nach HORWICH dessen Bedeutung konstituieren. Aus diesem Umstand ist zu schließen, dass er die Bedeutung des betreffenden Wortes nicht verstanden hat. Nach HORWICH verfügt er allerdings über die nötige Akzeptanz der Sätze, die zum Verstehen der Bedeutung eines Wortes genügen. Ich glaube, die eben angeführten Gründe genügen, um die Auffassung zu rechtfertigen, dass diejenigen Gebrauchstatsachen, die HORWICH zur Bedeutungskonstitution vorgeschlagen hat, Bedeutungstatsachen nicht konstituieren können.

Wir haben bezüglich dreier unterschiedlicher Varianten der Gebrauchstheorie der Bedeutung gesehen, mit welchen erheblichen Schwierigkeiten die Rechtfertigung dieser Theorien konfrontiert ist. Wir wollen diesem Eindruck noch einen weiteren Aspekt hinzufügen, und es dann bei dieser Veranschaulichung der grundlegenden Schwierigkeiten einer Gebrauchstheorie der Bedeutung belassen. Zum Abschluss der Diskussion über die Rechtfertigung der zweiten und vierten Art der Normativität der Bedeutung möchte ich der Frage nachgehen, ob es neben den Korrektheitsstandards andere normative Gebrauchstatsachen gibt, die für die Konstitution von Bedeutungstatsachen und die Reduktion auf dieselben in Frage kommen. Wir wollen uns nun fragen, ob es präskriptive, regulative oder direktive Normen gibt, die als Tatsachen des Gebrauchs aufgefasst werden und für die Zwecke der Bedeutungskonstitution und der Bedeutungsreduktion herangezogen werden können.

Beginnen wir mit den präskriptiven Normen. Es bieten sich in diesem Zusammenhang Normen der allgemeinen Form ‚es ist geboten, den Ausdruck x so und so zu gebrauchen' an. Können Gebrauchstatsachen dieser Form Bedeutungstatsachen konstituieren? Es kann beispielsweise geboten sein, das Wort ‚rot' nur auf rote Gegenstände anzuwenden. Dieses Gebot ist aber in keiner Weise ausreichend, um die Bedeutung des Wortes ‚rot' zu bestimmen. Jemand, der dieses Gebot erfasst, weiß dadurch noch nicht, was ‚rot' bedeutet. Schließlich ist dieses Gebot mit einer ganzen Reihe von anderen Bedeutungstatsachen vereinbar, die mit der Tatsache, dass ‚rot' rot bedeutet, unvereinbar sind, beispielsweise der Tatsache, dass ‚rot' *rot und nicht blau* bedeutet. Darüber hinaus ist festzuhalten, dass jemand, der gegen dieses Gebot verstößt und das Wort ‚rot' auf nicht-rote Gegenstände anwendet, damit das Wort nicht notwendigerweise in einer bedeutungslosen Weise gebraucht. Diese Art des *bedeutungsvollen*, aber inkorrekten Gebrauchs wird durch eine Bedeutungstatsache konstituiert, nicht aber durch das Gebot, das Wort ‚rot' nur auf rote Gegenstände anzuwenden. Gebote, die den Gebrauch eines Wortes betreffen, scheinen daher viel zu grobkörnig zu sein, um die Bedeutung eines Wortes zu bestimmen.

Ähnliches gilt für regulative Normen. Bloße Handlungsanweisungen, die besagen, dass ein Wort so und so zu gebrauchen ist, können die Funktion, Bedeutungstatsachen zu konstituieren, ebenso nicht erfüllen. Es ist möglich, gegen solchen Anweisungen zu verstoßen und ein Wort dennoch bedeutungsvoll zu gebrauchen. Diese Art des bedeutungsvollen Gebrauchs wird durch bloße Handlungsanweisungen nicht erfasst. Darüber hinaus haben einfache Handlungsanweisungen nicht den allgemeinen normativen Geltungsanspruch wie Gebote. Man müsste sich vor diesem Hintergrund wohl bei jedem korrekten Gebrauch eines Wortes selbst die Anweisung geben, das Wort so und so zu gebrauchen, um dadurch der Anweisung die erforderliche Geltung zu verleihen.

So bleiben nur noch die direktiven Normen übrig. In Bezug auf diese scheinen sich aber nicht einmal halbwegs angemessene Kandidaten von Normen zur Bedeutungskonstitution finden zu lassen. Eine direktive Norm beschreibt den normativen Zusammenhang zwischen einer Handlungsabsicht und ihrer Erfüllung. Wir können auf dieser Grundlage Gebrauchstatsachen wie die folgende formulieren: *Wenn du das Wort ‚rot' korrekt gebrauchen willst und es korrekt ist, das Wort ‚rot' nur auf rote Gegenstände anzuwenden, dann bist du verpflichtet, es nur auf rote Gegenstände anzuwenden.* Diese Normen mögen den normativen Zusammenhang zwischen meiner Absicht, ein Wort korrekt zu gebrauchen und der Erfüllung dieser Absicht angeben, aber ich sehe keine Möglichkeit auf dieser Basis Bedeutungstatschen zu konstituieren. Zu diesem Zweck reicht es nämlich nicht aus, das Verhältnis zwischen einer beliebigen Absicht und der Erreichung dieser Absicht zu beschreiben. Direktive Normen machen jedoch nichts anderes und sind für die erforderten Zwecke ungeeignet.

Auf der Grundlage all der angeführten Ausführungen über die Rechtfertigung der zweiten und vierten Art der Normativität der Bedeutung zeigt sich ganz eindeutig, dass man sowohl bei der Rechtfertigung des Normativismus und der damit verbundenen vierten Art der Normativität der Bedeutung, als auch bei der Rechtfertigung einer Gebrauchstheorie der Bedeutung und der damit verbundenen zweiten Art der Normativität der Bedeutung mit erheblichen Schwierigkeiten zu kämpfen hat. Beide Arten der Normativität der Bedeutung sind daher als höchst problematisch einzustufen. Es wäre bezüglich der vierten Art der Normativität der Bedeutung höchst verwunderlich, wenn die normativen Tatsachen, auf die Bedeutungstatsachen angeblich reduziert werden können, keine normativen Gebrauchstatsachen zumindest beinhalten würden. Die einzige Möglichkeit, den Normativismus zu rechtfertigen, besteht demnach wohl darin, bestimmte normative Gebrauchstatsachen mit anderen normativen sozialen Tatsachen zu koppeln, um auf dieser Grundlage Bedeutungstatsachen reduktiv bestimmen zu können. Wir wollen dieser Möglichkeit allerdings nicht im Rahmen dieser Arbeit nachgehen. Für unsere Zwecke genügt es vollständig, auf die erheblichen Schwierigkeiten hingewiesen zu haben, die bei der Rechtfertigung der zweiten und vierten Arten der Normativität der Bedeutung auftreten.

Wir haben bei unseren Untersuchungen feststellen müssen, dass das Zutreffen nur einer von vier unterschiedlichen Arten der Normativität der Bedeutung, nämlich der vierten Art der Normativität der Bedeutung, im eigentlich Sinn für die These spricht, dass der Begriff der Bedeutung und damit auch Bedeutungstatsachen intrinsisch normativ sind. Wir haben darüber hinaus festgestellt, dass aufgrund von wesentlichen Unterschieden strikt zwischen gebrauchstheoretischen Auffassungen der Bedeutung[39] und normativ-reduktionistischen Auffassungen der Bedeutung unterschieden werden muss. Aber vor allem hat sich gezeigt, dass es überhaupt keine Selbstverständlichkeit ist, von einer intrinsischen Normativität der Bedeutung oder von Bedeutungstatsachen zu sprechen.

---

[39] Es ist hier zu bemerken, dass nicht alle Gebrauchstheorien der Bedeutung das Verhältnis zwischen Gebrauchstatsachen und Bedeutungstatsachen als ein *normatives* Verhältnis auffassen. Diese Auffassungen wurden hier allerdings aufgrund der thematischen Fokussierung auf die Normativität der Bedeutung nicht berücksichtigt.

Literatur

BALTZER, ULRICH (2002): Konstitutive Regeln: Die unerträgliche Leichtigkeit der Institutionen, in: ULRICH BALTZER und GERHARD SCHÖNRICH (Hrsg.), Institutionen und Regelfolgen, Paderborn: mentis, S. 193-206.

BOGHOSSIAN, P.A. (1989): The Rule-Following Considerations, in: Mind, 98, S. 507-549.

BRANDOM, ROBERT (1994): Making it Explicit, Cambridge, Mass.: Harvard University Press.

GLOCK, H.J. (2000): Wie kam die Bedeutung zur Regel?, in: Deutsche Zeitschrift für Philosophie, 48, S. 429-447.

GLÜER, KATRIN (1999): Sprache und Regeln, Berlin: Akademie Verlag.

GLÜER, KATRIN (2000): Bedeutung zwischen Norm und Naturgesetz, in: Deutsche Zeitschrift für Philosophie, 48, S. 449-468.

GLÜER, KATRIN; PAGIN, PETER (1999): Rules of Meaning and Practical Reasoning, in: Synthese, 117, S. 207-227.

HORWICH, PAUL (1998): Meaning, Oxford: Clarendon Press.

HORWICH, PAUL (2003a): The Use Theory of Meaning, ms.

HORWICH, PAUL (2003b): The Pseudo-Problem of Error, ms.

KRIPKE, SAUL A. (1987): Wittgenstein über Regeln und Privatsprache, Frankfurt a.M.: Suhrkamp.

MCDOWELL, JOHN (1992): Mind and World, Cambridge, Mass.: Harvard University Press.

SCHNÄDELBACH, HERBERT (1990): Rationalität und Normativität, in: ders., Zur Rehabilitierung des *animal rationale*, Frankfurt am Main: Suhrkamp.

SEARLE, JOHN R. (1971): Sprechakte, Frankfurt am Main: Suhrkamp.

STRUB, CHRISTIAN (2002): Zur Normativität konstitutiver Regeln, in: ULRICH BALTZER und GERHARD SCHÖNRICH (Hrsg.): Institutionen und Regelfolgen, Paderborn: mentis, S. 207-224.

VON WRIGHT, G.H. (1963): Norm and Action, London: Routledge.

WIKFORSS, A.M. (2001): Semantic Normativity, in: Philosphical Studies, 102, S. 203-226.

Pedro Schmechtig

NORMATIVITÄT, OBJEKTIVER GEHALT UND GENUINE INTENTIONALITÄT
Das Projekt einer normativen Pragmatik bei Robert Brandom

I. Einführung

Einer der interessantesten Gedanken, die ROBERT BRANDOM in ‚Making it Explicit' entwickelt hat, basiert auf der Behauptung, dass soziale Gemeinschaften, denen geeignete linguistische Mittel zur Verfügung stehen, über ein besonderes Konzept von Intentionalität verfügen, das man als durch und durch normativ zu bezeichnen hat. Zur Rechtfertigung dieser Behauptung hat BRANDOM ein pragmatisches Verständnis von Normen eingeklagt, das er auf drei unterschiedlichen Ebenen entfaltet hat. Der darin zum Vorschein kommende Begriff von Intentionalität beinhaltet jedoch, was die Frage der Objektivität von Normen angeht, in zweifacher Hinsicht ein radikales Umdenken. Auf der einen Seite plädiert BRANDOM für eine phänomenalistische Behandlung von Normen, d.h. entgegen einer strikt dualistischen Gegenüberstellung von Norm und Tatsache soll dasjenige, was Normen in Geltung setzt, unter Rekurs auf die Praktiken des Feststellens dieser Tatsachen erklärt werden. Zu verstehen, wie Normen funktionieren, würde dann bedeuten, die Bedingungen zu kennen, unter denen man sich verpflichtet hat, jemanden (gemäß einer bestimmten Praxis) als unter dieser Norm stehend zu behandeln. Auf der anderen Seite ist die pragmatische Einsicht in eine soziale Instituierung von Normen eng mit der Frage verbunden, wodurch die Objektivität intentionaler Gehalte gewährleistet wird. Auch hier hat BRANDOM eine ganz eigene, und wie ich finde, recht neuartige Erklärung anzubieten. Er glaubt nämlich, zeigen zu können, dass der *objektive Gehalt* intentionaler Einstellungen etwas ist, das selbst nur unter einem normativen Blickwinkel zustande kommt, d.h. unter der Abhängigkeit derjenigen Einstellungen steht, die im Rahmen einer diskursiven Praxis zur Zuschreibung des entsprechenden Inhalts berechtigen.

Eine Erklärung des objektiv-repräsentationalen Gehalts intentionaler Einstellung hat BRANDOM als die größte Herausforderung für seinen pragmatischen Ansatz bezeichnet.[1] Ein Ziel des vorliegenden Aufsatzes wird es daher sein, genauer zu verstehen, worin das damit verbundene strukturelle Dilemma besteht, dem sich der pragmatische Erklärungsversuch ausgesetzt sieht, um anschließend von dort aus besser beurteilen zu können, wie tragfähig die angebotene Lösung und das darin enthaltene Konzept der *genuinen Intentionalität* ist. Eine eingehende Betrachtung von BRANDOMs normativer Pragmatik wird jedoch dadurch erschwert, dass sie losgelöst von der gesamten Architektonik seines Ansatzes kaum zu verstehen ist. Und selbstverständlich ist eine erschöpfende Darstellung an dieser Stelle unmöglich; ich denke aber, dass einige der wichtigsten Weichenstellungen recht deutlich werden, wenn man sich vergegenwärtigt, in welcher Form BRANDOM auf KANT und dessen Verständnis von Nor-

---

[1] BRANDOM (2000), S. 214; BRANDOM (2001), S. 256.

mativität zurückgreift. Aus diesem Grund werde ich in einem ersten Abschnitt (II) etwas ausführlicher darauf eingehen, inwiefern BRANDOM glaubt, dass KANT dem Projekt einer normativen Pragmatik aufgeschlossen gegenübersteht und – viel wichtiger noch – an welchen Stellen sich ihre Wege trennen. Danach führe ich die beiden zentralen Grundgedanken der normativen Pragmatik ein, einschließlich der Ebenen, auf denen Normativität gemäß der phänomenalistischen Methodologie zum Einsatz kommt (III). Die daraus hervorgehende Lösung der Objektivitätsproblematik ist dann Gegenstand der anschließenden Diskussion (IV).

II. Kant als Wegbereiter einer normativen Pragmatik?

Im Großen und Ganzen sind es drei Aspekte, die BRANDOM an KANTs Auffassung von Normativität für überdenkenswert hält:

(i) Als regelgeleitete Praxis ist die Anwendung von Begriffen normativ.

(ii) Normativer Zwang ist nicht durch die Regel selbst, sondern durch ihre Anerkennung zu erklären.

(iii) Normative Richtigkeit kommt durch das Aufstellen expliziter Regeln (Vorschriften, Verbote, Erlaubnisse usw.) zustande.

Ich werde im Folgenden kurz auf die drei genannten Aspekte eingehen, um daran anschließend jeweils hervorzuheben, was BRANDOM an ihnen auszusetzen hat.

(i) Die erste Anleihe bei KANT ist gleichsam die fundamentalste: Mit KANT ist daran zu erinnern, dass die kleinste menschliche ‚Erfahrungseinheit‘ die Form eines Urteils annimmt. Dahinter verbergen sich zwei wichtige Gedanken: Erstens ist es die Art und Weise, wie wir über die Welt urteilen, die unser ‚Tun‘ verantwortlich macht. Urteile drücken normative Festlegungen aus, die wir eingehen und für die wir zur Rechenschaft gezogen werden. Dies schlägt eine Brücke zu dem, was SELLARS später den ‚Raum der Gründe‘ genannt hat. Denn Urteile sind nur insofern rational, als durch das ‚Liefern von Gründen‘ eine sie konstituierende Berechtigung geschaffen wird. Zweitens sind Urteile begriffliche Abstraktionen, die vermittels der inferentiellen Beziehungen charakterisiert werden, über die sie im Gesamthaushalt verschiedener Urteile verfügen. Eine korrekte sprachliche Verwendung von Begriffen läuft darauf hinaus, den regelgeleiteten Gebrauch zu beherrschen, der mit diesen Inferenzen verknüpft ist. Normativ heißt hier in erster Linie das, was KANT darin zum Ausdruck brachte, dass er sowohl Handlungen als auch Urteile mit der Anwendung von Regeln verglichen hat.[2]

Doch was bedeutet es, dass Normen begrifflich sind? Eine Beantwortung dieser Frage führt direkt zu einer ersten ganz wesentlichen Differenz. Denn im Gegensatz zu KANT lehnt BRANDOM ein rein *klassifikatorisches* Verständnis von Begriffen ab. Deutlich wird dies anhand der Ablehnung dreier verschiedener Dualismen, die BRANDOM allesamt in der auf KANT aufbauenden Tradition fest verankert sieht:

---

[2]   Vgl. KpV, Teil I., Buch I., § 7.

(1) *Der Dualismus von Form und Materie:* Eine strenge Zweiteilung in begriffliche Struktur (Form) und nicht-begrifflichen Inhalt (Anschauung/Materie) ist abzulehnen.[3] Nach BRANDOM ist die inferentielle Rolle (von Begriffen) so weit zu fassen, dass sie auch die Gliederung der Inhalte selbst betrifft. KANTs regelgeleitetes Begriffsverständnis sollte daher um zwei wichtige *pragmatische* Komponenten ergänzt werden: So ist der Gebrauch sprachlicher Ausdrücke neben den Bedingungen der richtigen Verwendung auch von den inferentiellen Konsequenzen abhängig, die wir mit jeder Anwendung akzeptieren. Die Kenntnis der *Folgen*, unter denen eine Äußerung gebilligt wird und die genauso wie die richtigen Umstände zum Erlernen eines Ausdrucks dazugehören,[4] bietet die Möglichkeit, den empirischen Gehalt, der mit den nicht-inferentiellen Umständen (Wahrnehmungen) und Folgen (Handlungen) einiger Begriffe verbunden ist, ebenfalls inferentiell zu gliedern. Darüber hinaus handelt es sich bei diesen Inferenzen um *materiale* Folgerungen, deren Gültigkeit nicht nur von der richtigen Form des ‚logischen Schließens‘ abhängig ist, sondern den Gehalt der jeweiligen Begriffe selbst berührt.[5] Sofern nämlich die Gültigkeit von Inferenzen wie z.B. bei den Sätzen ‚Peters Ball ist rot‘ und ‚Peters Ball ist farbig‘ durch den Inhalt der jeweiligen Begriffe ‚rot‘ und ‚farbig‘ mitbegründet wird, ist eine strikte Gegenüberstellung von Form und Inhalt hinfällig.

(2) *Der Dualismus von Allgemeinem und Besonderem:* Während das Besondere die alleinige Funktion hat, Gegenstände zu benennen oder ‚herauszugreifen‘, wird dem Allgemeinen ein prädikativer Charakter zugeordnet, der dadurch etwas über die Dinge aussagt, dass er jene *klassifiziert*. Im Hintergrund steht dabei eine strikte Trennung zwischen singulären und allgemeinen Termini, wobei der begriffliche Anteil auf den prädikativen Gebrauch allgemeiner Termini beschränkt bleibt. Demgegenüber erinnert BRANDOM daran, dass einer der Vorteile von KANTs Auffassung, die regelgeleitete Praxis von Ausdrücken an Urteilen festzumachen, gerade darin bestand, vorrangig den in Sätzen ausgedrückten Behauptungen eine inferentielle Rolle zuzuordnen. Nur Satz-Behauptungen dienen als Prämissen und Konklusionen von Inferenzen; sie stellen die eigentliche Basis normativer Festlegungen dar.[6] Gesteht man aber diesen Gedanken zu, dann gestaltet sich der Kontrast zwischen Allgemeinem und Besonderem nicht als

---

[3]   BRANDOM denkt hier vor allem an DAVIDSONs bekannte Kritik der Unterscheidung von Schema und Inhalt (drittes Dogma des Empirismus). Vgl. BRANDOM (2000), S. 854; DAVIDSON (1990).

[4]   Die Unterscheidung zwischen den ‚Umständen der richtigen Anwendung‘ von sprachlichen Ausdrücken und ihren ‚Folgen im Gebrauch‘ geht auf eine Interpretation logischer Junktoren bei M. DUMMETT zurück. BRANDOM geht jedoch einen entscheidenden Schritt weiter; er unterscheidet zusätzlich zwischen den Folgen, auf die jemand festgelegt ist (Verpflichtung), und solchen, zu denen man tatsächlich berechtigt ist (Erlaubnis). Vgl. BRANDOM (2000), S. 188 f. u. 243; DUMMETT (1973).

[5]   In diesem Zusammenhang beruft sich BRANDOM auf einen Begriff der materialen Inferenz, der von der herkömmlichen Sichtweise insofern abweicht, als er Folgerungs-Beziehungen zulässt, die nicht auf der Basis formal-logischer Prinzipien gerechtfertigt sind. Er wendet sich damit gegen eine Auffassung von materialer Inferenz, nach der alle Inferenzen als implizit gebilligte Konditionale aufgefasst werden. Denn dieses bereits von SELLARS als ‚formalistisches Dogma‘ bezeichnete Verständnis führt dazu, dass materiale Inferenzen entweder als versteckte Schlüsse (Enthymen) gehandhabt werden oder eben rein zufälliger Natur sind. Vgl. BRANDOM (2000), S. 164; SELLARS (1980), S. 26 ff.

[6]   Bei BRANDOM heißt es dazu: „Der Leitgedanke der hier vorzutragenden Analyse lautet, daß als Modell der Untersuchung jene Art von inferentieller Festlegung dienen kann, die man eingeht oder anerkennt, wenn man eine Behauptung macht. Diese können doxastische oder behauptende Festlegungen genannt werden. Dies ist die elementarste Art diskursiver Festlegung." Vgl BRANDOM (2000), S. 240.

einer zwischen begrifflichen und nicht-begrifflichen Elementen, sondern als der zwischen unterschiedlichen Mustern *substitionaler Signifikanzen*. Damit ist gemeint, dass – bezogen auf die formalen Ableitbarkeitsbedingungen der Sätze – zwar ein Unterschied in der Ersetzbarkeit entsprechender Termini besteht, dieser aber keineswegs auf ein Fehlen begrifflicher Elemente hindeutet.[7]

(3) *Der Dualismus von kausaler und begrifflicher Ordnung*: In der Tradition nach KANT gibt es eine Reihe von Philosophen, die schon deshalb der Meinung gewesen sind, streng zwischen kausaler und begrifflicher Ordnung unterscheiden zu müssen, weil sich eine solche Trennung bereits in der Art und Weise niederschlägt, wie wir bestimmte sprachliche Ausdrücke verwenden. Besonders der Gebrauch von indexikalischen oder deiktischen Ausdrücken (Indikatoren) wird mit direkten kausalen Ursachen in Verbindung gebracht, die auf nicht-inferentiellen Beobachtungen basieren und damit der begrifflichen Ordnung entzogen sind. Obgleich BRANDOM zugesteht, dass ein allgemeiner Dualismus von Begriff und Ursache von KANT so nicht vertreten wurde, findet sich diese Trennung, jedenfalls der Sache nach, dort wieder, wo KANT unterscheidet zwischen nicht-wiederholbaren indexikalischen Token, die in einem rein rezeptiv-kausalen Kontext angesiedelt sind, und wiederholbaren Begriffen, die er der Spontaneität des Verstandes zuschlägt.[8] BRANDOM hält dem entgegen, dass mit der Anerkennung eines nicht-klassifikatorischen Begriffsverständnisses die deiktische oder indexikalische Verwendung von Ausdrücken ein der inferentiellen Ordnung nachgeordnetes Phänomen darstellt. Um eine derartige Behauptung begründen zu können, bedarf es jedoch der Ergänzung um eine weitere pragmatische Erklärungskomponente, nämlich einer auf *Anaphern* beruhenden Analyse direkter Referenz. Erst diese ermöglicht es (getreu dem Slogan: ‚Anapher geht vor Deixis‘), die Verwendung der vermeintlich unwiederholbaren Ausdrücke durch die begrifflich-inferentielle Rolle jener Ausdrücke zu erklären, mit denen sie anaphorisch verbunden sind.[9]

Nimmt man alle drei Aspekte zusammen, lässt sich Folgendes festhalten: Mit einer Erweiterung der inferentiellen Semantik um die eben genannten Komponenten – (i) materiale Folgerungen (ii) substitionale Signifikanzen (iii) Anaphern – ist genau derjenige ‚pragmatische Kern‘ gekennzeichnet, demzufolge sich BRANDOMs Auffassung begrifflicher Normen von KANTs rein klassifikatorischem Verständnis unterscheidet.

(ii) Eine zweite, ebenfalls sehr bedeutsame Anleihe, die BRANDOM bei KANT macht, ist mit dessen Einsicht verbunden, dass das Auferlegen von Zwang unter normativen Gesichtspunkten betrachtet, nicht als eine Form der Naturgesetzlichkeit dargestellt werden darf. Es sind vor allem zwei Aspekte, die normative Verpflichtungen von Naturnotwendigkeiten unterscheiden: (i) Normative Verpflichtungen wirken nicht ohne unser ‚Zutun‘. Das ‚Erfassen einer Norm‘ unterscheidet sich wesentlich vom ‚Erfassen eines Naturgesetzes‘ durch die Art, wie die jeweilige objektive Geltung zustande kommt. Während das ‚In-Kraft-Treten‘ von Naturgesetzen nur bewusst oder

---

7   Während die Substitution singulärer Termini unter Annahme der Kompositionalitätsthese zu einer symmetrischen Abbildung von Inferenzen führt, herrscht bei prädikativer Substitution in aller Regel ein asymmetrisches Verhältnis vor. Vgl. BRANDOM (2000), S. 858.
8   Vgl. BRANDOM (2000), S. 860.
9   Hierzu hat BRANDOM im siebenten Kapitel von ‚Making it Explicit‘ eine nicht ganz unproblematische Theorie der Anaphern vorgelegt.

nicht bewusst gemacht werden kann, muss bei der Objektivität normativer Verpflichtungen ein zusätzliches Moment hinzutreten; nämlich die *Anerkennung der Norm* durch den, der sich auf sie verpflichtet hat. Da nun aber diese Anerkennung kein Akt des bloßen Verstehens ist, sondern selbst eine Einstellung verkörpert, hat man mit Blick auf die Gültigkeit objektiver Normen bei den sie konstituierenden Einstellungen anzusetzen. (ii) Sofern Anerkennung durch Einstellungen konstituiert wird, diese aber im Gegensatz zu bloßen Tatsachen etwas sind, das Bewertungen unterliegt, ist die objektive Geltung von Normen, die durch die Einstellungen instantiiert werden, von den Korrektheits-Maßstäben abhängig, welche jene Einstellungen selbst betreffen. Mit anderen Worten: Die für die Objektivität von Normen verantwortlichen Einstellungen sind auf höherer Stufe als etwas zu begreifen, das ebenfalls normativ genannt werden muss, da sie bestimmten Richtigkeits-Standards unterworfen sind.

Auch in Bezug auf diese zweite Anleihe weicht das Projekt einer normativen Pragmatik von KANTs Vorgaben ab. Am deutlichsten wird das, wenn man sich fragt, wie zu erklären ist, dass die ‚Anerkennung einer Verpflichtung‘ praktische Konsequenzen hat. BRANDOMs Grundthese besagt an dieser Stelle, dass praktische Anerkennung nicht nach einem ‚Modell des Versprechens‘, sondern nach dem der ‚Behauptung‘ zu denken ist. Während das Versprechen eine Praxisform darstellt, bei der bis zu einem gewissen Grad offen bleibt, ob derjenige, der etwas verspricht, tatsächlich die damit verbundene Überzeugung eingegangen ist, ist das im Fall des Behauptens ein wenig anders.[10] Anerkennung bedeutet hier strikte doxastische Selbstfestlegung ohne Ansehen der Person, d.h. praktische Anerkennung ist vergleichbar mit dem, was KANT als Verpflichtung eines rationalen Willens bezeichnet hat, dessen Selbstgesetzgebung universale Gültigkeit besitzt.

Während nun aber KANT vor dem Problem stand, erklären zu müssen, wie ein der Sinnenwelt zugehöriger Wille durch bloße Vorstellung einer Ebene des reinen Verstands sich selbst dazu bringt, sich als von dieser determiniert zu denken, bedient sich BRANDOM einer vergleichsweise einfachen Analogie: Er behauptet, dass, so wie beispielsweise die Wahrnehmung eine Fähigkeit darstellt, durch Festlegung auf den Inhalt einer Perzeption die wahrgenommenen Dinge zu diskriminieren, auch das Behaupten als eine Fähigkeit zu begreifen ist, durch Hervorbringen unterschiedlich gehaltvoller Einstellungen verlässlich die Anerkennung eigener Festlegungen zu dokumentieren.[11]

Die Inanspruchnahme dieser Analogie hat jedoch zwei sehr weit reichende Konsequenzen: (a) Die Anerkennung nach dem ‚Modell des Behauptens‘ zu denken, heißt darauf verzichten, den kognitiven Zustand, in dem sich jemand befindet, als direkte Ursache für sein ‚praktisches Tun‘ anzusehen. Sich selbst auf eine bestimmte Überzeugung festgelegt zu haben, bedeutet vielmehr, in einem Zustand zu sein, der deshalb für andere verstehbar ist, weil er dazu berechtigt, einen *deontischen Status* zuzuweisen. (b) Das Zuweisen eines solchen Status lässt sich dadurch dokumentieren, dass man normatives Vokabular verwendet. Auf begrifflicher Ebene hat normatives Vokabular

---

[10] Der Akt des Versprechens wird von BRANDOM aus zwei Gründen als ein ‚unvollständiges Behaupten‘ bezeichnet: (1) Die mit einem Versprechen verbundenen Festlegungen werden lediglich ‚beschrieben‘, aber nicht explizit eingegangen. (2) Im Gegensatz zu praktischen Festlegungen sind Versprechen stets an jemanden gerichtet, d.h. die Billigung einer Berechtigung ist an die konkrete Person gebunden, der dieses Versprechen gegeben wurde. Vgl. BRANDOM (2000), S. 248 f.; BRANDOM (2001), S. 122.

[11] BRANDOM (2001), S. 123.

eine rein *expressive Funktion*; es macht die Inferenzen ‚praktischen Begründens' explizit,
auf die man durch das Zuweisen oder Eingehen eines entsprechenden Status festgelegt ist. Eine Norm explizit anzuerkennen heißt deshalb in erster Linie, ein ‚Muster
praktischen Begründens' hervorzubringen.[12]

(iii) Im Gegensatz zu den beiden vorangegangenen Punkten ist der dritte von
BRANDOM hervorgehobene Aspekt ganz und gar kritischer Natur. Denn neben einer
allgemeinen Bestimmung von Norm als regelgeleiteter Begriffsverwendung hat KANT
zusätzlich noch die Ansicht vertreten, dass zu jeder Normbefolgung auch ein Regelausdruck gehört, durch dessen *explizite* Formulierung im Voraus festgelegt ist, wie
im konkreten Anwendungsfall zu verfahren ist. Diese spezielle Auffassung der *Befolgung von Normen* hat BRANDOM als ‚Regulismus' bezeichnet.[13]
    Das ‚regulistische' Bild ist aus zwei Gründen abzulehnen: (i) Mit WITTGENSTEIN
ist daran zu erinnern, dass Regeln keine abstrakten Entitäten sind, die losgelöst von ihrer Anwendung im Voraus festlegen können, worin ihre korrekte Befolgung besteht.
Die Annahme expliziter Regeln basiert hier auf einer fehlerhaften ‚Konzeption des
Meinens', bei der irrtümlich davon ausgegangen wird, dass die Übergänge in den verschiedenen Anwendungen einer Regel durch den geistigen Zustand desjenigen determiniert sind, der den entsprechenden Regelausdruck verstanden hat. Demgegenüber
hat WITTGENSTEIN gezeigt, dass unter einer solchen Perspektive nicht nur die Frage
nach der Festsetzung der Regel in einen unendlichen Regress mündet, sondern dass
darüber hinaus auf der Ebene der Deutung von Regelausdrücken offen gelassen werden muss, wie überhaupt eine Regelkenntnis möglich ist, wenn doch ganz verschiedene Anwendungen mit ein und derselben expliziten Formulierung im Einklang stehen.[14] (ii) Die zweite kritische Argumentationslinie geht hingegen auf HEGEL zurück.
Obwohl KANT zu Recht hervorhebt, dass die objektive Gültigkeit von Normen mit
der anerkennenden Einstellung desjenigen zu tun hat, der sich auf sie verpflichtet hat,
verkennt das Modell der ‚expliziten Regelbefolgung', dass der normative Status ‚auf
etwas begrifflich verpflichtet zu sein' eine *soziale* Errungenschaft ist. Unter der Perspektive von KANTs Autonomiegedanken wird die Anerkennung von Normen ganz
offenkundig nur unter dem Blickwinkel der Selbstfestlegung (qua Vorstellung eines
Gesetzes) betrachtet. Demgegenüber betont BRANDOM, dass es falsch wäre, den
Autonomiegedanken so weit zu fassen, als würde man sich damit auf den *Gehalt* einer
Regel verpflichten.[15] Zwar spielt die Selbstfestlegung eine zentrale Rolle, aber das, was
innerhalb eines solchen Prozesses gewählt wird, nämlich der Inhalt einer Norm, ist
unabhängig davon gegeben. Entsprechend muss unterschieden werden zwischen dem,
was man tut, wenn man sich auf einen Begriff verpflichtet, und dem wirklichen Inhalt
dieser Verpflichtung.
    Die Objektivität des Inhalts beruht zum großen Teil auf den Einstellungen derje-
nigen, die einen Inhalt zubilligen. Hinter dieser Überlegung stecken zwei miteinander
zusammenhängende Gedanken: (a) Um auf etwas objektiv-gehaltvoll verpflichtet zu
sein, muss ich selbst Normen anerkennen und andere müssen mir die Inhalte meiner
Anerkennung zuschreiben; der objektive Gehalt einer Norm ist das Ergebnis einer *in-*

---

[12] Vgl. ebd., S. 119.
[13] Vgl. BRANDOM (2000), S. 58.
[14] Vgl. WITTGENSTEIN (1984), PU 84–87 u. PU 139/140.
[15] Vgl. BRANDOM (1999), S. 364.

terpersonalen Arbeitsteilung. (b) Diese Arbeitsteilung basiert auf der wechselseitigen Anerkennung ‚reziproker Autorität‘,[16] die darin ihren Ausdruck findet, dass das Eingehen einer Verpflichtung genauso an die Zuschreibung wirklicher Gehalte gebunden ist, wie die Zuschreibung eines korrekten Inhalts nur dort Sinn macht, wo sich derjenige, dem etwas zugeschrieben wird, auf die Folgen seiner Festlegung verpflichten lässt. Mit anderen Worten, KANTs Modell des ‚expliziten Regelbefolgens‘ greift schon deshalb zu kurz, weil die Frage nach der Anerkennung von Normen zugleich eine Frage nach ihrem objektiven Gehalt ist. Wobei sich dieser Gehalt nur dadurch erklären lässt, dass auf einen deontischen Zustand verwiesen wird (in dem sich jemand befindet, der eine Norm anerkennt), der Festlegungen impliziert, deren Inhalte sozial instituiert sind.

III. Die grundlegende Methodologie

Bevor nun im weiteren Verlauf geklärt werden soll, wie der Gedanke einer sozialen Instituierung objektiver Gehalte bei BRANDOM umgesetzt wird, muss zuvor noch etwas zum methodischen Vorgehen gesagt werden. Der eigenständige Zugriff, der mit einer pragmatischen Sichtweise auf Normen eröffnet wird, gewinnt seine Berechtigung in erster Linie dadurch, dass er die gewohnte Fragestellung umkehrt. Das zentrale Problem lautet nicht mehr, was Normen sind oder welche Tatsachen ihnen zugrunde liegen, sondern wie es überhaupt möglich ist, dass wir uns auf Normen verpflichten. Wenn der Pragmatist Recht hat, kann die Frage, welche Tatsache dafür sorgt, ob die betreffende Norm in Kraft ist oder nicht, gar nicht unabhängig von einer Praxis gestellt werden, in der die Anwendung jener Norm bereits beherrscht wird. Statt zu fragen, wie Normen in der Praxis realisiert werden, scheint es aus pragmatischer Sicht die vielversprechendere Strategie zu sein, herauszufinden, welche Mittel uns dazu befähigen, die implizit eingegangenen Verpflichtungen explizit zu machen.

Diese Umkehrung der Erklärungsrichtung basiert auf zwei methodischen Grundannahmen: (i) eine *expressivistische* Auffassung normativen Vokabulars (ii) eine *phänomenalistische* Behandlung von Normen; auf beide werde ich im Folgenden näher eingehen:

> (i) Gemäß der expressivistischen Auffassung normativen Vokabulars heißt die Bedeutung von Ausdrücken zu verstehen, ihren Gebrauch zu erklären. Doch im Gegensatz zu anderen expressivistischen Strategien geht der Ansatz einer normativen Pragmatik davon aus, dass der Inhalt dieser Erklärung nicht frei von den Inhalten der eigenen Theorie ist.[17] Dem wird dadurch Rechnung getragen, dass die Erklärung selbst als eine sprachliche Praxis aufzufassen ist, nämlich die des ‚Explizitmachens‘ impliziter Festlegungen. Das methodologische Grundprinzip besagt hier: Das ‚Implizite‘ lässt sich (hinreichend genau) anhand der Funktionsweise expressiver Ausdrücke bestimmen, die quasi wie ein ‚Überbau‘ auf den impliziten Praktiken aufruhen, indem sie diese explizit machen.[18]

---

[16] Vgl. ebd., S. 366 u. 371 ff.
[17] Zu einer ganz ähnlichen Behauptung vgl. GIBBARD (1997), S. 701.
[18] Vgl. BRANDOM (2000), S. 871.

Um dieser Überlegung größere Plausibilität zu verschaffen, hat sich BRANDOM der Idee des ‚deontischen Kontoführens' bedient. Danach lässt sich der basale Interaktionsprozess wie ein Spiel vorstellen, in dem verschiedene Mengen von Propositionen und Handlungen in Regeln für Spielzüge und Punktestände umgemünzt werden, wobei die darin enthaltenen impliziten Festlegungen die eigentlichen Jetons verkörpern, die auf der Ebene der theoretischen Rekonstruktion durch Zuordnung zu einer Abbildungsfunktion (deontischer Kontostand) explizit gemacht werden. Der deontische Kontostand gibt darüber Auskunft, welche pragmatische Signifikanz eine konkrete Interaktion hat, indem er zeigt, wie die von ihr bewirkten Veränderungen des Kontos (von einem Stadium zum anderen) vom semantischen Gehalt der dabei ins Spiel gebrachten Festlegungen abhängen.[19]

Der entscheidende Punkt ist dabei, dass das Kontoführen ein Modell darstellt, welches erklärt, wie die Rede von Statusformen in die Rede der Angemessenheit praktischer Einstellungen zu übersetzen ist. Nach BRANDOM besteht der ‚einzige Weg', die unterschiedlichen Statusformen in die Festlegungspraxis des Kontoführens aufzunehmen, darin, dass sie als Gegenstände von deontischen Einstellungen behandelt werden. Vom rekonstruktiven Standpunkt aus gesehen haben wir keinen direkten Zugriff auf den deontischen Status, sondern immer nur Zugang zu den praktischen Einstellungen einschließlich der jeweiligen Kontobewegungen.[20]

(ii) Der zuletzt angedeutete Gedanke deutet bereits an, inwiefern der expressivistischen Erklärungsstrategie eine phänomenalistische Behandlung von Normen korrespondiert. Das methodologische Grundprinzip besagt hier: Das Vorliegen eines normativen Zustands ist allein über die Art der Einstellungen geregelt, denen zufolge jemand als in diesem oder jenem Zustand sich befindend behandelt wird. Zu sagen, jemand unterliegt einer Norm, heißt zuallererst, einen normativen Status zu postulieren, der durch entsprechende deontische Einstellungen *instituiert* ist.

Die weiterführende Frage, unter welchen Bedingungen die Instituierung eines deontischen Status zustande kommt, ist anschließend (der phänomenalistischen Sichtweise folgend) auf drei unterschiedlichen Ebenen zu beantworten:

(a)   Auf unterster Ebene betrifft die Instituierung eines deontischen Status einfach nur die inferentiell geordneten Normen, die mit einer sachgemäßen Verwendung von Begriffen verbunden sind.

(b)   Auf nächsthöherer Stufe geht es nicht mehr bloß um eine angemessene Begriffsverwendung, sondern um die Instituierung eines solchen Status, der in Abhängigkeit zu einer spezifischen Konstellation von Kontoführungs-Relationen (zwischen Sprecher und Hörer) den darin enthaltenen Korrektheits-Bedingungen unterworfen ist.

---

[19] Im Gegensatz zu D. LEWIS, auf den die Idee des semantischen Kontostands zurückgeht, der diesen aber als eine Art repräsentationalen Gesamtzustand begreift, hat in BRANDOMs Konzeption jeder Spieler seinen eigenen Kontostand. Da es beim sprachlichen Kontoführen in erster Linie um die Veränderungen geht, welche durch die unterschiedlichen sozialen Perspektiven der Teilnehmer hervorgerufen werden, muss der Kontostand selbst in Begriffen der deontischen Einstellung analysiert werden. Dazu hat BRANDOM eine Reihe weiterer inferentieller Unterscheidungen vorgeschlagen, auf die an dieser Stelle nicht eingegangen werden muss. Vgl. BRANDOM (2000), S. 255 ff.; LEWIS (1983).
[20] Vgl. BRANDOM (2000), S. 290 ff.

(c) Auf der dritten Abstraktionsstufe ist schließlich danach zu fragen, unter welchen Bedingungen eine Gemeinschaft von Sprechern so behandelt werden darf, dass sich das Modell des deontischen Kontoführens und der damit verknüpfte Gedanke der Instituierung eines normativen Status auf sie anwenden lässt.[21]

Alle drei Ebenen kennzeichnen zunächst einmal ganz unterschiedliche Problemfelder: Während (a), wie oben gesehen, die Frage nach einer regelgeleiteten Verwendung von Begriffen aufwirft, liegt die Schwierigkeit von (b) darin, erklären zu müssen, warum es im Rahmen einer entwickelten Kontoführungspraxis möglich ist, dass der instituierte Status nicht nur eine Sache desjenigen ist, der jemanden als ‚in diesem Zustand zu sein' interpretiert, sondern im Verhalten der betreffenden Person selbst begründet ist. Was hier erklärt werden muss, betrifft die wichtige Tatsache, dass mit jeder Instituierung gleichzeitig begriffliche Inhalte übertragen werden, die selbst einen *objektiven Gehalt* besitzen, d.h. bis zu einem bestimmten Grad unabhängig von der Art der Behandlung seitens des Interpreten sind.

Der für BRANDOMs normative Pragmatik wohl bedeutsamste Gesichtspunkt ist aber darin zu sehen, dass eine Lösung von (b) ohne eine Antwort auf (c) nur schwer verständlich ist. Wie ist das zu verstehen? Nun, zunächst einmal so: Wenn die an KANTs Modell der ‚expliziten Regelbefolgung' geübte Kritik richtig ist, weil die Anerkennung objektiv gehaltvoller Normen eine soziale Differenzierung jener Standpunkte verlangt, von denen aus die betreffende Kontoführung stattfindet (im Sinne der oben erwähnten Arbeitsteilung), dann fragt sich natürlich, welche Anforderungen eine Gemeinschaft erfüllen muss, damit ihre Mitglieder als derartige Kontoführer gelten können.

In diesem Zusammenhang hat BRANDOM eine sehr fundamentale These vertreten, zu der eine Trennung von *einfacher* und *genuiner* Intentionalität gehört. Die dahinter stehende Behauptung kann in erster Annäherung wie folgt beschrieben werden: Nur dort, wo die Mitglieder einer Gemeinschaft über geeignete expressive Mittel verfügen, innerhalb des gemeinsamen Kontoführens die soziale Differenz ihrer Standpunkte explizit zu machen, kann von der Instituierung eines deontischen Status gesprochen werden, die demjenigen, dem ein solcher Status zuerkannt wird, nicht-abgeleitete genuine Intentionalität zugesteht.[22] Während einfache Intentionalität Ausdruck einer Praxis ist, bei der die *Differenz der Standpunkte* unberücksichtigt bleibt, weil auf der Seite desjenigen, dem ein Status zuerkannt wird, nicht die Möglichkeit besteht, die eigenen Festlegungen explizit zu machen,[23] ist das im Fall von genuiner Intentionalität offenbar anders. Die korrekte Instituierung eines deontischen Status ist hier an die *Anerken-*

---

[21] Vgl. ebd., S. 883 f.

[22] Gemeinschaftliche Praktiken, die auf genuiner Intentionalität basieren, besitzen drei wesentliche Merkmale: (1) Sie enthalten begriffliche Normen, denen Einstellungen mit objektiven Gehalten zugrunde liegen. (2) Obwohl der objektive Gehalt im sozial-perspektivischen Charakter gemeinschaftlichen Kontoführens gründet, ist er *nicht* an die Autorität einer Gemeinschaft (als abstrakte Entität) gebunden. (3) Die Interpretation von Normen ist ‚semantisch externalistisch', d.h., eine korrekte Begriffsverwendung hängt zumindest partiell von Dingen ab, welche die Sprecher eines Diskurses unter bestimmten Interaktionsbedingungen tatsächlich wahrnehmen. Vgl. BRANDOM (2000), S. 874 ff.

[23] Folgendes ist dabei zu beachten: Die Unterscheidung von einfacher und genuiner Intentionalität sagt nichts darüber aus, ob jemand zu einem beliebigen Zeitpunkt t diese oder jene Form von Intentionaliät besitzt; sie dient ausschließlich der Charakterisierung jener Bedingungen, die erfüllt sein müssen, um als Mitglied einer so beschriebenen Praxis behandelt zu werden.

nung einer Festlegung gebunden, die insofern einen objektiven Gehalt besitzt, als sie aus Sicht desjenigen, der sie anerkennt, auch *explizit* behauptet wird.

Aus dem eben Gesagten ergeben sich zwei zentrale Fragen: (1) Wie kann im Rahmen einer normativen Pragmatik der objektiv-repräsentationale Gehalt von Festlegungen erklärt werden, ohne dabei den Gedanken der Instituierung eines normativen Status zu untergraben? (2) Worin genau liegt der Zusammenhang von Ebene (b) und (c), d.h., über welche expressiven Mittel muss ein Kontoführer verfügen, um im Besitz von genuiner Intentionalität zu sein? Beide Fragen sind nur schwer voneinander zu trennen, da sie augenscheinlich demselben *strukturellen Dilemma* entspringen. Es hat den Anschein, als wolle die pragmatische Erklärungsstrategie an zwei Dingen festhalten, die sich schlecht miteinander vereinbaren lassen: Denn einerseits besagt die *phänomenalistische Methodologie*, dass das, was es für eine Festlegung heißt, eine wahre Behauptung zu sein, selbst normativ zu verstehen ist, d.h., Tatsachen sind im Rückgriff auf die Praxis jener Einstellungen zu erklären, denen zufolge es richtig ist, jemanden als im Besitz eines entsprechenden Status zu behandeln. Und andererseits soll die Anerkennung von Normen zugleich eine Frage des *objektiven Gehalts* sein, weil es offenbar ein wesentliches Merkmal jeder Kontoführung ist, dass die eine Norm anerkennende Festlegung sozial instituiert ist.[24] Das strukturelle Problem, dem sich ein pragmatischer Ansatz gegenübergestellt sieht, besteht folglich darin, wie man ausgehend von einem Begriff der richtigen Einstellung dahin gelangen kann, eine Praxis zu unterstellen, bei der in Bezug auf die Bestimmung der Inhalte (entsprechender Festlegungen) objektive Maßstäbe im Hintergrund stehen.

Soweit ich sehe, hat BRANDOM versucht, diese Schwierigkeit auf zweierlei Art zu beheben. Ganz allgemein soll gezeigt werden, dass der unterschiedlichen Verwendungsweise von Behauptungen eine ‚normative Feinstruktur' zur Seite gestellt werden kann, mit der sich der Hiatus zwischen dem, worauf man wirklich festgelegt ist (objektive Richtigkeit), und dem, woraufhin man als festgelegt betrachtet wird (Korrektheit), vermeiden lässt. Insbesondere aber hat BRANDOM die These vertreten, dass der *einfachste* Weg, den objektiv-repräsentationalen Gehalt von Festlegungen zu erklären, derjenige ist, dass man sich darüber Klarheit verschafft, auf welche Weise durch das Behaupten von sog. ‚de re-Zuschreibungen' konkrete Einstellungen ausgedrückt werden. Da beiden Überlegungen eine Schlüsselposition zukommt, sind sie im weiteren Verlauf gesondert zu betrachten.

IV. Normative Feinstruktur und de re-Zuschreibungen

Pragmatische Erklärungsansätze, die den Begriff der richtigen Behauptung als normative Grundgröße verwenden, erwecken leicht den Eindruck, dass bei Sätzen der folgenden Art:

(1) „Der Ball ist grün."
(2) „Meine Behauptung, dass der Ball grün ist, ist angemessen."

---

[24] Es sollte klar sein, dass sich für eine soziale Instituierung nur dann argumentieren lässt, wenn die Unterscheidung zwischen ‚objektiver Richtigkeit' und etwas ‚bloß für richtig halten' als ein strukturelles Problem jeder Kontoführung angesehen wird.

zwischen den Bedingungen ihrer Behauptbarkeit und den Bedingungen, unter denen sie wahr sind, *kein* Unterschied besteht. Selbst wenn es aber richtig ist, dass Satz (2) insofern aus (1) hervorgeht, als dieser deutlich macht, welche inhaltliche Festlegung mit (1) implizit behauptet wird, sind dessen Wahrheitsbedingungen doch nicht dieselben. Wie BRANDOM zu Recht betont, lassen sich mühelos Umstände denken (z.B. Fehlwahrnehmung), wonach (1) im Sinne von (2) für mich behauptbar ist, obwohl nicht sicher ist, ob (1) tatsächlich zutreffend ist.[25] Allgemein stellt sich somit die Frage, ob Behauptbarkeits-Ansätze schon deshalb verfehlt sind, weil sie nicht in der Lage sind, zwischen objektiver Richtigkeit und den Bedingungen bloßer Behauptbarkeit von Sätzen zu differenzieren.

Nach BRANDOMs Überzeugung muss das nicht der Fall sein, jedenfalls dann nicht, wenn es gelingt, den pragmatischen Ansatz mit Blick auf seine ‚normative Feinstruktur' zu erweitern. Der dafür entscheidende Schritt erfordert die Anerkennung der Tatsache, dass das Kontoführen neben den pragmatischen Folgen (Konsequenzen), die eine inhaltliche Festlegung mit sich bringt, auch so etwas wie eine ‚kritische Dimension' der Beurteilung von richtigen Inhalten enthält. Diese zweite Dimension, unter der sich Inhalte ganz allgemein gliedern lassen, kommt aufgrund der inferentiellen Beziehungen zustande, die ein bestimmter Inhalt losgelöst von seiner Behauptung zu anderen Inhalten unterhält, die aber direkt als pragmatische Prämissen in die jeweilige Art der Festlegung einfließen. Derartige als pragmatische Prämissen in eine Festlegung eingegangene Relationen (der Inhalte untereinander) verkörpern dann einen korrektiven Maßstab, der zumindest partiell angibt, zu welchen inhaltlichen Festlegungen man berechtigt ist und zu welchen nicht. BRANDOMs Grundgedanke lautet dabei: Der pragmatische Ansatz wird genau dann zwischen Sätzen, die nur ihre Behauptbarkeitsbedingungen teilen, und solchen, die gemeinsame Wahrheitsbedingungen besitzen, differenzieren können, wenn beiden Dimensionen, also sowohl dem ‚Festgelegtsein' auf einen Inhalt als auch dem Status des ‚Berechtigtseins' zu einem Inhalt, Rechnung getragen wird.[26] Dementsprechend ist die Frage, unter welchen Umständen meine Behauptung von (1) angemessen ist oder nicht, folgendermaßen aufzuschlüsseln:

(3)   Ich bin auf die Behauptung festgelegt, dass (1).
(4)   Ich bin zur Behauptung berechtigt, dass (1).

Anhand dieser Umformung wird deutlich, wie es zu verstehen ist, dass die inferentiellen Beziehungen, die ein Behauptungsinhalt (1) mit anderen Inhalten unterhält, als Prämissen in die Gesamtbehauptung von (3) und (4) einfließen. Während nämlich (3) mit Inhalten wie:

---

[25] Die Beobachtung, dass Äußerungen von (1) und (2) nicht unter denselben Bedingungen wahr sind, lässt sich auch anhand der inferentiellen Folgen verdeutlichen, die mit (2), aber nicht mit (1) inkompatibel sind. So ist beispielsweise ein Satz wie ‚Ich existiere nicht' mit der bloßen Äußerung von (1) durchaus kompatibel, wohingegen das für eine Behauptung von (2) natürlich nicht gilt. Es gibt also gravierende Unterschiede zwischen den Umständen, unter denen ein Satz nur behauptbar ist, und solchen, die für seine objektive Richtigkeit sprechen. Vgl. BRANDOM (2000), S. 257.
[26] Vgl. BRANDOM (2001), S. 258.

(5)   Bälle sind wasserlöslich.
(6)   Einige Bälle haben drei Ecken.

unter bestimmten Umständen durchaus kompatibel sein kann, weil beispielsweise derjenige, der (3) behauptet, nicht unbedingt wissen muss, dass (5) und (6) nicht mit (1) im Einklang stehen, ist das im Fall von (4) offenbar anders. Eine Behauptung in der Form von (4) unterliegt nach BRANDOM der nachstehenden *Unvereinbarkeitsthese*:

> „Wir können sagen, daß zwei behauptbare Gehalte dann *unvereinbar* sind, wenn die *Festlegung* auf den einen die *Berechtigung* zum anderen ausschließt."[27]

Anders gesagt: Zu einer Behauptung von (1) ist man nur dann berechtigt, wenn ausgeschlossen ist, dass in die pragmatischen Prämissen der Festlegung von (1) Inhalte wie (5) oder (6) eingegangen sind. Der Unterschied zwischen (3) und (4) besteht also darin, dass man mit einer Behauptung von (1) zwar immer auf (3) festgelegt ist, aber eine *Berechtigung* im Sinne von (4) nur dort gegeben ist, wo die Vereinbarkeit der Inhalte gewährleistet ist.

BRANDOM glaubt, damit zwei Dinge gewonnen zu haben: Erstens ist mit der Einführung von (4) insofern ein objektiver Maßstab gegeben, als die Art und Weise, wie man zu einer berechtigten Behauptung kommt, nicht gestattet, dass das, was als pragmatische Prämissen in die Festlegung einfließt, mit irgendwelchen ‚x-beliebigen' Behauptungsinhalten verbunden ist. Zweitens kann der behauptete Inhalt ganz allgemein an den verschiedenen ‚Inkompatibilitätsfolgen'[28] festgemacht werden. Dadurch wird die Möglichkeit geschaffen, zwischen Behauptungen zu unterscheiden, die stärker an einen objektiven Gehalt gekoppelt sind, und jenen, deren Gemeinsamkeit lediglich die Bedingungen ihrer Behauptbarkeit berühren. Die anfangs gegenübergestellten Sätze (1) und (2) sind, was die Art des ‚Festgelegtseins' anbetrifft, nicht voneinander zu unterscheiden, wohl aber in Bezug auf den Status ihrer Berechtigung. Letzteres wird mit der Umformung von (3) und (4) offen gelegt.

Während Behauptungen in der Art von (3) sich nur nach den Konsequenzen beurteilen lassen, auf die man in Bezug auf das, was man für richtig hält, festgelegt ist, kommt bei (4) ein objektiver Gesichtspunkt hinzu. Denn bei (4) fließt in die Prämissen der Festlegung eine *Bewertung der Inhalte* ein, die unabhängig von dem ist, was jemand für richtig hält, sondern sich danach richtet, wie die Dinge tatsächlich sind. Für derartige Behauptungen besitzt man eine Berechtigung, weil die inferentiellen Verbindungen der Inhalte, die als pragmatische Prämissen in die Festlegung einfließen, unter einem objektiven Maßstab gefiltert sind.

Gegen diese Überlegungen ist eingewandt worden, dass der Nachweis des objektiven Gehalts bestimmter Behauptungen schon deshalb misslingt, weil er auf einer unzureichenden Darstellung dessen basiert, worauf der Wissensanspruch gründet, der mit Behauptungen wie ‚Ich behaupte, dass p' erhoben wird.[29] Sobald ein Sprecher einen solchen Satz äußert, macht er damit zugleich den Anspruch geltend, über rechtfertigende Gründe zu verfügen, die für die Wahrheit seiner Behauptung sprechen. Gründe für die Wahrheit einer Behauptung sind allerdings nur dann berechtigte

---

[27] Ebd., S. 251.
[28] Vgl. ebd., S. 262.
[29] WINGERT (2000), S. 753 f.

Gründe, wenn ihnen ein Wissen zugrunde liegt, das Unkenntnis und grobe Irrtümer weitgehend ausschließt. Nimmt man dies zur Grundlage, ist ein Fall, wonach jemand berechtigte Gründe hat, auf einen Inhalt ‚p‘ festgelegt zu sein, aber implizit behauptet ‚dass q‘, wobei durch ‚q‘ im Sinne der obigen Unvereinbarkeitsthese die Berechtigung zu ‚p‘ entzogen wird, praktisch ausgeschlossen. Mit anderen Worten: Hat man berechtigte Gründe für die Wahrheit seiner Behauptung, kann es offenbar nicht sein, dass man auf einen Inhalt ‚p‘ festgelegt ist und gleichzeitig etwas glaubt oder implizit behauptet (‚q‘), das dessen Berechtigung im selben Augenblick in Zweifel zieht.

Es muss an dieser Stelle kaum betont werden: Sollte dieser Einwand durchgehen, dann steht neben der Objektivität der Inhalte nicht nur die Umformung von (3) und (4) auf dem Spiel, es wird vielmehr die gesamte Unterscheidung von ‚Festgelegtsein‘ und ‚Berechtigtsein‘ in Frage gestellt. Und tatsächlich denkt BRANDOM, dass berechtigte Behauptungen möglich sind, ohne gleichzeitig glauben zu müssen, es gäbe gute Gründe für ihre Berechtigung.[30] Aber das ist auch gar nicht der springende Punkt. Denn selbst wenn es nicht so wäre, hätte die Umformung von (3) und (4) einen guten Sinn. Um dies zu sehen, muss beachtet werden, dass der Unterschied in den inferentiellen Beziehungen, welcher im Fall von (4), nicht aber bei (3) zu einer berechtigten Behauptung führt, die Art der pragmatischen Prämissen betrifft, so wie sie sich aus der externen Perspektive desjenigen darstellen, der die entsprechende Äußerung zu interpretieren hat.

Natürlich gehen wir davon aus, dass eine Person, solange sie als rational eingestuft wird, gute Gründe für die Wahrheit ihrer Behauptungen hat, womit eine grobe Unvereinbarkeit von Überzeugungen im Sinne von ‚p ∧¬ p‘ ausgeschlossen ist. Aber dies betrifft lediglich die Beschreibung der doxastischen Alternativen, so wie sie sich aus der Perspektive desjenigen ergeben, dem die jeweilige Behauptung zugeschrieben wird. Der wirklich entscheidende Punkt ist nun aber, dass die inferentiellen Beziehungen, die als pragmatische Prämissen in die Behauptung von (4) einfließen, gerade nicht aus der ‚bloßen Beschreibung‘ der doxastischen Alternativen des Sprechers hervorgehen,[31] sondern eine Gegenüberstellung der *sozialen Perspektiven* von Sprecher und Hörer verlangen. Aus der Sicht derjenigen Person (Hörer), die danach fragt, ob mit Blick auf die Dinge, so wie sie sich tatsächlich darstellen, die Festlegung des Sprechers auf einen bestimmten Inhalt auch wirklich zu einer wahren Behauptung berechtigt, kann es hingegen sehr wohl zu der oben angesprochenen Unvereinbarkeit kommen. Genau dann nämlich, wenn der Hörer diejenigen inferentiellen Verbindungen offen legt, die als pragmatische Prämissen in die Behauptung eines begrifflichen Inhalts eingeflossen sind, aber vom Sprecher (weshalb auch immer) nicht zu den Gründen seines ‚Festgelegtseins‘ gezählt werden.

Der gerade erwähnte Einwand macht jedoch eines sehr schön deutlich: Das eigentlich zu erklärende Phänomen betrifft die Frage, wie zu begründen ist, dass es unter pragmatischen Gesichtspunkten keine ‚nicht-perspektivischen Tatsachen‘ geben kann, so dass der objektive Gehalt begrifflicher Festlegungen immer in Abhängigkeit zu den verschiedenen sozialen Standpunkten von Sprecher und Hörer zu bestimmen ist. Tatsächlich besagt die *grundlegende* Intuition, die sich hinter einer pragmatischen Behandlung des ‚Normativen‘ verbirgt, dass Objektivität als ein Merkmal der per-

---

[30] Vgl. BRANDOM (2001), S. 259.
[31] Eine Ansicht, die BRANDOM von WINGERT zu Unrecht zugeschrieben wird. Vgl. WINGERT (2000), S. 753.

spektivischen Struktur verschiedener Kontoführer aufzufassen ist. Denn die Rede von einem *normativen* Status, der durch deontische Einstellungen instituiert wird, hat nur dort einen echten Sinn, wo die Art des ‚Festgelegtseins‘ (auf einen Inhalt) *nicht* mit der Perspektive zusammenfällt, unter der man zu dieser Festlegung berechtigt ist.

Die eben angeführte Behauptung mag vielleicht erst dann einleuchtend klingen, wenn einsichtig gemacht worden ist, welches die expressiven Mittel sind, mit denen man sich der verschiedenen sozialen Standpunkte gewahr wird. Nach BRANDOM kommt genau diese Aufgabe den sog. de re-Zuschreibungen von propositionalen Einstellungen zu. Denn die Rolle, die de re-Zuschreibungen im sprachlichen Alltag spielen, ist vergleichbar mit der expressiven Funktion des logischen Vokabulars, nur dass es sich hierbei in erster Linie um das ‚Explizitmachen‘ von pragmatischen Zusammenhängen handelt.[32]

IV. 1 Objektiver Gehalt und genuine Intentionalität

Auf den Punkt gebracht sind es drei recht radikale Thesen, die BRANDOM mit einer Betrachtung von Einstellungs-Zuschreibungen (kurz EZ) verbindet:

(A) Eine relationale Analyse von EZ ist abzulehnen. Intentionalität ist weder eine Eigenschaft der zugeschriebenen Einstellung,[33] noch drückt sie die ‚Gerichtetheit‘ eines wie auch immer gearteten mentalen Trägers (z.B. kognitiver Zustand) auf einen Gegenstand (Inhalt/Objekt) aus. EZ stellen *hybride* Kontoführungs-Mechanismen dar.

(B) Die Trennung von de dicto- und de re-Einstellungen basiert auf zwei verschiedenen Arten der intentionalen Erklärung. Nur de re-Zuschreibungen dienen zur Beantwortung der Frage, was eine Überzeugung wahr macht; sie besitzen eine *objektivierende* Funktion.

(C) Ein objektiver Maßstab für EZ ist nur dort gegeben, wo die Mitglieder einer Kontoführungs-Praxis über *genuine* Intentionalität verfügen. Vermittels genuiner Intentionalität wird eine Gegenseitigkeit von rationaler Selbstfestlegung und praktischer EZ hergestellt, die es unter einer normativen Perspektive erlaubt, die Inhalte von Festlegungen als objektiv zu betrachten.

---

[32] BRANDOM (2000), S. 693 f.

[33] Diese Annahme hat KNELL (2000a), verleitet, von einer ‚deflationistischen Theorie‘ der Intentionalität zu sprechen. Doch obgleich es richtig ist, dass in Analogie zur deflationistischen Verwendung des Wahrheitsprädikats (BRANDOM selbst vertritt eine prosentantiale Variante) der Ausdruck ‚intentional‘ bei BRANDOM nicht dazu dient, die *Eigenschaft* von Sätzen oder Propositionen kenntlich zu machen, ist diese Bezeichnung äußerst irreführend. Sie verdeckt nicht nur, dass die expressive Funktion von de re-Zuschreibungen rein pragmatischer Natur ist (im Gegensatz zur semantischen Funktion von ‚wahr‘), schlimmer noch, es bliebe hier völlig unklar, weshalb unter pragmatischer Perspektive zwischen abgeleiteter und genuiner Intentionalität zu unterscheiden ist. Letztere erfordert gerade ein normatives Verständnis, das weit über die bloß ‚deflationäre‘ Verwendung von ‚intentional‘ hinausgeht. Vgl. KNELL (2000b), S. 791.

Im Gegensatz zu der auf BRENTANO zurückgehenden Tradition der Analyse von Intentionalität,[34] wonach die Äußerung von Einstellungs-Sätzen wie

(7)   Hans glaubt, dass p

als *ein* relationaler Akt zwischen der Art des mentalen Zustands von Hans (Glauben) und des propositionalen Gehalts ‚dass p' (als Objekt der Einstellung) gedeutet wird, behauptet BRANDOM, dass jede EZ genau genommen in das Behaupten *zweier* Einstellungen zerfällt:

(8)   die Zuschreibung einer Festlegung an den Adressaten von (7); also jener Person, die durch den Eigennamen ‚Hans' bezeichnet wird,

(9)   das Eingehen einer Festlegung durch denjenigen, der (7) benutzt, um Hans eine Einstellung im Sinne von (8) zuzuschreiben.

Nach BRANDOM findet also stets eine doppelte Beeinflussung der Kontostände statt. Denn zusätzlich zu (8) wird das Eingehen einer Festlegung im Sinne von (9) vom Zuschreibenden explizit gemacht.

Allerdings ist dieses ‚Explizitmachen' selbst keine deskriptive Beschreibung, sondern etwas, das allein dadurch in Kraft tritt, dass der Zuschreibende etwas *tut*: Er nimmt gegenüber dem Adressaten von (7) eine normative Haltung ein. Dabei ist Folgendes wesentlich: Mit einer Äußerung von (7) muss *kein* kognitiver Zustand beim Adressaten *identifiziert* werden, denn der eigentliche Status, der mit einer Zuschreibung von (7) instituiert wird, ist gerade deshalb kontextsensitiv, weil er von einer Veränderung beider Kontostände und den damit verbundenen inferentiellen Folgebeziehungen (der Inhalte) abhängt. Dies hat zur Konsequenz, dass die Art, wie wir den Gehalt einer Einstellung spezifizieren, nicht davon zu trennen ist, von wo aus die pragmatischen Bedingungen der Inhalte in Rechnung gestellt werden.

Für die Frage der Objektivität ist nun entscheidend, aus welcher Perspektive die *substitutionalen Festlegungen* erfolgen, die in eine Charakterisierung der pragmatischen Bedingungen einfließen. Laut BRANDOM haben wir es, je nachdem, ob (8) oder (9) im Vordergrund steht, mit zwei ganz unterschiedlichen Arten der *intentionalen Erklärung* zu tun. Während mit (8) die pragmatischen Bedingungen herausgegriffen werden, so wie sie sich aus der de dicto-Perspektive ergeben, d.h. Intentionalität wird aus dem Blickwinkel desjenigen erklärt, der etwas zu tun beabsichtigt, ist das bei (9) ganz anders. Intentionalität in der Perspektive von (9) wird ausschließlich vor dem Hintergrund dessen erklärt, *worüber* jemand tatsächlich gesprochen hat. Dies meint: Zu den pragmatischen Bedingungen, unter denen die Inhalts-Spezifikation der Einstellung stattfindet, zählen nur jene substitutionalen Festlegungen, die einen echten de re-Gehalt betreffen, d.h. deren Wahrheit vom Zuschreibenden anerkannt ist.

Doch was hat man sich unter einem echten de re-Gehalt vorzustellen? Nun, im Gegensatz zur de dicto-Lesart machen de re-Zuschreibungen explizit, welche Teile

---

[34] Gemäß dieser Tradition ist ‚intentional' kein Prädikat, das die Absicht eines Sprechers bezeichnet, sondern eine abstrakte Relation, in der das ‚Gerichtetsein' auf ein Objekt zum Ausdruck kommt. Vgl. BRENTANO (1924).

der Inhalts-Spezifikation auf substitutionale Festlegungen zurückgehen, die dem Adressaten zugewiesen werden, und solchen, die zwar der Zuschreibende anerkennt, aber vom Adressaten nicht unbedingt geteilt werden müssen. Letzteres wird durch den de re-Bereich des ‚von' gekennzeichnet, so wie er in Satz (11) durch Paraphrase von (10) hervortritt:

> (10)   Hans behauptet, dass Peter ein F ist.
> (11)   Hans behauptet *von* Peter, dass er ein F ist.

BRANDOMs Grundidee besagt, dass sich hinter dieser Paraphrase eine pragmatische Regel zur Bestimmung von de re-Signifikanzen verbirgt, die zwei wichtige Dinge offenbart: Wer (10) im Sinne von (11) interpretiert, der legt zusätzlich zur Zuweisung einer Behauptung einen *normativen Maßstab* fest, der angibt, unter welchen Bedingungen die Spezifikation des Inhalts von (11) wahr ist. Dies gelingt dadurch, dass der Zuschreibende in Bezug auf die Objekte, über die etwas in (10) ausgesagt wird, eine *Identitätsrelation* unterstellt, wodurch sich, unabhängig davon, ob der Adressat von (10) eine entsprechende Spezifikation anerkennt oder nicht, der Inhalt von (10) charakterisieren lässt. Schematisch gesehen gilt folgende Umformung:

> (12)   Hans glaubt, dass F(x)   (opaker Modus)
>   & x = a
> (13)   Hans glaubt *von* a, dass es F ist   (de re-Modus).

Die im de re-Modus hinzugefügte Identitätsrelation ist selbst keine Eigenschaft, die der zugeschriebenen Einstellung (12) zukommt; sie kennzeichnet vielmehr den normativen Maßstab, den der Zuschreibende von (12) anlegt, sofern es darum geht, jene Einstellungs-Inhalte zu selektieren, die (13) wahr machen. Die Einstellung des Adressaten von (12) hat genau dann einen objektiven Gehalt, wenn ihr Inhalt im Sinne von (13) spezifiziert wird, d.h. gemäß der normativen Vorgabe der darin festgesetzten Identitätsrelation wahr ist.

Darüber hinaus darf das in (13) auftauchende ‚von' nicht so verstanden werden, als ob damit eine spezielle de re-Relation zum Ausdruck gebracht wird, die zwischen der durch ‚Hans' bezeichneten Person und dem jeweils herausgegriffenen Gegenstand einen direkten Kontakt herstellt.[35] Die expressive Funktion des ‚von' ist nach BRANDOM eine andere; sie basiert auf der Ordnungsleistung des ‚Explizitmachens' jener Aspekte der Inhalts-Spezifizierung, die durch den Zuschreibenden anerkannt werden. Neben der Zuweisung eines Einstellungs-Inhalts, der im ‚dass-Satzkomplement' eingebettet ist, zeigt das ‚von' dem Adressaten von (13) an, in welcher Hinsicht der zugeschriebene Einstellungs-Inhalt objektiv ist, d.h., unter welcher Bedingung sichergestellt ist, dass die Gehalts-Spezifikation in Hinblick auf denselben gemeinsamen Gegenstand der äußeren Welt erfolgt.[36]

---

[35]   Eine de re-Analyse, bei der eine ‚geeignete Relation R' unterstellt werden muss, die einen Sprecher x mit einem Inhalt p über den direkten Kontakt (kausal) mit einem Objekt y verbindet, wobei x von sich die Eigenschaft glaubt, mit genau einem Ding, welches die Eigenschaft p hat, in R zu stehen, wurde zuerst von DAVID LEWIS angeregt. Vgl. LEWIS (1979).
[36]   Nach BRANDOM gehört es zur Aufgabe von Ausdrücken wie ‚von' oder ‚über', die ‚representationale Dimension unseres Denkens und Redens' anzuzeigen; dies geschieht dadurch, dass mit Blick

An dieser Stelle mag man sich fragen, worin sich die expressive Funktion des ‚von' im Vergleich zur Rolle des satzeinleitenden ‚dass' unterscheidet, besteht doch der Gebrauch beider darin, einen bestimmten Modus der Zuschreibung doxastischer Festlegungen kenntlich zu machen. Eine mögliche Antwort wäre: Das Wörtchen ‚von' besitzt eine ‚meta-deskriptive' Funktion.[37]

Ich denke jedoch, die eben gegebene Darstellung hat noch einmal deutlich gemacht, dass dies kein Vorschlag ist, der mit den Prämissen einer normativen Pragmatik zu vereinbaren ist. Es gibt aber noch einen weiteren Grund, warum die expressive Funktion von de re-Zuschreibungen nur vor einem normativen Hintergrund verständlich wird. Oben sagte ich, dass eine Erklärung des ‚Normativen' im pragmatischen Ansatz auf drei Ebenen angesiedelt ist. Wobei eine Darlegung des objektiven Gehalts (normativer Festlegungen) nicht von der Frage losgelöst werden kann, wie eine Gemeinschaft der Kontoführer beschaffen sein muss, damit sich deren Mitglieder auf die objektiven Gehalte ihrer Festlegungen tatsächlich verpflichten lassen. BRANDOMs zentrale These war die, dass eine Erklärung des objektiven Gehalts im Sinne des ‚Explizitmachens' der sozialen Differenzierung von Standpunkten nur dort einen Sinn hat, wo die betreffenden Kontoführer über genuine Intentionalität verfügen.

Im Kontext der de re-Zuschreibung stellt sich diese Problematik nun wie folgt dar: Eine Zuschreibung von (13) ist natürlich nur dann erfolgreich, wenn sich die Person, deren Einstellung mit der Äußerung von (13) zum Ausdruck gebracht werden soll, auf die darin enthaltene objektive Gehalts-Spezifikation verpflichten lässt. Dass dieser Prozess misslingen kann und oft auch misslingt, ist damit völlig unbestritten. Interessanter ist hingegen zu betrachten, was geschehen muss, damit (13) als EZ durchgeht. Offensichtlich muss derjenige, der (13) als ein echtes Zeugnis seiner Einstellung anerkennt, zwei Dinge tun: Er muss allgemein in der Lage sein, sich selbst so äußern zu können, dass das von ihm Gesagte von anderen als Festlegung auf einen bestimmten Gehalt begriffen werden kann. Und darüber hinaus muss er in einem Fall wie (13) sein ‚Festgelegtsein' so zum Ausdruck bringen, dass die inferentiellen Beziehungen, welche die Inhalte seiner Äußerungen unterhalten, nicht gegen die in (13) eingebaute Identitätsrelation verstoßen. Mit anderen Worten: Der Adressat von (13) kann die darin enthaltene Gehalts-Spezifikation nur dadurch anerkennen, dass er sich *selbst* darauf festlegt, im weiteren Verlauf nur solche Äußerungen zu tätigen, deren Inhalte, soweit er davon Kenntnis hat, mit dem in (13) erhobenen normativen Maßstab zu vereinbaren sind.[38] Kommt es schließlich dazu, dass der Adressat von (13) die darin enthaltene Gehalts-Spezifikation zur Grundlage eigener de re-Zuschreibungen macht, scheint der in (13) enthaltene normative Maßstab wechselseitig etabliert.

---

auf die jeweilige Perspektive zwischen zugewiesenen und eingegangenen Festlegungen sortiert wird. Vgl. BRANDOM (2000), S. 721 f.

[37] Diese Interpretation wird versuchsweise von KNELL in Erwägung gezogen. Vgl. KNELL (2000b), S. 804.

[38] Sobald es um mehr als die bloße Zuweisung eines deontischen Status geht, d.h., um die komplexe Struktur der Anerkennung eines Inhalts, die selbst eine Einstellung ist und durch andere Einstellungen zugeschrieben wird, spricht BRANDOM von ‚Einstellungs-Einstellungen'. Dort, wo die Fähigkeit zur ‚Einstellungs-Einstellung' *nicht* einseitig auf einen Interpreten beschränkt ist, sondern von Hörer und Sprecher wechselseitig unterstellt wird, darf von genuiner Intentionalität ausgegangen werden. Vgl. BRANDOM (1997), S. 195; BRANDOM (2000), S. 873.

Damit ist hoffentlich klar geworden, worauf BRANDOM hinauswill, wenn er behauptet, dass die soziale Perspektivierung des Kontoführens, durch die eine objektive Gehalts-Spezifikation gewährleistet wird, selbst unter einem normativen Blickwinkel zu analysieren ist. Die anhand von de re-Zuschreibungen gewonnene Erklärung objektiven Gehalts beinhaltet zwei normierende Voraussetzungen: (i) Sie grenzt objektive Gehalts-Spezifikationen auf solche Gemeinschaften ein, deren Mitglieder über geeignete linguistische Mittel verfügen, aufgrund derer es möglich ist, die Wahl der eigenen Festlegungen dadurch verständlich zu machen, dass sie in Abhängigkeit dazu gesetzt werden, wie man von anderen behandelt wird. (ii) Sie schränkt Objektivität auf eine Form des ‚interpretierenden Verstehens' ein, die insofern über die gesetzten Standards einer Gemeinschaft hinausgeht, als begriffliche Verwendungen ‚semantisch externalistisch' sind, d.h., wenigstens ein Stück weit von den Dingen abhängen, welche die Sprecher tatsächlich wahrnehmen.[39]

Beide Aspekte hat BRANDOM unter dem Begriff der *genuinen Intentionalität* zusammengefasst. Von ‚genuiner' Intentionalität ist die Rede, weil im Gegensatz zum instrumentellen Verständnis[40] die Anerkennung der zugewiesenen Gehalts-Spezifikation nicht als etwas angesehen wird, das der betreffenden Person einfach willenlos widerfährt. Statt dessen kommt es darauf an, die wechselseitige Abhängigkeit zwischen *rationaler Selbstfestlegung* und *normierender EZ* zu betonen. Denn die Einsicht des Adressaten, sich gemäß einer etablierten Praxis der Wortverwendung auf einen bestimmten Inhalt festzulegen, hat nur dort objektive Konsequenzen, wo es Außenstehenden gelingt, durch das Zuweisen eines bestimmten de re-Gehalts einen normativen Status zu instituieren, dem die zukünftigen Äußerungen des Adressaten unterworfen sind.

Das darin in Anschlag gebrachte Grundprinzip besagt: Intentionalität und objektiver Gehalt lassen sich nur dann miteinander verbinden, wenn sich eine wechselseitige Abhängigkeit von rationaler Selbstfestlegung und normierender EZ unterstellen lässt. Dort, wo sich eine derartige Gegenseitigkeit nicht voraussetzen lässt, hat es wenig Zweck, das Modell der de re-Zuschreibung als Erklärung für den *objektiven* Gehalt von EZ heranzuziehen. Mit anderen Worten: Der Begriff der genuinen Intentionalität enthält genau jene normativen Beschränkungen, die eine Gemeinschaft erfüllen muss, damit die Art der de re-Zuschreibung als Erklärungsmodell für das Vorliegen eines objektiven Gehalts dienen kann.

IV. 2 Einwände

Die eben dargelegte Verknüpfung der Erklärung des objektiven Gehalts (qua de re-Zuschreibung) mit dem Begriff der genuinen Intentionalität ist oft übersehen worden. Doch gerade der darin behauptete Zusammenhang von Norm und Intentionalität ist auf einigen Widerstand gestoßen. Zum Abschluss möchte ich deshalb kurz auf drei Einwände eingehen, die Zweifel aufkommen lassen können, ob der pragmatischer Zugriff auf Normen die richtige Wahl ist.

---

[39] Vgl. BRANDOM (2000), S. 876.
[40] Gemeint ist der von DENNETT vertretene ‚intentionale Realismus', demzufolge eine Überzeugung zu besitzen nichts anderes heißt, als ein intentionales System zu sein, dessen Ziele oder Verhalten mit Hilfe intentionaler Einstellungen erklärt und vorausgesagt werden können. Vgl. DENNETT (1981).

Zuvor aber noch ein Hinweis darauf, was eine pragmatische Betrachtung von Normen ganz sicher nicht leistet kann und auch nicht leisten will. Sie erklärt nicht, *dass* Objektivität überhaupt zustande gekommen ist. Wer anderes erwartet hat, verkennt offenbar das methodologische Rüstzeug, mit dem der pragmatische Ansatz angetreten ist. Zwar muss erklärt werden, wie vor einem phänomenalistischen Hintergrund (der Betrachtung von Normen) objektive Gehalte von Festlegungen möglich sind, aber nicht, warum es eine so geartete Praxis tatsächlich gibt. Der pragmatische Zugriff macht daher keine Angaben darüber, aufgrund welcher Dinge ein Übergang von nicht-normativen zu normativen Zuständen tatsächlich vollzogen wird; stattdessen will er zeigen, dass Normativität nicht viel mehr bedeutet, als die Mittel und Vorausset-zungen zu kennen, unter denen etwas explizit gemacht wird, das man implizit schon immer getan hat. Das ‚Tun' selbst ist aber nichts, wofür es einer theoretischen Erklä-rung bedarf.

Ein erster Kritikpunkt besagt nun Folgendes: Nach BRANDOM stellt einfache in-strumentelle Intentionalität ein *abgeleitetes Phänomen* dar, denn die entsprechenden Zu-schreibungen können nicht völlig verständlich gemacht werden, ohne dabei bestimmte linguistische Praktiken bereits in Anspruch zu nehmen. Wenn dies richtig ist, so der Einwand, verfügen Tiere oder andere Lebewesen über keine Intentionalität eigenen Rechts. Denn mit dem Verlust von genuiner Intentionalität würden alle anderen For-men von Intentionalität ebenfalls vergehen; Tiere wären also nichts weiter als ‚intenti-onale Maschinen'. Gegen die Annahme, jede Form von Intentionalität sei letztlich in BRANDOMs Sinne normativ, spricht jedoch, dass sehr viele Verhaltensformen von Tie-ren auf etwas ganz anderes hindeuten. BRANDOMs Grund für die Ablehnung einer ro-busten nicht-normativen Intentionalität basiert offenbar auf der zweifelhaften An-nahme, dass sich die inferentiellen Beziehungen propositionaler Inhalte *nur* im Kon-text linguistischer Sozialpraktiken erfolgreich erklären lassen. Aber angesichts der Möglichkeit einer funktionalistischen Erklärung von Einstellungs-Inhalten, die offen-bar sehr gut mit der Vorstellung einer robusten Intentionalität harmoniert, ist eine normative Engführung der inferentiellen Semantik abzulehnen.[41]

Offen gestanden halte ich diesen Einwand für wenig überzeugend. Abgesehen davon, dass ziemlich unklar ist, wie sich ein funktionalistisches Konzept von robuster Intentionalität, das sich nach allgemeinem Dafürhalten einer ‚Naturalisierung' des se-mantischen Gehalts (mentaler Repräsentation) bedient, mit einer Erklärung des ‚In-tentionalen' vertragen soll, bei der gerade die begrifflichen Beziehungen der Einstel-lungs-Inhalte im Mittelpunkt stehen, bleibt die Frage offen, in welcher Hinsicht in-strumentelle Intentionalität tatsächlich ein abgeleitetes Phänomen darstellt. Richtig ist, dass nach BRANDOM einzig und allein ‚linguistic practitioners' dazu befähigt sind, de-ontische Zuschreibungen vorzunehmen, die auf Berechtigungen und Verpflichtungen von begrifflichen Inhalten (diskursives Kontoführen) basieren.[42] In Bezug auf *deren* Praktiken scheint eine Trennung von ‚derivative' und ‚original' Intentionalität aber durchaus angemessen. Denn gleichwohl in diesem Rahmen jede inhaltliche Zuschrei-bung ein Akt des Kontoführens ist, findet allein dort die Verpflichtung auf einen de re-Gehalt statt, wo der Adressat der Zuschreibung in der Lage ist, die implizite Aner-kennung der darin enthaltenen normativen Relation durch eigenes Behaupten kund-

---

41 Vgl. PENDLEBURY (1998), S. 146 ff.
42 Vgl. BRANDOM (1997), S. 195.

zutun. In vielen Fällen wird das nicht möglich sein, weil der Adressat einfach nicht dazu geschaffen ist, die zugeschriebenen Inhalte durch eigene Behauptungen anzuerkennen. Nichtsdestotrotz sind auch solche Zuschreibungen statthaft; nur lassen sie, und das ist der entscheidende Punkt, keine objektiven Gehalts-Spezifikationen zu. Nicht-normative Intentionalität ist also nicht per se ein abgeleitetes Phänomen, sondern nur mit Blick auf die Gemeinschaft derer, die sich und andere so behandeln, als stünden ihre EZ unter objektiven Gesichtspunkten.

Dies führt mich zu einem zweiten ähnlich gelagerten Einwand. Der Witz einer phänomenalistischen Behandlung von Normen bestand darin, dass normative Tatsachen nur in Bezug auf eine Praxis existieren, durch die sie instituiert sind. Eine schroffe Gegenüberstellung von Norm und korrespondierender Tatsache soll dadurch unterlaufen werden, dass nicht danach gesucht wird, welche Tatsachen eine Norm erfüllen, sondern gefragt wird, mit welchen Mitteln sich die Akzeptanz eines normativen Sachverhalts explizit machen lässt. Trotzdem scheint es eine berechtigte Frage zu sein, wodurch unabhängige ‚Fakten' (über die Dinge, so wie sie wirklich vorliegen) geschaffen werden, denn anderenfalls würde der phänomenalistische Gedanke auf das folgende Erklärungsschema hinauslaufen:[43]

(14)   F ist korrekt, wenn F als ‚korrekt zu sein' behandelt wird.

Schema (14) scheint nun aber bereits aufgrund der Form eine Tautologie zu sein; und selbst wenn es das nicht ist, macht es in keinerlei Hinsicht deutlich, wie etwas auf der Grundlage unabhängiger Dinge korrekt instituiert wird. Um also erfolgreich zu sein, bedarf der phänomenalistische Ansatz einer weiteren Stütze; aber alles, was BRANDOM mit Blick auf objektive Dinge zu bieten hat, sind begriffliche Normen. Doch begriffliche Normen kennzeichnen nicht die Basis, auf der die phänomenalistische Erklärung aufbaut. Der pragmatische Zugriff auf Normen ist einer nicht-linguistischen Praxis verpflichtet, in der es außer einem bestimmten Sanktionsverhalten gar nichts weiter gibt. Die eigentliche Frage ist deshalb: Wie lässt sich (14) in Bezug auf eine vorbegriffliche, nicht-linguistische Praxis untermauern, falls es wirklich stimmt, was BRANDOM behauptet, dass nämlich in den einfachsten Fällen ‚praktischen Sanktionierens' genuine Intentionalität keine Rolle spielt?[44] Oder anders gefragt: Können Sanktionen als nicht-intentionales Verhalten gedeutet werden?

Es sollte klar sein, dass sich dieser Einwand nicht so leicht erledigen lässt wie im vorangegangenen Fall. Es geht jetzt nicht mehr nur darum, ob neben genuiner Intentionalität noch eine andere, nicht-normative Form von Intentionalität existiert, sondern ob eine Erklärung des Zusammenhangs von Normativität und objektivem Inhalt, die von BRANDOM erst auf begrifflicher Ebene angesetzt wird, nicht schon eher, d.h. auf der Stufe der nicht-linguistischen Praktiken anzusiedeln ist.

Ich denke, dass dieser Einwand in der Tat ein Problem für BRANDOMs Ansatz darstellt. Denn mit der Unterscheidung von implizit/explizit ist ja zumindest indirekt zugestanden, dass das explizite Hervorbringen einer objektiven Gehalts-Spezifikation etwas sein muss, das implizit in den zugrunde liegenden Praktiken einen Rückhalt fin-

---

[43] Der mit (14) in Verbindung stehende Versuch, die phänomenalistische Erklärungsstrategie (in Bezug auf Normen) nicht als eine Variante des Non-Faktualismus zu begreifen, wird von GIDEON ROSEN ausführlich diskutiert. Vgl. ROSEN (1997), S. 164 ff.
[44] Vgl. ebd., S. 169 (insbesondere Fn. 9).

det. Anderenfalls wäre die Rede vom ‚Explizitmachen' ein Mysterium. Im Gegensatz zu BRANDOM glaube ich aber, dass man am Begriff der genuinen Intentionalität festhalten kann, ohne so weit gehen zu müssen, die vorbegrifflichen Praktiken im engeren Sinne (also bezogen auf objektive Inhalte) als nicht-intentional zu bezeichnen. Der dafür nötige Schritt verlangt eine Trennung zwischen berechtigten Festlegungen im BRANDOMs Sinne und dem, was man am besten ‚objektive Erwartungen' nennen könnte. Ohne an dieser Stelle näher darauf eingehen zu können, lässt sich vielleicht so viel sagen: Während berechtigte Behauptungen nach dem oben beschriebenen Modell der de re-Zuschreibung zu denken sind, bedarf der Gehalt objektiver Erwartungen nicht des ‚Explizitmachens' jener Festlegungen, die andere eingehen müssen, damit ein zugeschriebener Inhalt vom Adressaten als dazu berechtigt anerkannt werden kann. Objektivität in diesem Zusammenhang meint etwas viel Schwächeres, nämlich die aufgrund von vergangenen Erfahrungen (biographische Erlebnisse, historische Zugänge, kulturell vermittelte Lernsituationen usw.) vorgeprägten Kriterien der Auswahl sinnvoller Hypothesen (über das Verhalten anderer Personen). Obgleich der Inhalt objektiver Erwartungen keine de re-Spezifikation erlaubt, sind Erwartungen dieser Art insofern intentional, als sie sich nicht mit irgendwelchen Verhaltensmustern verbinden lassen, sondern ganz bestimmte Verknüpfungen wahrscheinlich machen.

Ein letzter Einwand, der im vorliegenden Zusammenhang von Interesse ist, betrifft die von mir als grundlegende Intuition (einer pragmatischen Behandlung des ‚Normativen') bezeichnete Auffassung, wonach die Rede von einem objektiven Inhalt nur dort verständlich ist, wo sie als Merkmal der perspektivischen Struktur *verschiedener* Kontoführer begriffen wird. Diese Annahme wurde besonders von A. GIBBARD (1996) in zweierlei Hinsicht in Frage gestellt: (i) Aus der Annahme einer Differenz der Perspektiven folgt keine Verschiedenheit von Personen. (ii) Um einen Wechsel der Perspektiven zu verstehen, benötigt man keine diskursiven Praktiken, die völlig sozial strukturiert sind.[45]

Nach GIBBARD ist das Einnehmen unterschiedlicher Perspektiven kein Phänomen, das auf interpersonaler Ebene anzusiedeln ist. Diese Behauptung wird seiner Meinung nach sofort einsichtig, wenn man sich individuelle Erfahrungen wie etwa das ‚Erinnern' der eigenen, vergangenen Zustände anschaut. Auch hier müssen ganz verschiedene Perspektiven eingenommen werden. Und gerade mit Blick auf die individuellen Erfahrungen spricht natürlich vieles dafür, dass auch andere Lebewesen, die keine diskursiven Kontoführer sind, die Fähigkeit besitzen, einen Wechsel der Perspektiven vorzunehmen.

In diesem Punkt ist GIBBARD sicherlich Recht zu geben; merkwürdig ist dennoch, dass er selbst einräumen muss, dass zumindest in einer Hinsicht ein Perspektivenwechsel nur unter interpersonalen Vorzeichen verständlich ist,[46] nämlich genau dann, wenn es um die Frage geht, zu welcher Perspektive die Person selbst gehört. Weiter oben habe ich dafür argumentiert, dass genau hier der Ort ist, an dem BRANDOMs Erklärung objektiver Inhalte ansetzt. Denn um die pragmatischen Bedingungen zu erfassen, die in die substitutionalen Festlegungen von (8) und (9) eingelassen sind, muss zuerst die Perspektive erfasst werden, unter der die jeweilige intentionale Erklärung gegeben wird. Es ist BRANDOMs These, dass eine objektive Gehalts-Spezifikation nur

---

[45] Vgl. GIBBARD (1996), S. 703.
[46] Vgl. ebd., S. 704 f.

dort stattfindet, wo der pragmatische Blickwinkel desjenigen im Vordergrund steht, der den normativen Standard dafür festlegt, worüber tatsächlich gesprochen wurde. Wie auch immer man zu dieser These letztendlich stehen mag, ohne eine interpersonale Differenzierung der Perspektive ist sie völlig unverständlich. GIBBARD übersieht offenbar, dass der normative Kern von BRANDOMs Erklärung es erforderlich macht, die unterschiedlichen pragmatischen Perspektiven (zu denen die verschiedenen Sprecher jeweils gehören) miteinander zu kontrastieren, um so die objektiven Bedingungen der Gehalts-Spezifikation in die Art der EZ einfließen zu lassen. Dies würde natürlich überhaupt keinen Sinn ergeben, falls beide Perspektiven in einer Person zusammenfallen.

Damit ist bereits angedeutet, warum aus meiner Sicht insbesondere der zweite Einwand an der eigentlichen Sache vorbeigeht. GIBBARD hält es für denkbar, dass die Festlegungen, auf die sich ein Sprecher mit der öffentlichen Äußerung bestimmter Sätze verpflichtet hat, dadurch von ihm anerkannt werden, dass er über *sich selbst* ein Konto führt.[47] Wobei klar ist: Sobald die Möglichkeit eingeräumt wird, dass Sprecher über sich selbst Konto führen, wird BRANDOMs Ansatz die Notwendigkeit einer sozialen Grundlage entzogen. Denn Kontoführung ist dann ein Prozess, der ebenso auf nicht-diskursive Weise stattfinden kann.

Im Gegensatz dazu ist für die pragmatische Behandlung von normativen Festlegungen entscheidend, dass der Inhalt der Anerkennung niemals einer ist, der nur für eine Person allein besteht, sondern immer auch unter *objektiven* Gesichtspunkten zustande kommt. Dies jedenfalls war einer der Gründe BRANDOMs, KANTs ‚regulistische' Auffassung von Normen zu verwerfen. KANTs Modell griff zu kurz, weil nach pragmatischer Lesart das Eingehen einer Verpflichtung genauso an die Zuschreibung objektiver Gehalte gebunden ist, wie die Zuschreibung eines Inhalts nur dort Sinn macht, wo sich derjenige, dem etwas zugeschrieben wird, auf die Folgen seiner Festlegung verpflichten lässt. Jede Selbstfestlegung des Sprechers (qua Kontoführung über sich selbst) ist daher mit einer objektiven Inhalts-Spezifikation verbunden. Letzteres ist im pragmatischen Ansatz nur dort erfüllt, wo die Form der Anerkennung unter der normativen Abhängigkeit jener Bedingungen gesehen wird, unter denen Außenstehende einen de re-Gehalt identifizieren. Der eigentliche Akt der Anerkennung ist somit nicht die private Angelegenheit eines einzelnen Subjekts; er ist vielmehr dadurch gekennzeichnet, dass der Adressat einer de re-Zuschreibung zwar von sich aus eine Behauptung aufstellt (womit er sich auf deren Konsequenzen verpflichtet), doch die darin enthaltenen pragmatischen Prämissen, welche die inhaltlichen Bestimmungen seiner Festlegung betreffen, sind nur unter dem vorab festgesetzten normativen Maßstab einer vorangegangenen de re-Spezifikation gerechtfertigt.

So viel vielleicht zu einigen Einwänden, die sich gegen eine pragmatische Erklärung der Verbindung von Norm und objektivem Gehalt anführen lassen. Ob BRANDOMs de re-Analyse von Einstellungs-Zuschreibungen in jeder Hinsicht überzeugend ist, mag dahingestellt bleiben. Eines sollte jedoch deutlich geworden sein: Eine pragmatische Behandlung von Normativität, so wie sie von BRANDOM in Aussicht gestellt wird, ist keine gangbare Alternative, wenn die Anerkennung normativer Festlegungen losgelöst von der Frage nach ihrem objektiven Gehalt betrachtet wird. BRANDOM hat

---

[47] Vgl. ebd., S. 715 f.

versucht, das komplexe Verhältnis von Anerkennung und objektivem Gehalt dadurch zu entwirren, dass er für ein differenzierteres Verständnis von Intentionalität wirbt. In einer genaueren Kenntnis dessen, was sich hinter dem Begriff der ‚genuinen Intentionalität' verbirgt, scheint mir dann auch die eigentliche Herausforderung der pragmatischen Erklärung des ‚Normativen' zu liegen.

Literatur

BRANDOM, ROBERT (1997): Précis of Making it Explicit, in: Philosophy and Phenomenological Research 57, 1, S. 153–162.

BRANDOM, ROBERT (1997): Replies, in: Philosophy and Phenomenological Research 57, 1, S. 189-205.

BRANDOM, ROBERT (1999): Pragmatische Themen in Hegels Idealismus, in: Deutsche Zeitschrift für Philosophie 47, 3, S. 355–381.

BRANDOM, ROBERT (2000): Expressive Vernunft, Frankfurt a.M.: Suhrkamp.

BRANDOM, ROBERT (2001): Begründen und Begreifen – Eine Einführung in den Referentialismus, Frankfurt a.M.: Suhrkamp.

BRENTANO, FRANZ (1924): Psychologie vom empirischen Standpunkt, Leipzig: Meiner Verlag.

DAVIDSON, DONALD (1990): Wahrheit und Interpretation, Frankfurt a.M.: Suhrkamp.

DENNETT, DANIEL C. (1981): The Intentional Stance, Cambridge MA: MIT Press.

DUMMETT, MICHAEL (1973): Frege: Philosophy of Language, New York: Haper & Row.

GIBBARD, ALLEN (1996): Thought, Norms, and Discursive Practice: Commentary on Robert Brandom, Making it Explicit, in: Philosophy and Phenomenological Research 56, 3, S. 699-717.

KNELL, SEBASTIAN (2000a): Eine deflationistische Theorie der Intentionalität?, in: Deutsche Zeitschrift für Philosophie 48, 5, S. 790-806.

KNELL, SEBASTIAN (2000b): Die normative Wende der analytischen Philosophie. Zu Robert Brandoms Theorie begrifflichen Gehalts und diskursiver Praxis, in: Allgemeine Zeitschrift für Philosophie 25, 2, S. 225-245.

LEWIS, DAVID (1979): Attitudes De Dicto and De Se, in: Philosophical Review 88, S. 515-543.

LEWIS, DAVID (1983): Scorekeeping in a Language Game, in: Philosophical Paper, Bd I, New York: Oxford Univ. Press, S. 233-249.

PENDLEBURY, MAURICE (1998): Intentionality and Normativity, in: South African Journal of Philosophy 17, 2, S. 142-151.

ROSEN, GIDEON (1997): Who Makes the Rules Around Here?, in: Philosophy and Phenomenological Research 57, 1, S. 163-171.

SELLARS, WILFRID (1980): Pure Pragmatics and Possible Worlds: The Early Essays of Wilfrid Sellars, Atascadero, Cal.: Ridgeview Publishing.

WINGERT, LUTZ (2000): Genealogie der Objektivität, in: Deutsche Zeitschrift für Philosophie 48, 5, S. 738-761.

Gerhard Schönrich

EIN NORMATIVES DILEMMA IN KANTS ERKENNTNISTHEORIE

Eine saubere Trennung von Faktizität und Normativität gilt nicht nur in der Ethik und Handlungstheorie, sondern auch in der Erkenntnistheorie als handwerkliche Zulassungsvoraussetzung. KANTs Erkenntnistheorie – und nur um diese geht es im folgenden – lässt mit ihrer klaren Trennung von Rezeptivität und Spontaneität die Frage nach dem Verhältnis von Normativität und Faktizität als leicht beantwortbar erscheinen. Auf der einen Seite finden sich die Anschauungen, die uns über unsere Sinnesorgane gegeben werden. Ihnen gegenüber verhalten wir uns passiv; ob uns Anschauungen gegeben werden und welche uns gegeben werden, macht ihre *Faktizität* aus. Faktizität bedeutet hier stets auch Kontingenz; der Terminus „Faktizität" bezeichnet also kein notwendiges Sein. Auf der anderen Seite finden sich die spontan vollzogenen begrifflichen Operationen, die aus diesen Anschauungen Erkenntnisgegenstände machen, und zwar nach Regeln, denen wir in elementaren Wahrnehmungshandlungen ebenso folgen wie in den Generalisierungen unserer Theorien. Mit dem Regelbegriff kommt unvermeidlich *Normativität* ins Spiel, denn Regeln zwingen uns nicht, wie Naturgesetze uns zwingen. Ihre prinzipielle Verletzbarkeit definiert einen dem Sein enthobenen Bereich des Sollens. Wir haben die Freiheit, Regeln zu folgen oder unter Inkaufnahme der Sanktionen auch nicht zu folgen.

Indes, so übersichtlich verläuft diese Grenzlinie gerade im Bereich der Erkenntnistheorie nicht. Zum einen fällt die Normativität von Regeln nicht schlicht mit dem Bereich des Sollens zusammen, insofern sich der Normativitätsbegriff nicht auf Präskriptivität reduzieren lässt, d.h. auf Regeln, die Gebote, Verbote und Erlaubnisse zum Ausdruck bringen. Normierungen (Standards) bzw. die sie artikulierenden konstitutiven Regeln sind nicht normativ im Sinne von präskriptiv. Der Klärung des Normativitätsbegriffs gilt der erste Schritt der folgenden Abhandlung.

Zum anderen erweist sich Normativität als viel enger mit Faktizität verzahnt als es auf den ersten Blick den Anschein hat. Regeln haben einen Inhalt, eine Bedeutung, die von den Regelbefolgern in sog. „Bedeutungsfakten" erfasst wird. Sind solche Bedeutungsfakten konstitutiv für die Anwendung von Regeln? Oder ist es umgekehrt die Regelbefolgungspraxis und damit ein „Gebrauchsfaktum", das für die Bedeutung konstitutiv ist? Eine Antwort auf diese zunächst von KANTs Problemstellung losgelöste Frage bietet der zweite Schritt der Überlegungen. In einem dritten Schritt schließlich werden die erarbeiteten Differenzierungen und Lösungsstrategien auf die Kantische Theorie angewendet. Das Ergebnis führt in ein Dilemma.

1. Normen und Regeln

1. 1 Eine kleine Typologie der Normativität

In dem weiten Feld des Normativen ist nach SCHNÄDELBACHs an VON WRIGHT anknüpfenden Vorschlag[1] zunächst einmal zwischen *Gegenstandsnormen* und *Handlungsnormen* zu unterscheiden. Die verschiedenen Gegenstandsnormen, die SCHNÄDELBACH auseinanderhalten will, nämlich Normalnormen, Idealnormen und Normierungsnormen laufen allerdings auf einen Leittyp hinaus: den der Normierungsnorm.[2] Eine Normierungsnorm wie z.B. die DIN-Anforderungen, die Papier für den Bürogebrauch zu erfüllen hat, präskribiert nicht, sie legt vielmehr einen Standard fest, den der Gegenstand zu erfüllen hat, um als Exemplar einer bestimmten Art oder eines bestimmten Typs zu gelten: „x gilt als y gdw. x den Standard z erfüllt". Normalnormen oder Idealnormen leisten nichts anderes, wenn z.B. festgestellt wird, dass Frauen älter werden als Männer oder der ideale Ehemann bestimmt wird, nur ist der Standard hier weniger präzise fixiert. Die Normierungsnorm entspricht dem, was SEARLE im Unterschied zum Typus der „regulativen Regel" eine „konstitutive Regel"[3] nennt. Sie ist kreativ, insofern sie das, worauf sie sich bezieht, als Typ oder als Art erst hervorbringt. Büropapier, Geld, Eier-Handelsklassen, Ehepaare etc. gäbe es nicht ohne die Übereinstimmung mit den zu Grunde liegenden Standards.

Auch SCHNÄDELBACHs Unterscheidung der *Handlungsnormen* in regulative, direktive und präskriptive ist revisionsbedürftig. Nach meinem Vorschlag ist das, was SCHNÄDELBACH unter den Titel „regulativ" subsumiert, nicht nur untereinander unvereinbar und auf die direktiven und präskriptiven bzw. sogar auf die Normierungsnormen zu verteilen[4], es bleibt in dieser Kategorie kein berücksichtigungsfähiger Restbestand übrig; sie löst sich auf.

Normativ unproblematisch sind nur die *präskriptiven Normen*. Sie formulieren die Gebote, Verbote und Erlaubnisse, die meistens kurzschlüssig mit dem Bereich des Normativen schlechthin gleichgesetzt werden. In ihrer kategorischen (unbedingten) Regelgestalt sind sie so zu formulieren: „Es ist geboten / verboten / erlaubt, x zu tun"; in ihrer hypothetischen (bedingten) Gestalt: „Wenn (Situation) y eintritt, dann tu' x". KANT spricht hier von Imperativen, und zwar einem einzigen kategorischen („Handle so, dass die Maxime deines Willens jederzeit zugleich als Prinzip einer allgemeinen Gesetzgebung gelten könne", KpV A 54[5]), der eine formale Handlungsweise unbedingt, d.h. für schlechthin alle möglichen Handlungssituationen gebietet, und den zahllosen hypothetischen Imperativen, die inhaltlich bestimmte Handlungsweisen in Abhängigkeit von bestimmten Situationen vorschreiben („Wenn ich beleidigt werde, will ich mich rächen"). Auch Aufforderungen und Empfehlungen gehören in diese Kategorie. Da sie sich von Geboten und Verboten nur im Grad ihres Verpflichtungs-

---

[1] SCHNÄDELBACH (1992), S. 84ff.
[2] Ich folge hier dem kritischen Vereinfachungsvorschlag von A. RAMI hinsichtlich der Gegenstandsnormen, nicht jedoch hinsichtlich der Handlungsnormen, vgl. A. RAMI, Über die sogenannte Normativität der Bedeutung, in diesem Band, S. 17-41.
[3] Vgl. SEARLE (1971), S. 54ff.
[4] Das hat A. RAMI zu Recht herausgestellt, vgl. ebd. S. 24-29.
[5] KANTs Schriften werden im folgenden mit den üblichen Siglen und der Angabe der Originalpaginierung wiedergegeben. Ich zitiere nach Akademieausgabe (siehe auch Siglenverzeichnis).

bzw. Berechtigungscharakters unterscheiden, wäre es irreführend, sie unter dem Titel „regulative Normen" als Kategorie eigenen Rechts zu führen. Auch auf die (bewusste) Missachtung von Aufforderungen und Empfehlungen, stehen – wenn auch sehr milde – negative Sanktionen, wie z.B. Missbilligung, die eine vergleichsweise schwache Nötigung auf den Adressaten ausüben.

SEARLE beschreibt die präskriptiven Normen als „regulative Regeln". Ihr hervorstechendes Charakteristikum ist ihre bewusste oder irrtümliche Verletzbarkeit. Dieser Sachverhalt ist unbestritten. Wir alle übertreten gelegentlich eine Geschwindigkeitsbeschränkung, kommen einer Aufforderung nicht nach und vielleicht nehmen wir beim Essen auch mal das Messer in die linke Hand. Das Entscheidende bei solchen Normverletzungen ist: trotz Regelverstoß bleiben wir Teilnehmer am Straßenverkehr, am gesellschaftlichen Leben und an einem Essen, nur eben leider unvorsichtige, unhöfliche und unmanierliche Teilnehmer. Heftig umstritten hingegen ist die Frage, ob gegen direktive Normen und gegen konstitutive Regeln überhaupt ein Verstoß denkbar ist. Für konstitutive Regeln gilt: Ein Hühnerei, das den Standard der EU-Normen nicht erfüllt, wird gar nicht erst zum Handel zugelassen und eine Lebensgemeinschaft, die den im BGB formulierten Standards hinsichtlich Alter und Verschiedengeschlechtlichkeit nicht genügt, kommt als Ehe gar nicht erst zustande. Mit dieser Art von „Regelverletzung" hört das Geregelte auf zu existieren bzw. wird gar nicht erst existent.

Überdies hat die Rede von einem bewussten oder irrtümlichen Verstoß gegen Normen Sinn nur im Kontext von Handlungen. Nun sind konstitutive Regeln, wie sie bisher als Gegenstandsnormen (Standards) berücksichtigt wurden, in der Form: „x-Tun gilt als y-Tun, wenn x-Tun den Standard z erfüllt (im Kontext K)" leicht in den Handlungskontext einzubauen. So gilt im Kontext des Schachspielens eine Bewegung mit der größten Figur dann als Königszug, wenn sie standardgemäß, nämlich in beliebiger Richtung nicht mehr als ein Feld, bewegt wird. Der Schachspieler wird durch diese konstitutive Regel nicht verpflichtet, mit dem König zu ziehen, so wie der Teilnehmer am Straßenverkehr verpflichtet wird, Geschwindigkeitsbeschränkungen einzuhalten; es wird nur festgelegt, worin ein möglicher Königszug besteht. Die „Verletzung" dieser Regel wäre kein zulässiger Zug mehr; eine solche Handlung ist nicht etwa inkorrekt, sie wird auch nicht sanktioniert, sie ist weder gutes noch schlechtes, weder manierliches noch unmanierliches oder sonst wie qualifizierbares Schachspielen; sie zählt einfach nicht mehr als Schachspielen. Insofern gibt es hier nichts mehr, was in Anschlusshandlungen zu bewerten und zu sanktionieren wäre. Anders liegt der Fall einer präskriptiven Norm wie „Wenn ein Königsangriff droht, rochiere rechtzeitig." Hier wird die Verletzung auf der gleichen Handlungsebene mit einem Punktverlust sanktioniert, sie führt zur Kritik der Experten, zum Tadel der Zuschauer etc.

Konstitutive Regeln (Standards) können als selbstständiger Regelteil in präskriptive eingebettet werden. Ein Regelverstoß betrifft dann den präskriptiven Teil. So ist der oben erwähnte kategorische Imperativ zwar präskriptiv, insofern er zu einer moralischen Handlungsweise verpflichtet; gleichzeitig enthält er auch den Standard für diese gebotene Handlungsweise, indem er festlegt, was nicht als Moralität gilt. Handlungsweisen, die im Universalisierungstest nicht als allgemeines Prinzip einer möglichen Gesetzgebung gelten können, sind nicht als moralisch qualifizierbar. (Standardfestlegungen können auch negatorisch erfolgen.) Im Sinne SEARLEs ist der kategorische Imperativ also eine regulative und konstitutive Regel in einem. Der konstitutive Regelteil ist allerdings konstitutiv nur für die Festlegung dessen, was als unmoralisch

gilt, nicht jedoch für das, was als Handlung gilt – auch wenn in der Gesamtregel moralisch zu handeln präskribiert wird. So ist eine Handlung, die den kategorischen Imperativ verletzt, als unmoralisch qualifizierbar; sie bleibt aber dennoch eine (im Sinne
KANTs freie) Handlung. Mit einer Handlung, die dem Standard für Moralität nicht
entspricht, katapultiert sich der Regelverletzer nicht aus dem Handlungsspiel hinaus.
KANT vermengt unzulässigerweise den konstitutiven und den regulativen Teil, wenn er
moralische Handlungen und freie Handlungen einfach gleichsetzt – mit paradoxalen
Folgen, insofern dann moralische inkorrekte Handlungen nicht mehr als freie Handlungen, d.h. für KANT überhaupt nicht mehr als Handlungen gelten könnten.[6] Die
Verletzung eines Gebots hebt einen damit verbundenen Standard nicht auf. Entscheidend ist die Umkehrung dieser Einsicht: Ein Standard ist nicht per se schon ver-
pflichtend; er ist deontisch neutral. Nur präskriptive Regeln öffnen überhaupt den für
Verstöße notwendigen Spielraum.

Ebenfalls fraglich ist die Verletzbarkeit *direktiver Normen*; auch hier wird der Spielraum gegenüber einem in der Regel (implizit oder explizit) mitgeführten Standard auf
Null gesetzt. Direktive Normen legen die Handlungsweisen fest, die auszuführen sind,
um ein bestimmtes Ziel zu erreichen, sie beschreiben eine Zweck-Mittel-Relation. Bedeutet nun das „muss" in der Formulierung: „Wenn du x erreichen willst, dann musst
du y tun" eine Verpflichtung, die auch verletzt werden kann? Wer etwas will, d.h., wer
eine bestimmte Absicht ausgebildet hat, will damit „unter Aufbietung aller Mittel", wie
KANT sagt (GMS A 3), auch die Realisierung dieser Absicht – andernfalls hätte er lediglich einen bloßen Wunsch artikuliert. Nun ist das Mittel, das den in der Absicht benannten Zweck erfüllt, letztlich eine bestimmte Handlung. Zwischen dem Wollen (Be-
absichtigen) und der die Absicht realisierenden Handlung besteht ein analytisches
Verhältnis. Der Regelfolger kann hier allenfalls unter den Mitteln wählen, sofern
gleichwertige Alternativen verfügbar sind; hat er aber einmal eine bestimmte Absicht
gebildet, ist er nicht mehr frei, das geeignete Mittel der Realisierung abzulehnen. (Gemeint sind im Folgenden nur die beabsichtigten Mittel, z.B. das Ausbohren von Karies
als Mittel der Zahnerhaltung, nicht das Zufügen von Schmerz als tatsächliche, aber
unbeabsichtigte und nur in Kauf genommene Nebenfolge.) Wer z.B. an einer deutschen Universität wirklich promovieren will und nicht nur den bloßen Wunsch hegt,
zu promovieren, will damit auch eine Dissertation anfertigen.

Offensichtlich sind auch direktive Normen mit einem Standard verbunden. So gilt
im Kontext des tertiären Bildungsbereichs die Erbringung einiger Leistungen (x-Tun)
als Promotion (y-Tun), wenn diese Leistungen u.a. den Standard einer Dissertation erfüllen, wie er in den Promotionsordnungen definiert ist. Für den Regelcharakter ist es
belanglos, ob der beteiligte Standard nun in einem institutionellen, einem konventionellen oder gar in einem empirischen Faktum gründet, wie dies in der direktiven
Norm „Wenn du dein Haus bewohnbar machen willst, musst du es heizen (im Kontext bestimmter Breitengrade)" der Fall ist. Der implizite Standard lautet hier: „Behei-
zen macht Häuser in bestimmten Breitengraden bewohnbar". Dass sich ein Regelbefolger gelegentlich in Unkenntnis der Mittel befinden kann, die den von ihm gesetzten
Zweck realisieren, ändert nichts an dem analytischen Verhältnis von Zweck und Mittel, genauer des Verhältnisses des Wollens des Zwecks zum Wollen des Mittels. Sicher
ist es kontingent, dass die Bewohnbarkeit von Häusern für Menschen in bestimmten

---

[6]   KANT z.B. GMS 398. Vgl. dazu PRAUSS (1983), S. 83ff.

Breitengraden im Heizen besteht; in einer anderen Welt könnte dies anders sein. Ebenso kontingent ist das Faktum, dass Promovieren nur als Anfertigen einer Dissertation etc. möglich ist. Und wieder kontingent ist, dass Schachspielen gerade durch diese Regeln konstituiert wird und durch keine anderen.

Die genannten Fakten sind sehr unterschiedlicher Natur, die empirischen müssen entdeckt werden, die institutionellen und konventionellen hingegen werden geschaffen. Wie diese Fakten zu Stande kommen, spielt für ihre Funktion als Standardgeber jedoch keine Rolle. Der einzige Unterschied besteht darin, dass im Falle empirischer Fakten irgendwann einmal neue Fakten hinsichtlich der Bewohnbarkeit von Häusern entdeckt werden könnten, die diese nicht notwendig an die Beheizbarkeit koppeln. Einmal als Bezugsrahmen gesetzt, standardisieren solche Fakten je nach Kontext die Bewohnbarkeit als Beheizbarkeit, das Promovieren als Anfertigen einer Dissertation etc. und die Bewegung der größten Figur als Königszug. Wer das eine will, will im gegebenen Bezugsrahmen *eo ipso* auch das andere.[7] Er kann es bei Strafe des Verlustes seiner Rationalität nicht nicht wollen.

Warum aber soll ich das eine überhaupt wollen? Direktive Normen sagen nichts darüber, wie das Wollen bzw. die Absicht selbst zustandekommt, deren Realisierung sie regeln. Sie schreiben nicht den Zweck vor, den man sich setzen soll. Sonst könnte man den kategorischen Imperativ einfach als direktive Norm rekonstruieren: „Wenn du moralisch handeln willst, musst du die Maxime deines Willens als Gesetz universalisieren können". Ist die universalisierbare Form meiner Handlungsmaxime tatsächlich das einzige geeignete Mittel, moralisch zu handeln, so bin ich gezwungen, meinen Maximen eine gesetzmäßige Form geben – vorausgesetzt, ich soll moralisch handeln und ich will tatsächlich moralisch handeln. Die Art von Nötigung, die in einer direktiven Norm Ausdruck findet, ist weit entfernt von der in präskriptiven Normen ausgeübten Nötigung. Letztere ist ein Sollen, dessen Missachtung dem Regelverletzer Sanktionen wie z.B. Tadel, Verachtung oder Strafen einbringt, während die Missachtung der ersteren Art zumindest in gravierenden Fällen zur (zeitweisen) Suspension seiner Mitgliedschaft in der Regelbefolgungsgemeinschaft führt. Regelverletzern, die gegen eine direktive Norm verstoßen, begegnet die Gemeinschaft mit Zweifeln an ihrem Verstand; sie werden nicht sanktioniert, sondern zur Therapie geschickt.

1.2 Die verkannte Normativität konstitutiver Regeln

Für sich betrachtet besitzen konstitutive Regeln keinen Verpflichtungscharakter, sie sind deontologisch neutral. Es gibt kein Gebot oder Verbot, Figuren als Schachfiguren zu bewegen, eine Lebensgemeinschaft als Ehe zu gestalten oder am Ende eines Studiums eine Abhandlung als Promotionsleistung abzuliefern. In dieser Isolation treten konstitutive Regeln auch gar nicht in Erscheinung; Normativität wächst ihnen durch den weiteren Kontext zu, in den sie eingebettet sind. Erst präskriptive Normen, nämlich Gebote oder Verbote wie „Suche das", bzw. „Meide das" machen aus einem durch einen Standard konstitutiv geregelten *Zug* mit einer Spielmarke, die dadurch als

---

[7] Ich lasse es hier offen, ob das analytische Verhältnis KANTs mit der „internen Relation" im Sinne von WITTGENSTEIN gleichzusetzen ist.

Königsfigur im Schach festgelegt wird, auch einen Zug in einem *Spiel*, das man gewinnen will, indem man das eigene Schachmatt zu vermeiden sucht.[8]

Es sind die Imperative der zu Grunde liegenden Praxen, die konstitutive Regeln mit einer präskriptiven Normativität aufladen, über die sie aus eigener Kraft nicht verfügen. Um einen Kern konstitutiv geregelter Bereiche haben sich Ensembles präskriptiver Regeln angelagert, aus denen sich der fehlende Nötigungsdruck speist. Oder besser: präskriptive Praxen haben gleichsam als ihr Gravitationszentrum einen konstitutiven Kern ausgebildet, um den mannigfaltige Praktiken kreisen. So wäre das Wettkampf-Schach ohne die präskriptive Regel, das eigene Schachmatt um jeden Preis zu vermeiden und das des Gegners zu suchen, keine funktionierende Praxis. Analoge Präskriptionen finden sich im Kontext von Eheschließungen (z.B. Suchen von Steuervorteilen, Traditionsdruck) und Promotionen (z.B. Karrierevorteile).

Kommt konstitutiven Regeln neben dieser *geliehenen* Normativität auch eine *genuine* Normativität zu? Offenkundig ist die Differenz zwischen konstitutiven und präskriptiven Regeln keine absolute Differenz. Nach MAX BLACK lässt sich jede präskriptive Regel in eine konstitutive transformieren, indem die von der präskriptiven Regel bestimmte Handlungsweise als Handlungstypus eigenen Rechts bestimmt wird.[9] (In umgekehrter Richtung funktioniert diese Transformation auch: Konstitutive Regelbereiche sind in präskriptive Regeln rückführbar.) Der Transformationsmechanismus hat den Effekt, dass die betroffenen präskriptiven Praxen ihre offenen Spielräume verlieren und sich durch den Ausschluss devianten Verhaltens verdichten.[10]

So könnten die Etikette-Regeln, die es u.a. verbieten, mit dem Messer in der linken Hand zu speisen, so umgeformt werden, dass sie nun einen Standard z für ein Verhalten x festlegen, das als y, nämlich als Diner gilt; eine solche Regel verbietet oder gebietet nichts, sie kreiert jedoch eine neue Art oder einen neuen Typus, der damit von Imbiss, Picknick etc. institutionell unterschieden wäre. Mitteleuropäisch-nordamerikanische Regelgemeinschaften kennen diese unterschiedlichen Ess-Kontexte allein auf der präskriptiven Ebene. Was beim Picknick erlaubt ist, kann beim Diner verboten sein. Die jeweiligen präskriptiven Regeln lassen sich im Gedankenexperiment nun leicht in konstitutive umwandeln. Wer dann z.B. im Kontext eines Staatsbanketts gegen die Messer-Regel verstoßen sollte, verhielte sich nicht inkorrekt, sondern hörte schlicht auf, zu dinieren. Eine solche Transformation bewirkt, dass Regelverletzer, die vor der Transformation mit sanktionsbewehrten Verboten in Schach gehalten werden mussten, nun aus der gemeinsamen Regelbefolgungspraxis herausfallen. Vorher wurde der Regelverletzer korrigiert und negativ sanktioniert, nach erfolgreicher Transformation wird er aus Regelbefolgungsgemeinschaft ausgeschlossen. Die Exkommunikation ist die Sanktion, die bei Verletzung einer konstitutiven Regel verhängt wird. Ist die neue Praxis eingespielt, dann wird der Sanktionscharakter für die Teilnehmer unsichtbar; mit dem Faktum der Verletzung ist der Regelverletzer schon draußen – hinauskatapultiert ohne Verhandlung und Begründung und damit ohne Chance der Reintegration.

Mit der Umwandlung von präskriptiven Regeln in konstitutive reduziert eine Regelbefolgungsgemeinschaft die Komplexität einer mit Präskriptionen überwucherten Praxis; die umständlichen Korrektur- und Sanktionsprozeduren und ihre Legitimatio-

---

8 Vgl. BALTZER (2002), hier bes. S. 200f.
9 Vgl. BLACK (1962), S. 123f.
10 Für eine semiotische Beschreibung, vgl. SCHÖNRICH (2003a).

nen, die eine Regelverletzung begleiten, werden gegenstandslos. Um ein weniger harmloses Beispiel zu bemühen: Statt z.B. homosexuelle Lebenspartner mit sanktionsbewehrten Verboten und Geboten vom Eingehen einer Lebensgemeinschaft abzuhalten, hat die Regelbefolgungsgemeinschaft diese präskriptive Regel in eine konstitutive umgewandelt. Lebensgemeinschaften homosexueller Partner gelten einfach nicht als Ehe. Das ehemals Gesollte ist damit alternativlos geworden, insofern sogar Regelverletzungen unmöglich geworden sind. Aus dem Nicht-Sein-Sollenden hat die Gemeinschaft ein Nicht-Seiendes gemacht, aus einer möglichen inkorrekten Praxis eine Nicht-Praxis. Erst die öffentliche Debatte deckt den unsichtbaren präskriptiven Gehalt dieser für die Ehe geltenden Standards auf: homosexuelle Gemeinschaften sollen nicht sein – auch wenn die Regelbefolgungsgemeinschaft mit zunehmender Liberalität darauf verzichtet hat, Homosexualität überhaupt zu sanktionieren. In dieser genetischen Perspektive erweisen sich konstitutive Regeln als erstarrte präskriptive Regeln. Zu ihrer aus der Praxiseinbettung geliehenen präskriptiven Normativität tritt tatsächlich eine genuine Normativität – freilich keine aktive, sondern eine historisch abgeleitete, nun sedimentierte präskriptive Normativität.

Als vorläufiges Fazit ist festzuhalten: Das Arsenal des Normativen beschränkt sich auf drei Typen: *konstitutive* Regeln als Standards (Normierungen), sowie *direktive* und *präskriptive* Regeln, in die Standards eingebettet sein können. Unmittelbar deontisch, weil prinzipiell verletzbar, sind nur präskriptive Regeln, direktive Regeln sind nicht deontisch. Konstitutive Regeln sind, wenn überhaupt, sicher nicht auf der gleichen Handlungsebene verletzbar.[11] Ob konstitutive Regeln von einem externen Standpunkt aus kritisiert, korrigiert und auch radikal abgelehnt werden können, mag für den kultursoziologischen Kontext eine positiv entschiedene Frage sein, für eine Erkenntnistheorie Kantischen Typs ist diese Frage nicht so leicht zu beantworten, beansprucht sie doch die Alternativlosigkeit solcher Regeln. Alternativlos geltende Regeln sind nicht nur nicht verletzbar, sie sind, weil sie einen externen Standpunkt gar nicht zulassen, nicht einmal bezweifelbar. Wie zu sehen ist (vgl. den 3. Abschnitt), führt dieser Anspruch im epistemologischen Kontext in ein normatives Dilemma.

2. Bedeutungs- und Gebrauchsfakten

Die in die präskriptive und direktive Regelbefolgungspraxis eingebetteten konstitutiven Regeln werden als Fakten erlebt, sei es als konventionelle, institutionelle oder als naturgesetzliche Fakten, und entsprechend als leicht, schwer und unveränderbare Strukturgegebenheiten in einer instabilen, durch Regelverletzungen permanent gefährdeten Befolgungspraxis erfahren. Diese Verzahnung von Faktizität und Normativität ist trivial. Beide wohlunterschiedenen Bereiche greifen wie Zahnräder ineinander und stützen sich wechselseitig. Nicht mehr trivial indessen ist die Faktizität, die sich in den Kernbereich von Normativität einnistet, ihn so durchsetzt, dass er sich selbst dem Faktischen anverwandelt.

---

[11] Die These einer Verletzbarkeit auf gleicher Ebene versucht CHRISTIAN STRUB m E. vergeblich zu verteidigen. Vgl. STRUB (2002).

Der Terminus „Regel" bezeichnet einen komplexen Sachverhalt. Zu unterscheiden sind: (1) der *Regelausdruck* und seine *Bedeutung*, d.i. die Formulierung der Regel z.B. in Gestalt eines deutschen Wenn-dann-Satzes, (2) der faktische *Anwendungsfall* der Regel, z.B. der Vorgang des Testens einer bestimmten Maxime, das aktuelle Addieren dieser Zahlen oder das Charakterisieren dieses Gegenstandes hier und jetzt als rot. Beide Seiten werden (3) als *Regelfolgen* aufeinanderbezogen, wenn das tatsächliche Anwendungsvorkommnis als Anwendung eines bestimmten Regelausdrucks verstanden und akzeptiert wird.

Selbst das Moment, das am weitesten von Faktizität entfernt zu sein scheint, die Regelbedeutung, gibt sich noch als ein Faktum zu verstehen. Nicht nur, dass Bedeutungen erfasst werden müssen, sie scheinen in den platonisierenden Theorien Fregescher Provenienz selbst Fakten, wenngleich höherstufige Fakten zu sein. Und nicht erst bei Frege. Auch KANT beruft sich an zentraler Stelle auf ein solches Bedeutungsfaktum. Das Bewusstsein des moralischen Grundgesetzes gilt ihm als „Faktum der Vernunft", „weil es sich für sich selbst uns aufdringt" (KpV A 56). Die im Regelausdruck (nämlich in dem deutschen Satz, der das Grundgesetz formuliert) manifestierte Bedeutung gibt sich als „Nötigung" (ebd.) zu erkennen, die auf unser Handeln ausgeübt wird. Bedeutung ist hier offenkundig als unmittelbar normativ im Sinne von präskriptiv verstanden.[12] Im epistemologischen Kontext kann man Bedeutungsfakten in Analogie zu der Grundüberzeugung setzen, dass „p" genau dann wahr ist, wenn p. Solchen *Bedeutungsfakten* korrespondieren auf der anderen Seite *Gebrauchsfakten*. Ein Gebrauchsfaktum ist der tatsächliche Gebrauch einer Regel, wie er sich als regelmäßig wiederkehrendes Muster in den Praktiken einer Regelbefolgungsgemeinschaft abzeichnet.

Die skizzierte Analyse des Regelbegriffs legt folgende vereinfachende Disjunktion nahe: Entweder bestimmt die Bedeutung den Gebrauch, oder der Gebrauch bestimmt die Bedeutung. Nach der ersten These bestimmt die Bedeutung des Ausdrucks „rot", dass dieser Ausdruck nur auf rote Oberflächen angewendet werden darf und nicht etwa auf grüne. Die Antithese besagt, dass der Ausdruck „rot" die ihm zugeschriebene Bedeutung nur deshalb hat, weil er (in den meisten Fällen) nur auf rote Oberflächen angewendet wird.

2.1. Das Scheitern der traditionellen Bedeutungstheorie

Traditionelle Theorien vertreten die These, dass Bedeutungsfakten den Gebrauch bestimmen. Zunächst sind Bedeutungsfakten rein deskriptiv. Wer sie mit Normativität ausstatten will, hat drei grundsätzliche Optionen:

(1) Die erste besteht darin, das Bedeutungsfaktum extrinsisch mit einer Verpflichtung zu verknüpfen. Ein Ausdruck bzw. ein Zeichen wie „+"oder „rot" hat demnach eine bestimmte Bedeutung, die erfasst wird. Diese Bedeutung besteht in der Angabe von Korrektheitsbedingungen, die dem Regelbefolger sagen, wann ein Zeichenmittel korrekt verwendet wird. Wer die Bedeutung eines Zeichenmittels erfasst hat, hat damit den Korrektheits-Standard erfasst. Ein solcher Standard ist für sich genommen deontisch neutral; er erlaubt es zwar, Anwendungen nach standardgemäß

---

[12] Vgl. A. RAMI ebd., S. 33f.

und nicht standardgemäß zu sortieren, gebietet oder verbietet aber keine bestimmten Anwendungen. Erst wenn eine präskriptive Regel hinzugefügt wird, das fragliche Zeichen zu allen Zeitpunkten auch standardgemäß zu verwenden, ist sichergestellt, dass die Regelfolger sich im Gebrauch des Zeichens auch nach der Additionsregel bzw. der entsprechenden Prädikatenregel richten. Allgemein: „Wenn du den Standard I als Korrektheitsbedingung für das Zeichenmittel M erfasst hast, wende M gemäß I an". Zu jedem Bedeutungsfaktum wäre dann eine entsprechende präskriptive Regel einzuführen – ein unökonomisches Konzept. Ist die Vermutung richtig, dass Regelbefolgungsgemeinschaften insgesamt zur Komplexitätsreduktion tendieren, dann ist dies keine plausible Option.

(2) Auch die zweite Option führt nicht weiter. Sie besteht darin, die erfasste Bedeutung nicht mit einer präskriptiven, sondern mit einer direktiven Regel zu ergänzen: „Wenn das Zeichenmittel M die Korrektheitsbedingungen I hat und du es korrekt gebrauchen willst, dann wende es gemäß I an". Direktive Regeln erklären gerade nicht, wie es dazu kommt, dass ich etwas tun will, hier M korrekt, d.h. gemäß I zu gebrauchen; sie verbinden lediglich diese vorausgesetzte Gebrauchsabsicht mit dem Mittel, sie zu realisieren. Wie gezeigt, ist diese Verbindung nicht normativ im strengen deontischen Sinne.

(3) Überzeugender ist die dritte Option, in der die Bedeutung eines Zeichenmittels in der Gestalt von Korrektheitsbedingungen als per se präskriptiv verstanden wird. Für diese Option votiert auch KANT, wenn er die erfasste Bedeutung des Moralgesetzes mit der „Nötigung" gleichsetzt, auch dem Moralgesetz gemäß zu handeln. Die Bedeutung selbst wird als etwas intrinsisch Normatives angenommen, der Zusammenhang zwischen Korrektheit und Sollen ist hier direkt. Oben (vgl. 1. Abschnitt) wurde schon auf die paradoxalen Konsequenzen hingewiesen, die dieser normative Kurzschluss im Fall des kategorischen Imperativs nach sich zieht. Diese Einsicht braucht nur verallgemeinert zu werden: Hat ein Zeichen M nur dann eine Bedeutung, wenn es korrekt, d.h. einem Standard I gemäß verwendet wird, dann mutieren Fehlanwendungen wie Irrtümer zur Bedeutungslosigkeit. In dieser Option verschwindet die Differenz zwischen semantisch korrekt und inkorrekt.[13] So wie im oben genannten Fall die dem Moralitätsstandard als Korrektheitsbedingung nicht entsprechenden Handlungen aufhörten, überhaupt Handlungen zu sein, so verliert auch der Ausdruck „rot" seine Bedeutung, wenn er irrtümlich oder bewusst z.B. auf eine grüne Oberfläche angewendet wird. Die Verletzung konstitutiver Regeln führt dann zum sofortigen Ausschluss aus der gemeinsamen Praxis des Sprachspiels.

A. RAMI hegt Zweifel, ob die Korrektheitsbedingungen und Bedeutung eines Zeichenmittels so stark angenähert werden können, wie dies hier sowohl für die erste als auch für die dritte Option unterstellt wird.[14] Zweifellos gibt es platonisierende Bedeutungstheorien, die Bedeutungen als unabhängige Entitäten begreifen, die von der Gebrauchsdimension von Zeichen abgehoben sind. Die Welt der Ideen – so die These der mittleren Dialoge PLATONs – ist strikt getrennt von der empirischen Welt. Was diese Ideen sind, ihre Existenz und ihre Eigenschaften, ist aufgrund dieses Chorismos dann auch völlig unabhängig von dem, was die empirischen Dinge ihrer Existenz und

---

[13] Vgl. GLÜER (2000), S. 460f.
[14] Vgl. A. RAMI ebd. S. 34-40.

ihren Eigenschaften nach sind. Wie sollen dann aber, so die kritische Überlegung im späteren Dialog *Parmenides* (vgl. bes. 133 a – 134 e), die empirischen Dinge an den Ideen überhaupt teilhaben können? Sind nämlich die Eigenschaften der Dinge unabhängig von Ideen, verlieren auch die Ideen ihre Erkenntnisfunktion für diese empirischen Dinge. Auf den hier diskutierten Zusammenhang von Bedeutung und Gebrauch übertragen, heißt das: Wird die wahre Bedeutung eines Zeichenmittels von der profanen Welt des Zeichengebrauchs strikt getrennt gehalten, verliert sie ihre Funktion. Nun gehören Korrektheitsbedingungen als Standards für den Gebrauch auch der Welt dieses Gebrauchs an. Wären sie für diese Welt erst gesondert abzuleiten, so stellte sich unvermeidlich die Frage, nach welchem Standard denn die Korrektheitsbedingungen selbst abgeleitet werden, denn eine Ableitung ist auch nur ein Zeichengebrauch und damit genauso irrtumsanfällig wie die Anwendung von Zeichenmitteln auf Gegenstände.

An der Engführung von Korrektheitsbedingung und Bedeutung führt kein Weg vorbei. Die Option, Bedeutung in der Gestalt von Korrektheitsbedingungen als per se normativ im deontischen Sinn anzusetzen, wäre in dem traditionellen Rahmen, in dem der Bedeutung ein Primat vor dem Gebrauch zugewiesen wird, ein erfolgversprechender theoretischer Zug – gäbe es nicht den skeptischen Angriff auf diesen Bedeutungsbegriff. Wie vernichtend dieser Angriff ist, soll im folgenden an der epistemischen Frage nach den Korrektheitsbedingungen in der hier gebotenen Kürze gezeigt werden.[15]

Im epistemischen Kontext besteht der korrektheitsverbürgende Standard des Zeichengebrauchs in der Annahme von Eigenschaften, im Beispielsfall in der Annahme der Eigenschaft rot, die die Oberfläche des Objekts besitzen muss, damit das Zeichen korrekt auf dieses Objekt angewendet werden kann. Also: Wenn ein Zeichenmittel M, wie z.B. der Ausdruck „rot", auf ein Objekt O anwendbar sein soll, dann gibt es Eigenschaften, die (für den Zeichenbenutzer) konstitutiv für die korrekte Anwendung des Zeichens M auf O sind. Die korrektheitsverbürgende Eigenschaft, die das Objekt O aufweisen muss (hier das Rotsein), damit M anwendbar ist, ist – in der Terminologie von CH. S. PEIRCE – (mindestens) ein Interpretant I, der das Mittel M dazu bestimmt, für ein Objekt O zu stehen. Der Zeichenbenutzer erfüllt den Standard genau dann, wenn er das Zeichenmittel M nur auf solche Objekte anwendet, die die Eigenschaften $I_1 \ldots I_n$ aufweisen.

Der entscheidende Einwand gegen diese Konzeption setzt eine Stufe tiefer an als der Vorwurf des normativen Kurzschlusses: Um die Eigenschaften $I_1 \ldots I_n$ als Korrektheitsbedingungen ins Spiel zu bringen, muss sie ein Zeichenbenutzer schon unabhängig von der Anwendung des M auf das O erfasst haben, sonst könnte er sie nicht als Standard für den Gebrauch von M benutzen. Und genau dieses unmittelbare Erfassen-Können der Korrektheitsbedingungen (ob sie nun deontisch wirksam sind oder nicht) bestreitet der Skeptiker mit aller Vehemenz. Wie soll z.B. das Rotsein der Oberfläche des Objekts anders erfasst werden können als durch die Anwendung eines weiteren Zeichenmittels M' auf O? Die Rede vom „Rotsein" als Korrektheitsbedingung für den Gebrauch des Ausdrucks „rot" ist doch nur ein weiterer genauso erklärungsbedürftiger Ausdruck M' wie „rot", der nun seinerseits nach Korrektheitsbedin-

---

15 Vgl. dazu ausführlich SCHÖNRICH (2002), hier S. 104ff.

gungen verlangt, die in einem neuen Anlauf wieder mithilfe eines Zeichenmittels M"
erfasst werden müssen …

Das Problem ist KANT als Anwendungsregress vertraut (vgl. KrV B 177f.), der
zwangsläufig dann eintritt, wenn die Anwendung einer Regel wieder einer Regel bedarf. Seit WITTGENSTEIN und insbesondere seit KRIPKEs WITTGENSTEIN-Interpretation[16] und der von ihm ausgelösten Debatte lässt sich die Brisanz dieses Problems sehr
viel klarer einschätzen. Muss nämlich zu jeder Regel erst eine korrektheitsverbürgende
Anwendungsregel gesucht werden, die dann erneut eine Anwendungsregel fordert, so
gilt keine Regelbefolgung als richtig – oder jede Regelbefolgung. Der schon von KANT
festgestellte Anwendungsregress ist nur der Ausdruck der drohenden Beliebigkeit des
Regelfolgens. Ihm auf dem Fuße folgt ein Regelskeptizismus, der alles in Zweifel
zieht, was nur den geringsten Spielraum für eine Deutung lässt.

Der Grundgedanke lässt sich von zwei Seiten her erläutern: Vom *Regelausdruck*
her: Es ist der Regelformulierung (bzw. der begrifflichen Repräsentation) der Regel
nicht zu entnehmen, wie die Regel angewendet werden soll. Eine Regelformulierung
wie „Addiere 2" beispielsweise lässt offen, wie viele Schritte gemacht werden sollen
und wie diese Schritte aussehen. Ich kann die Reihe 2, 4, 6 … 998, 1000 durchaus mit
1004, 1008 fortsetzen und Korrektheit beanspruchen, ohne in Widerspruch zu dieser
Formulierung zu geraten. Dem Skeptiker zufolge meinte ich eben nur, dieser Regel zu
folgen, in Wirklichkeit bin ich jedoch der Regel: „Addiere 2 bis zum 500. Schritt, danach 4", oder einer ganz anderen Regel gefolgt. Wollen wir nicht an eine magische
Kraft glauben, die alle zukünftigen Übergänge als gleichsam schon vollzogen bannt, so
bleibt nur, den Regelausdruck mit einer Deutung hinsichtlich des korrekten
Gebrauchs zu versehen. Eine solche Deutung kommentiert aber den ersten Regelausdruck lediglich durch einen weiteren Regelausdruck, der sich seinerseits als deutungs-
bedürftig erweist und so ad infinitum. Kurz, das so verstandene Regelkonzept ver-
langte eine Regel, die ihre eigene Anwendung mitregelte; sie hätte nach WITT-
GENSTEIN „superlativische" Eigenschaften (vgl. PU § 192)[17], denn sie deutete sich
gleichsam selbst in endgültiger Weise, so dass nicht mehr Deutung hinter Deutung
stünde, sondern eine Auffassung nahegelegt würde, „die *nicht* eine *Deutung* ist" (PU
§ 201). Über solche Regeln verfügen wir aber offenkundig nicht – jedenfalls nicht auf
der empirischen Ebene.

Von *Fall* her: In einen Regress geraten wir, wenn aus der bisherigen Reihe der
Anwendungsfälle ein Muster abstrahiert wird, das wir als Ersatz für den Regelausdruck („Addiere 2") einsetzen. Wir sind dann gezwungen, es aufzuzeichnen oder hin-
zuschreiben (z.B. in der Form: „2, 4, 6 … 998, 1000") und es als vollwertigen Ersatz
des Regelausdruck zu bestimmen. Das Faktum einer gegebenen Reihe von Anwen-
dungsfällen lässt sich wegen der endlichen Zahl der bisherigen Fälle hinsichtlich der
Fortsetzung stets beliebig deuten. Die ernüchternde Schlussfolgerung lautet hier: Nur
eine „übermäßige Tatsache" (PU § 192), die Totalität der Reihe selbst, könnte hier für
Eindeutigkeit sorgen. Die aber ist endlichen Wesen nicht verfügbar.

---

[16] Vgl. KRIPKE (1987).
[17] Die Sigle „PU" bezieht sich auf WITTGENSTEIN (1971). Die Zahlenangaben geben die Abschnitte, nicht die Seiten wieder.

2.2 Der praxeologische Ansatz

Das skeptische Problem lässt sich prägnant in eine einzige Frage fassen: „Aber wie kann mich eine Regel lehren, was ich an *dieser* Stelle zu tun habe? Was immer ich tue, ist doch durch irgendeine Deutung mit der Regel zu vereinbaren" (PU § 198). Die von WITTGENSTEIN gezogene programmatische Schlussfolgerung aus dem Regelfolgenproblem lautet: „Ich folge der Regel blind" (PU § 219). Wenn es der Gebrauch ist, der die Bedeutung bestimmt, dann muss der Gebrauch deutungsfrei sein. Aber welche Gebrauchsfakten bestimmen Bedeutung in einer deutungsfreien Weise?

Die Frage, die sich hinsichtlich der Bedeutungsfakten stellte, nämlich ob Bedeutung, wenn sie als Regel konzipiert wird, präskriptiv oder konstitutiv sei, stellt sich hier nicht mehr. Gebrauchsfakten können in normativer Hinsicht nur konstitutiv wirksam sein. Die Unterstellung, sie besäßen einen präskriptiven Charakter, wäre ein Rückfall in pure Magie. Nun führt die Annahme von (konstitutiv wirksamen) Gebrauchsfakten wie regelmäßig wiederkehrender Muster, sofern sie von den Regelbefolgern eigens erfasst werden müssen, in dieselbe Sackgasse wie die analoge Erfassung von Bedeutungsfakten. Die einzige Art von Gebrauchsfakten, die nicht erst erfasst werden müssen, um Wirksamkeit zu erlangen, sind selbst Praktiken. Die Praxis des Zeichengebrauchs liefert ihre eigenen Korrektheitsbedingungen in Gestalt von Anschlusshandlungen, die an eine Ausgangshandlung, z.B. die Anwendung eines Zeichenmittels M auf ein Objekt O, anschließen. Besteht die Anschlusshandlung in einer Korrektur oder gar in einer negativen Sanktion, dann war die Ausgangshandlung nicht korrekt. Der Standard besteht hier in der Fortsetzung der Zeichenpraxis selbst. Die Korrektheit ist nichts, was mit der Bedeutung eines Zeichenmittels gegeben ist, sondern der anschließende Gebrauch, mit dem übereinzustimmen die jeweilige Korrektheit der vorangegangenen Anwendungshandlungen ausmacht.

Die Schwierigkeit dieser Gebrauchstheorie besteht darin, dass es meist gleichgültige, also weder korrigierende, noch negativ oder positiv sanktionierende Anschlusshandlungen gibt, die dann gar nicht erkennen lassen, was als korrekter Gebrauch zählt. Für einen Beobachter reicht die verbleibende schmale Basis negativer Sanktionen nicht aus, die jeweils geltenden Korrektheitsbedingungen für den Gebrauch eines Zeichenmittels zu erschließen. Doch diese epistemische Komplikation ist nicht das drängende Problem. Wenn es die faktische Praxis einer Regelbefolgungsgemeinschaft ist, die darüber entscheidet, was korrekt ist und was nicht, dann droht hier das genaue Gegenstück zum normativen Kurzschluss: der naturalistische Kurzschluss. Ist die Übereinstimmung mit der faktischen Praxis einer Regelbefolgungsgemeinschaft konstitutiv für den korrekten Gebrauch eines Zeichenmittels, dann bleibt für einen möglichen inkorrekten Gebrauch kein Raum mehr. Die Nicht-Übereinstimmung wird – wie gehabt – zur Nicht-Praxis.

Die Gefahr, die hier droht, ist als Normentleerung dieser Praxis zu beschreiben. Denn dem blinden Regelfolgen entspricht ein ebenso blindes Korrigieren bzw. Sanktionieren seitens der Gemeinschaft der Regelbefolger. Wenn die Übereinstimmung mit der faktischen Praxis den Standard bildet, an dem der Unterschied von „einer Regel folgen" oder „ihr nur zu folgen glauben" gemessen wird, dann ist „korrekt" genau das, was die Gemeinschaft in Gestalt der Anschlusspraxis akzeptiert. Die Gemeinschaft selbst kann nicht mehr irren; sie ist selbst keiner Norm mehr unterstellt. Würde sie die von ihr faktisch praktizierten Standards selbst nach Regeln setzen, wäre sie ja genau in jener regressverdächtigen Situation, zu deren Lösung die Gemeinschaft als normgebende Instanz eigens eingeführt wurde.[18] Die faktische Praxis erscheint als Diktat der Gemeinschaft, gegen das man nicht mehr verstoßen kann, weder bewusst noch irrtümlich, ohne sich zugleich außerhalb dieser Praxis aufzustellen.

Die hier zu ziehende Zwischenbilanz ist mehr als ernüchternd. Weder Bedeutungsfakten noch Gebrauchsfakten scheinen geeignete Normgeber zu sein. Die Annahme von Bedeutungsfakten scheitert an dem skeptischen Problem der Bedeutungserfassung und die Annahme von Gebrauchsfakten führt zu Normentleerung der Anwendungspraxis.

3. Begriffe und Anschauungen

Auch für den Rekonstruktionsversuch von KANTs Epistemologie gilt also: Bedeutungsfakten anzunehmen, ist in der Tat hoffnungslos. Die traditionelle Bedeutungstheorie und demnach alle ihr verpflichteten Interpretationsansätze sind nicht zu halten. Die Gebrauchstheorie, wie sie bisher analysiert wurde, ist jedoch nur als eindimensionale Theorie berücksichtigt worden. Als Normgeber wurden nur die Anschlusspraktiken in Betracht gezogen, die sich auf der gleichen Ebene wie die Ausgangspraktiken halten. Die Überlegungen zur Normativität konstitutiver Regeln wiesen in eine Richtung, die bisher noch nicht genügend ausgelotet wurde. Wenn konstitutive Regeln in genetischer Perspektive als erstarrte, vormals präskriptive Regeln aufgefasst werden dürfen, dann ist nach der Praxis zu fragen, die aus Präskriptionen Konstitutionsverhältnisse erschafft. Die genetische Perspektive hebt die Engführung von faktischem Gebrauch und Korrektheitsbedingung wieder auf, indem sie Norm und Normiertes auf zwei Ebenen zu verteilen sucht.

3.1 Kants normative Begriffstheorie

Wo die Sprachphilosophie von „Bedeutung" spricht, steht bei KANT „Inhalt", nämlich Inhalt eines Begriffs, Inhalt einer Anschauung oder gar der „transzendentale Inhalt", den Anschauungen dann besitzen, wenn sie den Kategorien als den Grundbegriffen der Erkenntnis gemäß sind (vgl. KrV B 105). Diese notorisch unklare Inhaltsmetaphorik, die noch dazu allerlei Spekulationen über die besondere Art von Entitäten nährt, die mit dem Terminus bezeichnet sein soll, ist schnell entzaubert.

Zunächst besteht der Inhalt von Begriffen aus Teilbegriffen, die als Merkmale fungieren. KANT bezeichnet sie auch als „Erkenntnisgründe" (JL S. 58), d.h. als die kriterialen Merkmale, woran Dinge erkannt werden. Der Begriff ROSE besteht demnach seiner Intension nach aus den Merkmalen BLUME, WOHLRIECHEND, STACHLIG etc. Als Blume ist eine Rose von anderen Pflanzenarten wie Bäumen, Moosen etc. unterschieden; als wohlriechend, stachlig etc. ist sie wiederum von anderen Blumenarten unterschieden. Die Extension wird in der Kantischen Begriffslogik als Subordinationsverhältnis von Begriffen dargestellt. Der übergeordnete Begriff BLUME enthält u.a. die Begriffe ROSE, TULPE, NELKE etc. unter sich, während

---

18 Vgl. MCDOWELL (1998), hier S. 261.

die subordinierten Begriffe als eines ihrer Merkmale den Begriff enthalten (hier: BLUME), in dessen Extension sie fallen.

Die Rede von Begriffsinhalten lässt sich nun leicht in die Rede von Standards übersetzen, die Prädikatausdrücke zu erfüllen haben, wenn sie korrekt gebraucht werden sollen. Ein Begriff ist dann nichts anderes als eine konstitutive Regel, die den Gebrauch von Prädikatausdrücken normiert. Die angedeuteten intensionalen und extensionalen Aspekte von Begriffen sind nun als Vereinbarkeiten bzw. Unvereinbarkeiten im Gebrauch von Prädikatausdrücken rekonstruierbar. Prädikatausdrücke wie „blütentragend", die einer Blume zugesprochen werden können, dürfen auch einer Rose zugesprochen werden. Die Anwendung des Ausdrucks „stachlig" hingegen ist mit der Verwendung des Ausdrucks „Tulpe" unvereinbar. Ein Ausdruck x gilt dann als normierter Prädikatausdruck y, wenn er bestimmte Bedingungen z erfüllt, die seine Verbindbarkeit mit anderen Prädikatausdrücken definieren.

Unter syntaktischem Aspekt beschreibt KANT die den Prädikatausdrücken inhärente Normativität als „analytische Einheit des Bewußtseins", die allen Begriffen „als solchen" anhängt (KrV B 133 Anm.). Begriffe sind bei KANT festgezurrte Bündel bestimmter Merkmale. Ändert sich die Zusammensetzung des Bündels, ändert sich auch die Verbindbarkeit mit anderen Begriffen. Dass auch das veränderte Bündel ein Bündel bleibt, drückt KANT durch die Beschreibung „Einheit des Bewusstseins" aus. Ohne diesen Einheitscharakter verlören die Merkmalskonjunktionen ihren Zusammenhalt, womit sich die das Zusammenspiel der Begriffe strukturierenden Subordinationsverhältnisse nicht mehr darstellen ließen. Das prädikatenlogische Pendant der „analytischen Einheit des Bewusstseins" ist die Qualität, die der x-Terminus schon aufweisen muss, bevor er in der konstitutiven Regel als y festgelegt wird. Die Normierung des Gebrauchs von „Rose" als ein mit dem Gebrauch von „stachlig", „wohlriechend" und „Blume" konsistenter Gebrauch, baut bereits auf erfolgreichen Normierungen von Prädikatausdrücken wie „stachlig" auf.

Als semantische Korrektheitsbedingungen für den Prädikatengebrauch sind die entsprechenden Eigenschaften der Objekte anzusehen. Sie bilden den Standard, den der jeweilige Gebrauch des Prädikatausdrucks erfüllen muss, um als korrekt zu gelten. So ist die Anwendung des Prädikatausdrucks „Rose" auf Rosen korrekt, die Anwendung auf Tulpen hingegen inkorrekt, denn nur Rosen weisen die Eigenschaft „stachlig" auf, die in der Funktion eines „Erkenntnisgrundes" das als „Rose" festgelegte Merkmalsbündel von dem als „Tulpe" festgelegten unterscheidet. Semantisch betrachtet stehen normierte Prädikatausdrücke allerdings „niemals zwischen sicheren Grenzen" (KrV B 758f.). Worin die Korrektheitsbedingungen jeweils bestehen, ist durch Versuche (KrV B 756) zu ermitteln. Sie entscheiden darüber, ob unsere syntaktischen Normierungen haltbar sind, ob sie geändert oder erweitert werden müssen.[19] Versuche anstellen wiederum heißt, Anschauungen zu gebrauchen. Das semantische Problem ist erst mit Hilfe einer die Begriffstheorie ergänzenden Anschauungstheorie lösbar.

---

[19] Ich sehe hier von der stillschweigenden Unterstellung eines starren externen Bezugs der Prädikatausdrücke durch KANT ab. Wäre der Bezug nicht starr festgelegt, dann hätten wir es, ganz wie PUTNAM befürchtet, bei einer neuen Entdeckung über Rosen nicht mit einer Erweiterung unserer Erkenntnis derselben Blumenart, sondern mit einer neuen Art zu tun. Vgl. dazu ausführlich SCHÖNRICH (2003b).

Mit dem Rekonstruktionsergebnis: Begriffe sind konstitutive Regeln, erbt der Kantische Ansatz auch die diskutierten Normativitätsprobleme konstitutiver Regeln. Die genetische Perspektive – so lautete die Überlegung – soll diesen Problemdruck beseitigen, indem sie konstitutive Regeln als erstarrte präskriptive Regeln ausweist. Hier hilft KANTs Hinweis auf die Genese von Begriffen weiter. Die Leitfrage lautet: Wie ist es dazu gekommen, dass der Begriff ROSE gerade diesen Inhalt hat und keinen anderen? Nach KANTs Begriffstheorie ist dieser Inhalt bekanntlich nur durch eine „Synthesis" zu erzeugen; sie „ist doch dasjenige, was eigentlich die Elemente zu Erkenntnissen sammelt, und zu einem gewissen Inhalte vereinigt…" (KrV B 103). Der Dreischritt von Komparation, Reflexion und Abstraktion (JL S. 94) charakterisiert dann die methodischen Schritte der Bündelung von Merkmalen und ihrer schlussendlichen Fixierung als Begriff im einzelnen.

Um nun aber im Durchlaufen der Mannigfaltigkeit gegebener Anschauungen Gemeinsamkeiten zu bestimmen und Differenzen auszusortieren, sind bereits Begriffe, d.h. normierte Prädikatausdrücke erforderlich. Gemeinsamkeiten und Differenzen sind in Merkmalen begründet. Die Normierung setzt also bereits erfolgreich Normiertes voraus – daran scheitert die Annahme einer Ur-Normierung. Gleichwohl ist die Fiktion eines semiotischen Naturzustandes geeignet, den ursprünglich präskriptiven Charakter von Normierungen zu erhellen. Auch wenn die Regelbefolgungsgemeinschaft in Gestalt der Merkmale auf schon normierte Prädikate zurückgreift, bleibt sie doch frei, sie so oder anders zu Bündeln zusammenzuknoten. Natürliche Arten zwingen nicht zu einer bestimmten Begriffsbildung. Man muss z.B. nicht zwischen Mäusen und Ratten differenzieren; die Latein sprechende Regelbefolgungsgemeinschaft hat dafür nur einen Begriff in Gestalt des Prädikats „mus" gebildet. Ein anderes einleuchtendes Beispiel ist das Farbspektrum, das, wie schon Vergleiche mit eng verwandten Sprachen belegen, anders als in der Deutsch sprechenden Regelbefolgungsgemeinschaft aufgeteilt werden kann. Welche Begriffe gebildet werden, ist, sofern nicht direktive Regeln steuernd eingreifen, kontingent.

Die Freiheit der Begriffsbildung ist in präskriptiven Regeln gut abbildbar. Gebote, Verbote und Erlaubnisse regeln, ob die Regelbefolger z.B. von dem Gebrauch des Ausdrucks „Rose" zu dem Gebrauch des Ausdrucks „Blume" übergehen dürfen. Wenn „Rose" anwendbar ist, ist auch „Blume" anwendbar. Und wenn „Blume" anwendbar ist, dann auch „Pflanze" etc. In der anderen Richtung gilt: Wenn „wohlriechend" anwendbar ist, dann ist „übelriechend" verboten, der Übergang zu „stachlig" hingegen ist erlaubt. Die Rede von Merkmalen lässt sich als Ensemble von präskriptiven Übergangs-, Ausschluss- und Berechtigungsregeln über den Prädikatausdrücken modellieren. Regelverletzungen werden in dem angenommenen Stadium rein präskriptiver Regeln ähnlich korrigiert und sanktioniert wie uns das aus der Spracherziehung von Kindern bekannt ist. Erst wenn diese Proto-Regelbefolgungsgemeinschaft dazu übergeht, bestimmte Regelverletzungen als völlig unzulässig auszuschließen, um aus dem lockeren Verbund von Prädikatorenregeln ein Begriffssystem zu schaffen, verwandeln sich präskriptive Regeln in konstitutive. Die Nötigung, Prädikatausdrücke gerade so zu gebrauchen und nicht anders, wird nun als unveränderlicher logischer Zwang erfahren.

3.2 Kants Anschauungstheorie

Der Gebrauch von Prädikatausdrücken und die Rekonstruktion seiner normativen Dimension ist nur die halbe Geschichte. Wenn es so ist, dass die semantischen Korrektheitsbedingungen eines Prädikatausdrucks durch entsprechende Eigenschaften der Objekte festgelegt sind, wie werden dann Objekte in den Gebrauch von Prädikatausdrücken einbezogen? In der Sprachphilosophie übernehmen singuläre Termini (Eigennamen, Kennzeichnungen „der Soundso", deiktische Ausdrücke wie „dies" und „jenes" und Indikatoren wie „hier", „jetzt" und „ich") diese Rolle. Sie greifen genau den Gegenstand heraus, auf den der generelle Terminus – der Prädikatausdruck – zutrifft, und ergänzen auf diese Weise einen Prädikatausdruck zum Aussagesatz.

In KANTs Erkenntnistheorie wird diese Rolle durch die Anschauungen übernommen. Auch sie ergänzen Begriffe (normierte Prädikatausdrücke) zu Urteilen (vgl. KrV B 75f.). Im Unterschied zu Begriffen sind Anschauungen (1) sensorisch bedingt, (2) besitzen einen direkten Gegenstandsbezug, (3) verweisen auf einen existierenden Gegenstand und (4) beziehen sich auf genau einen Gegenstand (singulärer Bezug). Die sensorische Bedingtheit bindet Anschauungen an den Standpunkt der erkenntnisvollziehende Instanz – für KANT das Erkenntnissubjekt. Anschauungen sind indexikalische Zeichenmittel der Gegenstandserkenntnis, die ihre logisch-grammatischen Platzhalter in den singulären Termini besitzen. Als solche indexikalischen Zeichen integrieren Anschauungen den Prädikatengebrauch in ein Hier und Jetzt des faktischen Regelgebrauchs. Diese Art individuierender Faktizität des Anschauungsgebrauchs, wie sie KANT am Beispiel der nur indexikalisch vollziehbaren Unterscheidung von linker und rechter Hand bzw. ihrer Spiegelbilder illustriert (vgl. Prol § 13), bleibt im folgenden außer Betracht.

Auch für Anschauungen erweist sich die Inhaltsmetaphorik als irreführend. Was auch immer wir erfassen, wenn wir unsere Aufmerksamkeit auf eine Anschauung richten, die sich einstellt, wenn wir in sensorischen Kontakt z.B. mit einem roten Gegenstand kommen; dieser Inhalt „rot" hilft uns in der Frage des Gegenstandsbezugs nicht weiter. Der Inhalt einer Anschauung ist keine Garantie, dass wir uns gerade auf einen bestimmten Gegenstand beziehen, ja dass wir uns überhaupt auf einen Gegenstand beziehen. Denn inhaltsmäßig unterscheidet sich die Wahrnehmung einer roten Oberfläche nicht von einer Halluzination.

Die Rede von Anschauungen ist in die normativen Festlegungen übersetzbar, die dem Zeichengebrauch einen Gegenstandsbezug ermöglichen.[20] Anschauungen leisten dies einmal in ihrer Rolle als Anschauungsvorkommnisse. Was KANT die „extensive Größe" (KrV B 204) nennt und als Gleichartigkeit der Anschauungen beschreibt, erlaubt es, verschiedene in demselben sensorischen Kontext gegebene Anschauungen, deren Inhalte wir prädikativ z.B. als „rot", „weich" etc. bestimmen würden, auf Koreferentialität festzulegen, also z.B. auf genau eine bestimmte Rose und nicht auf verschiedene Rosen oder gar auf eine Rose und eine Tulpe. Was auch immer der Inhalt der gegebenen Anschauungen sein mag, er gilt durch diese konstitutive Regel (KANT spricht von einer „sukzessiven Synthesis" in der „Erzeugung der Gestalten", KrV B 204) als koextensiv. Da, wo wir die Eigenschaft „rot" lokalisieren, lokalisieren wir auch die Eigenschaft „weich". Nur koextensive und somit koreferentielle

---

[20] Vgl. dazu im Folgenden ausführlich SCHÖNRICH (2003b).

Anschauungen gelten als ein singulärer Gegenstandsbezug. Ohne diese konstitutive Regel müssten wir den Bezug von „rot" und den von „weich" auf verschiedene Objekte aufteilen. Die „intensive Größe", das „Reale der Empfindung" (KrV B 207f.) hingegen, – soviel kann hier nur angedeutet werden – legt den Zeichengebrauch auf einen existierenden Gegenstand fest. Nur eine Anschauung bzw. Empfindung, die einen Intensitätsgrad aufweist, gilt als Bezug auf einen existierenden Gegenstand.

Wieder sind es konstitutive Regeln, in denen die Korrektheitsbedingungen für Zeichen, hier die Anschauungen als indexikalische Zeichen, festgelegt werden. Die normative Dimension des Anschauungsinhalts bezeichnet KANT mit dem Ausdruck „transzendentaler Inhalt" (KrV B 105). Dieser Inhalt besteht aus Regeln, die KANT „Kategorien" nennt, und als „Begriffe von einem Gegenstande überhaupt, dadurch dessen Anschauung in Ansehung einer der logischen Funktionen zu Urteilen als bestimmt angesehen wird" (KrV B 128) definiert. Zu diesen „Begriffe[n] von einem Gegenstande überhaupt" gehören neben den schon genannten Quantitäts- und Qualitätskategorien (hier in Gestalt ihres Schemas: extensive und intensive Größe) noch die Relationskategorien, z.B. Substanz und Kausalität, die dem Gegenstandsbezug Dauer verleihen, bzw. Veränderungen zu thematisieren erlauben. Wie diese bleiben auch die Modalitätskategorien hier aus Raumgründen unberücksichtigt.

Was KANT „Verstand" nennt und in den Kategorien als „Verstandesbegriffe" im Einzelnen ausbuchstabiert, ist der Standard, den jeder Gebrauch von Anschauungen erfüllen muss, um überhaupt Gegenstandsbezug zu haben. Ein Gebrauch, der diesen Korrektheitsbedingungen nicht genügt, ist nicht etwa ein Fall von Irrtum, wie er gelegentlich unterlaufen kann. Wenn Anschauungen nur in der Erfüllung dieser Korrektheitsbedingungen „objektive Bedeutung" zuwächst, dann verliert Anschauungsgebrauch, der gegen diesen Standard verstößt, überhaupt jede mögliche objektive Bedeutung. Ein solcher Gebrauch ist nicht inkorrekt, sondern bedeutungslos. Der Regelverletzer hat sich aus der Erkenntnisgemeinschaft ausgeschlossen.

Einmal mehr bleibt auch hier die Vexierfrage unbeantwortet, warum Anschauungen gerade so gebraucht werden sollen, dass sie bedeutungsvoll werden. Die transzendentale Konstitutivität lässt jeden deontischen Gehalt vermissen. Welcher Weg führt hier zur Rettung des Normativen? Und wieder erweist sich das Gedankenexperiment eines semiotischen Naturzustands als hilfreich. Was KANT mit der Abschreckungs-Fiktion beschreibt, „es könnten wohl allenfalls Erscheinungen so beschaffen sein, daß der Verstand sie den Bedingungen seiner Einheit gar nicht gemäß fände, und alles so in Verwirrung läge, daß z.B. in der Reihenfolge der Erscheinungen sich nichts darböte, was eine Regel der Synthesis an die Hand gäbe" (KrV B 123), ist gewiss ein worst-case-Szenario für jeden Semantiker. Indes, wie ist daraus normativer Profit zu schlagen?

Das hier geschilderte Szenario beschreibt eine weitaus tieferreichende Verwirrung als die Fiktion einer völlig freien Begriffsbildung. Dass wir, wenn wir nur wollen, die Prädikate „Maus", „Ratte" und „Geschirrspülmaschine" zu einem neuen Prädikat normieren können, indem wir die präskriptiven Übergangs- und Ausschlussregeln unserer Prädikate neu ordnen, setzt immer noch jene Regelmäßigkeiten in den Anschauungen bzw. Erscheinungen voraus, die jetzt radikal in Frage gestellt sind. KANTs Rettungsversuch des Normativen baut auf ein antiskeptisches Argument, in dem der Regel- bzw. Bedeutungsskeptizismus ad absurdum geführt werden soll. „Würde der Zinnober" – so argumentiert KANT – „bald rot, bald schwarz, bald leicht, bald schwer sein, ein Mensch bald in diese, bald in jene tierische Gestalt verändert werden […], so könnte meine empirische Einbildungskraft nicht einmal Gelegenheit bekommen, bei der Vorstellung der roten Farbe den schweren Zinnober in die Gedanken zu bekommen, oder würde ein gewisses Wort bald diesem, bald jenem Dinge beigelegt, oder auch dasselbe Ding bald so bald anders benannt, ohne daß hierin eine gewisse Regel, der Erscheinungen schon von selbst unterworfen sind, herrschte, so könnte keine empirische Synthesis der Reproduktion stattfinden" (KrV A 100f.).

Können wir uns die fiktive Situation eines semiotischen Naturzustands so vorstellen, dass sich eine Regelbefolgungsgemeinschaft zu Gebots- und Verbotsregeln entschließt, die den Anschauungsgebrauch genau so präskribiert, wie er in den Kategorien als Standard fixiert ist? Das Problem ist nicht die regeltechnische Transformierbarkeit, sondern die mit präskriptiven Regeln einhergehende Offenheit, nicht nur für Verletzungen, sondern für alternative Regeln. Dass wir unser Verhalten beim Essen gerade so und nicht anders regeln, ist kontingent. Nicht nur einzelne Regeln, das ganze Ensemble ließe sich durch andere Regeln ersetzen.

Diese Offenheit präskriptiver Regeln widerstreitet dem Grundzug konstitutiver Regeln, die für sich in ihrem Verhältnis zu dem Geregelten Notwendigkeit beanspruchen. In konstitutive Regeln, so wurde angenommen, wurden die präskriptiven gerade deshalb umgewandelt, damit sie intern zumindest als alternativenlos ausgezeichnet werden konnten. Sie können nicht verletzt werden, ohne die Praxis, deren Ausdruck sie sind, aufzuheben. Nun ist der Nachweis einer solchen Alternativlosigkeit gerade das erklärte Beweisziel der antiskeptischen Argumentationen KANTs (an der zitierten Stelle ebenso wie in der sog. „Widerlegung des Idealismus", KrV B 274ff.). Die für unmöglich erklärte „empirische Synthesis der Reproduktion" nimmt nämlich der Skeptiker in Anspruch, wenn er bestreitet, Anschauungen seien einer Regel unterworfen. Wenn er die fraglichen Anschauungen als Belege für die von ihm behauptete zufällige Abfolge aufruft, muss er sie identifizieren. Und um sie identifizieren zu können, muss er einen Unterschied machen können zwischen einem einfachen Wechsel von Anschauungen verschiedener Objekte und einem Wechsel von Anschauungen an einem Objekt. Diese Unterscheidung aber ist ohne die bestrittene Regelmäßigkeit nicht zu haben.[21] Selbst der skeptische Zweifel setzt die in Frage gestellten Regelstrukturen voraus. Der erfolgreiche Zweifel an ihrer Geltung ist aber die Voraussetzung dafür, alternative Regeln zu konzipieren. Solange sie nicht bezweifelt werden können, müssen sie als alternativlos gelten.

Dieses Ergebnis führt unmittelbar in ein normatives Dilemma. Sind die fraglichen konstitutiven Regeln tatsächlich genetisch auf präskriptive Regeln zurückführbar, dann sind sie wegen der Offenheit dieses Regeltypus nicht alternativenlos gültig. Sind sie nicht alternativenlos gültig, dann kassiert der Skeptiker ihren Geltungsanspruch ein. Ohne die Freilegung eines präskriptiven Ursprungs wiederum bleibt der normative Status konstitutiver Regeln ungeklärt. Dem auflösbaren logischen Zwang in der Normierung unserer Prädikate korrespondiert nun ein unauflösbarer transzendentaler Zwang. Der praxeologische Normativismus stößt damit an eine unüberwindbare Schranke. Wer mehr will, als den vom Skeptiker propagierten Pluralismus gleichgültiger empirischer Regelsysteme, muss bei einer praxisenthobenen Geltung Zuflucht

---

21 Zu den Grenzen antiskeptischer Argumentationen vgl. SCHÖNRICH (1981), S. 191ff.

nehmen und einen Restplatonismus reiner Geltung vertreten.[22] Damit sind wir wieder zur Annahme der ominösen Bedeutungsfakten gedrängt – nur in einer nobilitierten Gestalt.

Ein Ausweg aus diesem Dilemma könnte nur in dem Nachweis gesucht werden, dass die fraglichen Regeln in ihrem genetischen Ursprung zugleich präskriptiv-normativ und alternativlos gültig sind. Die idealistischen Nachfolger KANTs, allen voran der junge SCHELLING, sahen in dem unveränderlichen Status apriorischer konstitutiver Regeln nur die Verdrängung des Geschichtlichen.[23] Für SCHELLING jedenfalls beschreibt der transzendentale Zwang konstitutiver Regeln keine ewige Natur des Denkens, er ist selbst noch Ergebnis eines Entwicklungsprozesses und damit einer Praxis, die Raum lässt, Regeln in Freiheit zu folgen, d.h. gegen sie auch verstoßen zu können. Von der geschichtlichen Perspektive erhofft sich SCHELLING die Rückgewinnung des Normativen. SCHELLINGs seit dem „System des transzendentalen Idealismus" (1800) verfolgte Lösungsstrategie lautet: Relativierung des Konstitutiv-Apriorischen durch Historisierung. Wir können auch sagen: Re-Präskriptivierung konstitutiver Regeln durch Historisierung. Denn einmal als Ergebnis einer Setzung begriffen, sind die von einer normgebenden Instanz – sei es SCHELLINGs „Ich" oder eine Regelbefolgungsgemeinschaft – gemachten Regeln, nicht mehr zwingend im Sinne eines ewig gültigen alternativlosen Gesetzes. Ergebnisse geschichtlicher Taten hätten auch anders ausfallen können als sie ausgefallen sind.

Ob von SCHELLING inspirierte De-Transzendentalisierungsprogramme wirklich das leisten, was sie versprechen, muss hier offen bleiben. Auf jeden Fall gehen solche Programme der Aufarbeitung einer Bildungsgeschichte konstitutiver Regeln sehr starke Prämissen hinsichtlich einer sich in dieser Bildungsgeschichte selbst reflektierenden normgebenden Instanz ein, die schon die Kantianer seinerzeit nicht unterschreiben wollten – von den mehrheitlich skeptophilen Philosophen unserer Tage ganz abgesehen. Die Transformation der Regelpraxen – bei SCHELLING: der Übergang der Epochen eines sich selbst in seinen Erfahrungen reflektierenden und darstellenden Ich – steht unter dem Imperativ einer „Selbsterkenntnis" im Sinne einer Selbstobjektivation. Was für eine normgebende Instanz namens „Ich" im Kontext idealistischer Philosophie noch einleuchten mag, ist im Rahmen einer normgebenden Instanz namens „Regelbefolgungsgemeinschaft" nicht ohne weiteres verständlich. Warum sollte sich eine Regelbefolgungsgemeinschaft selbst objektivieren? Und wenn es einen solchen Imperativ geben sollte, sind dann die bildungsgeschichtlich rekonstruierten Regeln nicht bloß direktive Regeln, die nur die Verbindung zwischen der Selbstobjektivation und ihrer Realisierung herstellen?

---

[22] GLÜER hat dieses Dilemma in Bezug auf andere Gewährsmänner auf die provokative Formel gebracht: „Frege oder Normativismus", Vgl. GLÜER (2000), S. 465.
[23] Vgl. die aufschlussreiche Interpretation von HUTTER (1996), S. 88.

Literatur

BALTZER, ULRICH (2002): Die unerträgliche Leichtigkeit der Institutionen, in: ULRICH BALTZER und GERHARD SCHÖNRICH (Hrsg.), Institutionen und Regelfolgen, Paderborn: mentis, S. 193-206.

BLACK, MAX (1962): Models and Metaphors, Ithaca: Cornell Unic. Press.

GLÜER, KATRIN (2000): Bedeutung zwischen Norm und Naturgesetz, in: DZPhil, 48/3, S. 449-468.

HUTTER, AXEL (1996): Geschichtliche Vernunft, Frankfurt a.M.: Suhrkamp.

KRIPKE, SAUL A. (1987): Wittgenstein über Regeln und Privatsprache, Frankfurt a.M.: Suhrkamp.

MCDOWELL, JOHN H. (1998): Wittgenstein on Following a Rule, in: Ders., Mind, Value, and Reality, Cambridge Mass./London: Harvard Univ. Press, S. 221- 262.

PRAUSS, GEROLD (1983): Kant über Freiheit als Autonomie, Frankfurt a.M.: Klostermann.

SCHNÄDELBACH, HERBERT (1992): Rationalität und Normativität, in: Ders., Zur Rehabilitierung des animal rationale, Frankfurt a.M.: Suhrkamp, S. 79-103.

SCHÖNRICH, GERHARD (1981): Kategorien und transzendentale Argumentation, Frankfurt a.M.: Suhrkamp.

SCHÖNRICH, GERHARD (2002): Institutionalisierung des Regelfolgens – der Ausgang aus dem semiotischen Naturzustand, in: ULRICH BALTZER und GERHARD SCHÖNRICH (Hrsg.), Institutionen und Regelfolgen, Paderborn: mentis, S. 101-118.

SCHÖNRICH, GERHARD (2003a): Handeln als Zeichenprozess und die Praxis des Regelfolgens, in: Sozialpsychiatrische Informationen, 33. Jahrgang, S. 28-34.

SCHÖNRICH, GERHARD (2003b): Externalisierung des Geistes? Kants usualistische Repräsentationstheorie, in: DIETMAR HEIDEMANN (Hrsg.), Warum Kant heute? Bedeutung und Rezeption seiner Philosophie in der Gegenwart, Berlin/New York: de Gruyter (im Druck).

SEARLE, JOHN R. (1971): Sprechakte, Frankfurt a.M.: Suhrkamp.

STRUB, CHRISTIAN (2002): Zur Normativität konstitutiver Regeln, in: ULRICH BALTZER und GERHARD SCHÖNRICH (Hrsg.), Institutionen und Regelfolgen, Paderborn: mentis, S. 207-224.

WITTGENSTEIN, LUDWIG (1971): Philosophische Untersuchungen, Frankfurt a.M.: Suhrkamp.

2. NORMATIVITÄT IN GESCHICHTLICHER RELATIVITÄT

Andreas Lorenz

GEWISSHEIT VERSUS HYPOTHESE
Anmerkungen zum Theoriestatus der Transzendentalphilosophie Kants

Ein erneuter Zugang zu einer historisch abgeschlossenen Philosophiekonzeption wie der Transzendentalphilosophie KANTs, der von einer instruktiven Sachrelevanz ihrer Problemfragen heute ausgeht und einen interpretationsrelevanten Teilaspekt unter Heranziehung gegenwärtig anerkannter Untersuchungsmethoden einer *philosophical community* zu unternehmen sucht, um ihn unter Wahrung seiner Textimmanenz für die aktuelle Diskussion zu gewinnen, muss bei seinem Interpretationsansatz die zeitgemäße Vertretbarkeit seiner Argumente *kritisch* prüfen. Da seine Lösungen auf Annahmen beruhen, die vom heutigen Standpunkt aus aufgrund ihrer wissenschaftsparadigmatischen Theoriebedingtheit als überholt gelten müssen, bleibt vorauszuschicken, dass sie sich in der von KANT vorgeschlagenen Form ohne weiteres nicht mehr vertreten lassen. Eine neue Art von mehr oder weniger paraphrasierender Nachzeichnung dagegen käme einer offenkundigen Immunisierungsstrategie gleich und scheint von vornherein wenig Erfolg versprechend zu sein.

Gewissheit versus Hypothese soll heißen, die in mancherlei Hinsicht überzogenen Geltungsansprüche der Transzendentalphilosophie KANTs kritisch zu betrachten und unter Zugrundelegung bestimmter erkenntniskritischer Interpretationskriterien in Richtung auf ein hypothetistisches Wissenschafts- und Metaphysikverständnis hin zu analysieren. Um KANTs transzendentalphilosophische Wissenschaftsmetaphysik nicht nur angemessen verstehen, sondern auch heute noch würdigen zu können, ist es unerlässlich, werkgeschichtliche Rezeptionsspuren zu ISAAC NEWTON freizulegen. KANT philosophiert im wissenschaftstheoretischen Denkstrom der mathematischen Naturphilosophie NEWTONs. Doch die epochale Sonnenseite der *Philosophiae Naturalis Principia Mathematica* hat auch eine dunkle Seite, die ihren Schatten auf KANTs Philosophie wirft.

Es ist NEWTONs berühmt-berüchtigtes Dictum *Hypotheses non fingo*, sein hypothesenfeindliches Wissenschaftsverständnis, zu dem sich auch KANT bekennt. Ein adäquates Grundverständnis der erfahrungs- und wissenschaftstheoretischen Zielsetzung der kritischen Transzendentalphilosophie KANTs ist daher ohne Einsicht in NEWTONs mathematische Experimentalphilosophie kaum nachvollziehbar. KANTs erkenntnismetaphysischer *salto transcendentale* in die Erfahrungswelt ist *notwendiger-* und nicht nur *hinreichenderweise* über seine Hintergrundabsicherung mit dem axiomatischen Wissenschaftsnetz der Newtonschen Experimentalphysik möglich. Die von KANT so eindringlich beschworene Denkrevolution der Kopernikanischen Wende ruht eigentlich auf den Grundfesten der epochalen Wissenschaftsrevolution NEWTONs.

1. Hypotheses non fingo

Es wäre sicherlich verfehlt, von KANT in Bezug auf NEWTON sprechen zu wollen, ohne dessen Wissenschaftskonzeption in ihren methodologischen Grundzügen dargelegt zu haben. Um argumentative Klarheit zu gewinnen, will ich kurz NEWTONs „Methode der Naturwissenschaft" skizzieren, die im dritten Buch der *Principia* als „Regulae philosophandi" formuliert vorliegt. Unter Einbeziehung der *Opticks* soll vor allem NEWTONs ablehnendes Hypothesenverständnis im wissenschaftshistorischen Zusammenhang einer im 18. Jahrhundert nicht nur unter britischen Naturphilosophen anerkannten „Hypothesenfeindlichkeit" illustriert werden. Mit ihrer Hilfe meine ich entscheidenden Aufschluss über KANTs Methodenmodell zu gewinnen, mit dem er hofft, seine zunächst „nur zum Versuche" angenommene Erfahrungstheorie im nachhinein ihres Hypothesencharakters endgültig enthoben zu haben. Die Vermutung liegt nahe, dass KANT von NEWTONs folgenschwerem Aperçu *hypotheses non fingo* gleichsam dazu verführt wurde, den programmatischen Hypothesenstatus seiner Transzendentaltheorie zu verwerfen, um mit seinem hochgesteckten vernunftkritischen Wissenschaftsanspruch à la NEWTON bestehen zu können.

NEWTON wollte erklärtermaßen innerhalb seiner Experimentalphysik nur die Ursachen als Beobachtungsdaten zur Erklärung natürlicher Dinge und Vorgänge gelten lassen, die „wahr sind und zur Erklärung jener Erscheinungen ausreichen."[1] Die dabei aufgewiesenen Körpereigenschaften, „welche weder verstärkt noch vermindert werden können und welche allen Körpern zukommen",[2] an denen Experimente vorgenommen werden können, müssen induktiv verallgemeinernd den Eigenschaften aller Körper zugeschrieben werden:

> „In der Experimentalphysik muß man die aus den Erscheinungen durch Induktion geschlossenen Sätze, wenn nicht entgegengesetzte Voraussetzungen vorhanden sind, entweder genau oder sehr nahe für wahr halten, bis andere Erscheinungen eintreten, durch welche sie entweder größere Genauigkeit erlangen, oder Ausnahmen unterworfen werden."[3]

Der abschließende Krönungssatz der insgesamt vier *Regulae* lautet: „Hoc fieri debet, ne argumentum inductionis tollatur per hypotheses".[4] [Dies muß geschehen, damit nicht das Argument der Induktion durch Hypothesen aufgehoben werde.[5]] NEWTONs methodische „Grundlage der gesamten Naturlehre" stützt sich auf diese sehr kompakt formulierten Grundsätze. Dabei teilte er die an BACONs Methodenideal orientierte empiristische Zielsetzung, die Grundgesetze einer experimentellen Naturwissenschaft stets auf dem Wege einer induktiven Verallgemeinerung als genau bzw. annähernd genau wahr induzierten Beobachtungsdaten abzuleiten, ohne auf die formal methodologischen Apriorielemente seiner Experimentaltheorie gebührend zu reflektieren.

Die Aufgabe von Naturphilosophie und -wissenschaft bestand für NEWTON darin, aus den Erscheinungen der Bewegung mit Hilfe von Bewegungsprinzipien die

---

[1] NEWTON (1963), S. 380.
[2] Ebd., S. 380.
[3] Ebd., S. 381.
[4] NEWTON (1964), Vol. III, S. 4.
[5] NEWTON (1963), S. 381.

Ursachenkräfte der Natur zu erforschen und durch diese als „wahr" erkannten Grundkräfte schließlich den noch verbleibenden Rest der Himmelserscheinungen adäquat zu erklären. Eine wahre Erklärung war für NEWTON keine „hypothetische" Erklärung in unserem heutigen Sinne. Die mathematische Beweisführung der axiomatischen Bewegungsgesetze galt ihm als naturwissenschaftliche Erklärungsweise schlechthin, und nicht als spekulatives Erdenken von Hypothesen. *De facto* heißt das nichts anderes, als von hinreichend bekannten Erscheinungen ausgehend „ohne Hypothese Schlüsse zu ziehen und die Ursachen aus ihren Wirkungen abzuleiten, bis die wahre erste Ursache erreicht ist."[6]

NEWTONs methodologische Programmerklärung für seine radikale Hypothesenfeindlichkeit wird zunächst in einer Reihe von Briefen an HENRY OLDENBURG aus dem Jahr 1672 virulent, in denen der Ausdruck „Hypothese" geradezu konstitutiv als pejorativer Gegenbegriff zum instrumentgestützten Experimentalverfahren der eigenen Lichttheorie abgewertet wird. Die Tendenz zu dieser Hypothesenablehnung kulminiert allerdings erst in der zweiten Auflage der *Principia*. Die eingangs umrissenen „Regulae philosophandi" werden erst nachträglich in der zweiten Auflage von 1713 in „Regeln zur Erforschung der Natur" umbenannt. In der ersten Auflage von 1687 finden wir noch die explizite Kennzeichnung *Hypotheses*. Insgesamt gab es da noch 9 Hypothesen, wovon die Hypothesen 5 bis 9 Sätze über Planeten darstellen, die in der Ausgabe von 1713 als „Phaenomena" bezeichnet werden. Satz 4, der das gesamte Weltsystem trägt, wird kurzerhand an eine andere Stelle versetzt, dennoch weiterhin als „Hypothesis" bezeichnet.[7] *Hypotheses* als legitime methodische Verfahrensweisen werden durch *Regulae* demontiert. Diese programmatische Grundsatzerklärung zog aber keinerlei praktische Folgen für eine Änderung der wissenschaftlichen Methodik nach sich, da NEWTON auf Hypothesen und Experimente als legitime Forschungsinstrumente weder verzichten wollte noch konnte.

NEWTON war fest davon überzeugt, sowohl die Bewegungsabläufe der Himmelskörper als auch die Flut- und Ebbeerscheinungen allein über sein mathematisch formuliertes Gravitationsprinzip erklärt zu haben, ohne Zuhilfenahme von Hypothesen:

> „Ich habe noch nicht dahin gelangen können, aus den Erscheinungen den Grund dieser Eigenschaften der Schwere abzuleiten, und *Hypothesen erdenke ich nicht*. Alles nämlich, was nicht aus den Erscheinungen folgt, ist eine Hypothese, und Hypothesen, seien sie nun metaphysische, mechanische oder diejenigen der verborgenen Eigenschaften, dürfen nicht in die Experimentalphysik aufgenommen werden. In dieser leitet man die Sätze aus den Erscheinungen ab und verallgemeinert sie durch Induktion."[8]

---

[6] NEWTON (1983), S. 243 f.
[7] Zur genauen Umbildung der *Hypotheses* in *Regulae* vgl. KOYRÉ (1965), S. 29-40, S. 261-272.
[8] NEWTON (1963), S. 508 f. (Hervorhebungen A.L.): „*Et hypotheses non fingo*. Quicquid enim ex phaenomenis non deducitur, *Hypothesis* vocanda est; et hypotheses, seu Metaphysicae, seu Physicae, seu Qualitatum Occultarum, seu Mechanicae, in Philosophia *Experimentali* locum non habent. In hanc Philosophia Propositiones deducuntur ex phaenomenis, et redduntur generales per inductionem." Newton, 1964, Vol. III, S. 174. Auch in der Einleitung zu seiner lichttheoretischen Abhandlung *Opticks* hatte sich NEWTON in Form einer feierlichen Generalklausel vorbehalten, die Lichtstrukturen ohne Hypothesen erklären zu wollen: „My design in this Book is not to explain the Pro-

NEWTONs Glaube an die definitive Verifizierbarkeit naturwissenschaftlicher Phänomenerklärungen, die als „wahre" Erklärungen keinerlei Alternativerklärungen zulassen, ließ ihn auf absolute Erkenntnissicherheit bestimmter physikalischer Grundsätze der Naturbeschreibung schließen. Das Hypothesenverdikt in der Form, wie es im *Scholium generale* nachträglich als Ausdruck einer neuen Methodologie formuliert ist, kommt einer massiven Immunisierung gleich. Es zeugt von einer übereilten und in ihren letzten Details nicht konsequent durchdachten Schlussfolgerung. Unter geflissentlich missbrauchten Beschwörungsformeln wie „Beobachtung" und „Experiment" war es der NEWTON-Propaganda aber um so willkommener. Die neue Naturphilosophie und wissenschaft werden in der Folgezeit nicht nur von den Physikern, sondern auch von den Philosophen für *hypothesenfrei* erklärt.

Die von NEWTON initiierte Methodentendenz war im 18. Jahrhundert so weitreichend, dass im Register vieler Werke unter dem Stichwort „Hypothese" folgende Erklärung zu lesen war: *Hypotheses ex Physica sunt proscribendae.*[9] Die Gravitationslehre als Erklärungsmodell von Kraftwirkungen wird zu einer neuen Form physikalischer Methodik. NEWTONs Welterklärungsmodell gilt für die Darstellung von Naturabläufen in ihrer mathematischen Kraftwirkungsbeschreibung als unanfechtbar. Die programmatische „Hypothesophobie" der *Regulae philosophandi* und die *Queries* bestimmen eine konkurrenzlose Universalgeltung der Himmelsphysik. NEWTONs Jünger waren fest davon überzeugt, dass Spekulation, Erdichtung und Hypothesenbildung identisch sind:

„Diejenigen welche ihre Spekulationen auf Hypothesen begründen, werden, wenn sie hierauf auch aufs strengste nach mechanischen Gesetzen fortschreiten, eine Fabel, vielleicht eine elegante und schöne, jedoch nur eine Fabel aufbauen."[10]

2. Newton „abstrahierte mit Recht von allen Hypothesen"

Mit diesem Wissenschaftsimperium wird der junge Königsberger Philosoph IMMANUEL KANT konfrontiert. Der Newtonsche Siegeszug als tatsächlicher und nicht vermeintlicher Fortschritt wissenschaftlicher Erkenntnis muss bei dem naturwissenschaftlich interessierten Metaphysiker – der eine Revolution der Denkart in der Metaphysik einzuleiten gewillt war – unauslöschlichen Eindruck hinterlassen haben. Sein wirksamstes Echo ist in den Frühschriften deutlich zu vernehmen. Wenn wir also nach Gründen für KANTs metaphysische Hypothesenskepsis suchen wollen, so ist nach Indizien für diese Annahme zunächst in den Schriften der vorkritischen Phase zu suchen, die in eine Zeitspanne fallen, als seine Forschungsinteressen noch diversen naturwissenschaftlichen Sachfragen gewidmet waren, und man sich offen auf das große Vorbild NEWTON berufen konnte.

In der *Untersuchung über die Deutlichkeit der Grundsätze* war KANT noch auf der Suche nach einem adäquaten Methodenmodell von höchstmöglicher Erkenntnisgewissheit für die Metaphysik. Erste positive Anzeichen dieser Methodensicherheit werden über

---

perties of Light by Hypotheses, but to propose and prove them by reason and experiments."
NEWTON (1964), Vol. IV, S. 5.
[9]   ROSENBERGER (1895), S. 341.
[10]   NEWTON (1983), Vorrede zur zweiten Auflage von ROGER COTES, S. 4.

die explizite Annäherung an NEWTONs empiristische Methodologie sichtbar. NEWTONs Naturwissenschaftsmodell ermutigt den aufbegehrenden Philosophen, seine wissenschaftlichen Begründungsabsichten gegen die Unbeständigkeit metaphysischer Hypothesen abzugrenzen. Denn wenn die *Methode* feststeht,

> „[…] nach der die höchstmögliche Gewissheit in dieser Art der Erkenntnis kann erlangt werden, und die Natur dieser Überzeugung wohl eingesehen wird, so muß, anstatt des ewigen Unbestands der Meinungen und Schulsekten, eine unwandelbare Vorschrift der Lehrart die denkende Köpfe zu einerlei Bemühungen vereinbaren; so wie Newtons Methode in der Naturwissenschaft die Ungebundenheit der physischen Hypothesen in ein sicheres Verfahren nach Erfahrung und Geometrie veränderte."[11]

In den allerersten Anfängen seiner philosophischen Methodensuche erkennt KANT die naturwissenschaftliche Methodologie NEWTONs samt seiner Hypothesenablehnung als mustergültig an und sucht sie auf die Metaphysik anzuwenden. Um der Metaphysik als Philosophie über die ersten Gründe der Naturerkenntnis den höchsten (apodiktischen) Gewissheitsgrad zu sichern, um sie aus ihrem spekulativen Herumtappen unter bloßen Begriffen auf den sicheren Weg der Wissenschaft zu führen, wird ISAAC NEWTON als Garant für die Erfolgssicherheit zitiert. Für die vorkritische Grundlegung einer noch analytischen Metaphysik kann nur die kompositive Methode der Naturwissenschaft à la NEWTON in Frage kommen:

> „Die echte Methode der Metaphysik ist mit derjenigen im Grunde einerlei, die NEWTON in die Naturwissenschaft einführte, und die daselbst von so nutzbaren Folgen war."[12]

KANT wusste mit NEWTON, und darin war er ein überzeugter Newtonianer, dass metaphysische Hypothesen als „Erdichtungen" nicht einmal den Wert von naturwissenschaftlichen Erklärungshypothesen haben können,

> „[…] bei welchen man keine Grundkräfte ersinnt, sondern diejenigen, welche man durch Erfahrung schon kennt, nur auf eine den Erscheinungen angemessene Art verbindet, und deren Möglichkeit sich als jederzeit muß können beweisen lassen."[13]

Bei metaphysischen Hypothesen dagegen handelt es sich um

> „[…] neue Fundamentalverhältnisse von Ursache und Wirkung, […] in welchen man niemals den mindesten Begriff ihrer Möglichkeit haben kann, und also nur schöpferisch oder chimärisch, wie man es nennen will, dichtet."[14]

---

[11] KANT (1764), A 69. Ich zitiere die Werke KANTs nach der Weischedelausgabe.
[12] Ebd., A 82.
[13] KANT (1766), A 122.
[14] Ebd., A 123.

Zum Zweck der Erklärung gegebener Erscheinungen nämlich konnten „keine andere[n] Dinge und Erklärungsgründe" angewandt werden „als die, so nach schon bekannten Gesetzen der Erscheinungen mit den gegebenen in Verknüpfung"[15] gesetzt waren.

KANT hat nicht nur NEWTONs Wissenschaftsauffassung, sondern auch dessen „Hypothesophobie" geteilt. Er drückt sich ganz à la NEWTON aus, wenn er von metaphysischen Hypothesen als willkürlichen „Erdichtungen" spricht und an eine *von aller Hypothese befreite* mechanische Erklärungsart glaubt:

> „Da sehen wir nun das wunderseltsame Phaenomenon, dessen Anblick seit seiner Entdeckung die Astronomen jederzeit in Bewunderung gesetzt hat, und, dessen Ursache zu entdecken, man niemals, auch nur eine wahrscheinliche, Hoffnung hat fassen können, auf eine leichte, von aller Hypothese befreite mechanische Art entstehen."[16]

Als fortschrittlicher Naturphilosoph vermag sich KANT dem naturwissenschaftlichen Zauber der Himmelsmechanik NEWTONs nicht zu entziehen. KANT glaubte fest an die exemplarische Möglichkeit einer „hypothesenfreien" Erkenntnis auf der Grundlage der Himmelsmechanik, deren Gravitationskraft ihm stets als „nunmehro außerzweifelgesetztes Naturgesetz" galt.[17] Daraus schloss er auf die Möglichkeit einer „wahren" Erklärungsart der Erscheinungen. Denn bei der Ableitung der allgemeinen Gravitationskraft und der Bestimmung der „wahren" Bewegung der Himmelskörper abstrahierte NEWTON „mit Recht von allen Hypothesen" (MAN A 66). Im Gegensatz zum „Hypothesenspiel" der übrigen Physiker habe NEWTON die „wahre" Erklärung der Erscheinungen „mit der strengsten Enthaltsamkeit der Mathematik" (MAN A 64) ableiten können. KANT folgert daraus, dass es Wissenschaften wie Mathematik und Metaphysik gibt, „die keine Hypothesen erlauben" (JL A 134).

Feststeht, dass KANT bei seinen ersten Versuchen theoretisch deutbarer Methodenzusammenhänge offen auf das naturwissenschaftliche Erklärungsprogramm NEWTONs rekurriert, das er als methodologisch wahr voraussetzt, ohne zunächst auf seine praktischen Durchführungsschwierigkeiten zu reflektieren. Denn da mit der Transzendentalphilosophie die Erfahrungsmetaphysik als System formaler Denkvoraussetzungen der Naturwissenschaft mitkonzipiert werden sollte, in dessen synthetisch-apriorischem Rahmen legitime Erfahrungserkenntnis erst möglich wird, so musste zwangsläufig aufgrund der genuin metaphysischen Formstruktur NEWTONs empiristisches Induktionsparadigma aufgegeben werden, um die transzendentallogischen Mittel der Deduktion für den apriorischen Vollständigkeitsaufweis kategorialer Verstandesgrundsätze begründen zu können.

3. Die erfahrungstheoretische Transzendentalhypothese

Die Frage nach der Möglichkeit der Metaphysik als Wissenschaft bei KANT steht und fällt mit der Grundfrage: Wie ist eine auf Notwendigkeit und Allgemeingültigkeit

---

[15] KrV B 800.
[16] KANT (1755), A 78.
[17] Ebd., A XLVII.

gründende synthetisch-apriorische Erkenntnisart möglich? Im methodischen Aufweis dieser Fragestellung sah KANT die Hauptaufgabe seiner in der Vernunftkritik entwickelten Transzendentalphilosophie. Die Frage der synthetischen Urteilssätze a priori kann insofern als Schicksalsfrage seiner Metaphysikgrundlegung gesehen und als Legitimationsaufweis einer problemspezifischen Möglichkeit streng allgemeingültiger Erkenntnis von Realzusammenhängen ausgelegt werden.

HANS ALBERT hat bei seiner KANT-Kritik auf den Umstand hingewiesen, dass man auch heute noch dazu neigt, die Kritik am klassischen Begründungsdenken weitgehend zu akzeptieren, allerdings mit einer Ausnahme für KANT. Mit dem Transzendentalansatz soll eine bessere Lösung des Begründungsproblems insofern erreicht werden, als diese mit den Schwächen des alten Rationalismus nicht belastet sei. Unverkennbar aber ist, dass KANTs Auffassung, will man eine historisch adäquate und dennoch kritische Interpretation leisten, kaum anders zu interpretieren ist „als im Sinne einer besonderen Version des klassischen Begründungsdenkens."[18] KANTs Vernunftkritik stellt strenggenommen einen erneuten Rechtfertigungsansatz der Wissenschaftsauffassung klassischer Prägung dar. Es geht um die Begründung des a priori reinen Vernunftgebrauchs über den erkenntnislogischen Rekurs auf die Bedingungen der Möglichkeit der Erfahrung, um die zunächst nur *hypothetisch* angenommene Allgemeingültigkeit synthetischer Sätze a priori über das Ableitungsverfahren der transzendentalen Deduktion sicherstellen zu können.

KANT hat seine transzendentalphilosophische Erfahrungstheorie noch im Rahmen des klassischen Rationalismus auf der Grundlage der Newtonschen Wissenschaftsauffassung konzipiert. Daher hat er nicht nur für seine synthetischen Grundsätze a priori apodiktische Gewissheit beansprucht, sondern er hat diesen Anspruch auch auf seine transzendentale Problemlösung insgesamt übertragen. Denn es wäre eine Ungereimtheit,

„[…] in einer Metaphysik, einer Philosophie aus reiner Vernunft, seine Urteile auf Wahrscheinlichkeit und Mutmaßung gründen zu wollen. Alles, was a priori erkannt werden soll, wird eben dadurch für apodiktisch gewiß ausgegeben, und muß also auch so bewiesen werden."[19]

Da KANT seinen synthetischen Erkenntnisprinzipien apodiktische Gewissheit zuspricht, gründet seine Verfahrensweise auf fragilen Denkprämissen des klassischen Erkenntnisideals, und sie bleibt auch mit dessen methodologischen Grundschwächen belastet. Seine Transzendentaltheorie stellt im Grunde eine auf ein bestimmtes Erklärungsziel hin konzipierte *Hypothese* dar.

Mit dieser provokativen Auffassung arbeite ich entschieden gegen KANT, der überzeugt war, dass es auf der Grundlage seiner apodiktisch abgesicherten Erfahrungstheorie „auf keine Weise erlaubt sei, zu meinen, und daß alles, was darin einer Hypothese nur ähnlich sieht, verbotene Ware sei, die auch nicht vor den geringsten Preis feil stehen darf, sondern, so bald sie entdeckt wird, beschlagen werden muß" (KrV A XV). Bei näherer Betrachtung aber wird trotz dieser immunisierenden Ausdrucksweise unverkennbar, dass KANTs Versuch einer wissenschaftlichen Metaphysik-

---

[18] ALBERT (1978), S. 13
[19] Prol A 196.

grundlegung erstens einen selbst eingestandenen hypothetischen Anfangscharakter aufweist: „Ich stelle in dieser Vorrede die in der Kritik vorgetragene, jener Hypothese [von Kopernikus] analogische, Umänderung der Denkart auch nur als Hypothese auf" (KrV B XXIII), und zweitens sich explizit an der experimentellen Vorgehensweise der Naturwissenschaften orientieren will:

> „Als Galilei seine Kugeln die schiefe Fläche mit einer von ihm selbst gewählten Schwere herabrollen, oder Torricelli die Luft ein Gewicht, was er sich zum voraus dem einer ihm bekannten Wassersäule gleich gedacht hatte, tragen ließ, oder in noch späterer Zeit Stahl Metalle in Kalk und diesen wiederum in Metall verwandelte, indem er ihnen etwas entzog und wiedergab; so ging allen Naturforschern ein Licht auf. Sie begriffen, daß die Vernunft nur das einsieht, was sie selbst nach ihrem Entwurfe hervorbringt, daß sie mit Prinzipien ihrer Urteile nach beständigen Gesetzen vorangehen und die Natur nötigen müsse, auf ihre Fragen zu antworten."[20]

Diese naturwissenschaftlich sehr erfolgreiche Vorgehensweise, die über die Anerkennung der Newtonschen Himmelsphysik zugunsten einer mathematischen Naturwissenschaft mit apodiktischem Wahrheitscharakter von KANT längst übernommen worden war, da NEWTONs Bewegungsgesetze der Himmelskörper dem, „was Kopernikus anfänglich nur als Hypothese annahm, ausgemachte Gewißheit" (KrV B XXIII) verschafft haben, wird exemplarisch auch für das Verfahren der Metaphysik empfohlen:

> „Ich sollte meinen, die Beispiele der Mathematik und Naturwissenschaft, die durch eine auf einmal zu Stande gebrachte Revolution das geworden sind, was sie jetzt sind, wäre merkwürdig genug, um dem wesentlichen Stücke der Umänderung der Denkart […] nachzusinnen, und ihnen, so viel ihre Analogie, als Vernunfterkenntnisse, mit der Metaphysik verstattet, hierin wenigstens zum Versuche nachzuahmen. Bisher nahm man an, alle unsere Erkenntnis müsse sich nach den Gegenständen richten; aber alle Versuche, über sie a priori etwas durch Begriffe auszumachen, wodurch unsere Erkenntnis erweitert würde, gingen unter dieser Voraussetzung zu nichte."

Und so lautet KANTs Vorschlag:

> „Man versuche es daher einmal, ob wir nicht in den Aufgaben der Metaphysik damit besser fortkommen, daß wir annehmen, die Gegenstände müssen sich nach unserem Erkenntnis richten."[21]

Damit ist der methodische Programmansatz für die erfahrungstheoretische *Transzendentalhypothese* seinen Grundzügen nach gelegt. Für den zu rekonstruierenden Hypothesencharakter der Kantischen Erfahrungstheorie sprechen drei von WOLFGANG RÖD aus KANTs methodologisch unpräzise formulierten und zum Teil auch entwicklungsgeschichtlich überlagerten Prämissen abgeleitete Grundannahmen: (1) Die Transzen-

---

[20] KrV B XIII.
[21] KrV B XVf.

dentalphilosophie beruht auf der Annahme, eine philosophische Erfahrungstheorie sei eine in Analogie zu naturwissenschaftlichen Theorien konzipierte Grundtheorie, die bei ihrer Durchführung auf die analytische Methode zurückgreift. (2) Die Formulierung einer philosophischen Erfahrungstheorie geht von problematischen Annahmen, von Hypothesen, aus. (3) Die Aufgabe einer kritischen Philosophie wird in der Erörterung von Alternativtheorien gesehen, da sie selbst über kritische Auseinandersetzung mit konkurrierenden Standpunkten gewonnen wird. Dagegen spricht die dem aristotelisch-newtonschen Wissenschaftsideal verpflichtete Grundthese von der unbedingten Richtigkeit einer bestimmten Erfahrungstheorie, die nach gegenwärtig anerkannten wissenschaftstheoretischen Maßstäben nicht korrekt abgeleitet ist.[22]

KANT hat für seine Transzendentalphilosophie das experimentelle Hypothesenmodell der Naturwissenschaft nicht nur versuchsweise, oder wie er selbst sagt, „wenigstens zum Versuche" in Anspruch nehmen wollen, sondern er hat es *de facto* verwendet:

> „In jenem Versuche, das bisherige Verfahren der Metaphysik umzuändern, und dadurch, daß wir nach dem Beispiele der Geometer und Naturforscher eine gänzliche Revolution mit derselben vornehmen, besteht nun das Geschäfte dieser Kritik der reinen spekulativen Vernunft."[23]

KANT hat erkannt, dass der Mensch als in seinen Möglichkeiten begrenztes Erkenntnis- und Handlungswesen mit Hypothesen an die Natur herangehen und sie daraufhin methodisch befragen muss. Da seine transzendentalphilosophische Erfahrungstheorie aber von einem bestimmten wissenschaftshistorischen Denkparadigma, der Newtonschen Himmelsmechanik, abhängig war, ja abhängig sein musste, um ihren Wissenschaftsanspruch zeitgemäß denn überhaupt legitimieren zu können, erweist sie sich unter gegenwärtigen Bedingungen als überholt. Als Metaphysiker und Newtonianer hat KANT in der Philosophie vergleichsweise das zu leisten versucht, was NEWTON in der Physik geleistet hat: ihren Ausbau zu einer apodiktischen Wissenschaft mit Langzeitwirkung.

4. „Hypothesen bleiben immer Hypothesen"

KANTs erfahrungstheoretische Grundlegung der Metaphysik stellt eine raffinierte *Vernunfthypothese* dar, die aufgrund ihrer hochtheoretischen Begründungsstrategie innerhalb der Philosophiegeschichte einzigartig dasteht und vielleicht nur mit NEWTONs *Gravitationshypothese* vergleichbar ist. In Anlehnung an die Himmelsmechanik, ja von ihrem axiomatischen Universalanspruch verführt, konnte KANT *in salvo* davon ausgehen, es gäbe eine einzige, geradezu zeitlos allgemeingültige Wissenschaftsmetaphysik, die in seiner Transzendentalphilosophie als *logica intellectus puri* letztgültig fundiert sei. Dieser Aprioriglaube, gestützt auf seine Newtonsche Ausgangsbasis, hat ihn dazu verleitet, seine transzendentale Erfahrungstheorie als einzig denknotwendige Möglichkeit gelten zu lassen:

---

[22] RÖD (1977), S. 81.
[23] KrV XXII.

„Also enthält die Kritik, und auch sie ganz allein, den ganzen wohlgeprüften und bewährten Plan, ja sogar alle Mittel der Vollziehung in sich, wonach Metaphysik als Wissenschaft zu Stande gebracht werden kann; durch andere Wege und Mittel ist sie unmöglich."[24]

Und so formuliert auch KANT seine hypothesenfeindliche *reservatio mentalis* „Hypothesen bleiben immer Hypothesen", und zwar als „Voraussetzungen, zu deren völliger Gewißheit wir nie gelangen können" (JL A 132), die zu einer genauso sinnlosen Parole, Metaphysik sei „alles oder nichts", umgemünzt wird (FdM A 8; A 171). Stellt man sich dennoch die Frage nach dieser Hypothesenablehnung, so führt sie unweigerlich zu NEWTON. Diese Beziehung trat zunächst offen zu Tage. Später musste sie reduziert werden, um den vernunftmetaphysischen Originalitätsnimbus der Transzendentalphilosophie gegenüber der Experimentalphysik wahren zu können. Wie NEWTON glaubte auch KANT irrtümlich an eine endgültige Verifizierung wissenschaftlicher Theorien. Daraus hat er die Möglichkeit einer hypothesenfreien Wissenschaft als Letztbegründung von universellen Vernunftgesetzen induziert:

„In der Metaphysik gibt's keine Hypothesen, weil erstlich die Möglichkeit eines obersten Grundes der Vernunft ganz ohne Regel würde angenommen sein, und weil die Metaphysik eben der Vernunft in ihrem reinen Gebrauch Schranken setzen will."[25]

Wie ein Orakelspruch lautet nach insgesamt 300 Jahren seit dem Erscheinen der *Principia* STEPHEN W. HAWKINGs (seit 1979 NEWTONs Nachfolger auf dem „Lukasischen Lehrstuhl" in Cambridge) Hypothesenverdikt, dass jede physikalische Theorie insofern provisorisch sei, „als sie nur eine Hypothese darstellt: Man kann sie nie beweisen."[26] Sofern eine einzige Beobachtung ihr zuwiderläuft, ist sie widerlegt. Dies bedeutet aber nicht ihre absolute Preisgabe, sondern heißt *in praxi*, dass die alte Theorie in einer neuen, den signifikanten Sachverhalt adäquater erklärenden Nachfolgetheorie aufgeht.

NEWTONs Gravitationstheorie ist ihrem physikalischen Universalanspruch nach nur bis zum Auftreten der Einsteinschen Relativitätstheorie legitimierbar. Dabei stellt sich nicht so sehr die Frage, ob seine Himmelsmechanik insgesamt wahr oder falsch sei, sondern die wissenschaftstheoretische Konsequenz, dass sie nicht die einzige Theorie ist, die bestimmte Naturabläufe allgemein erklären und voraussagen kann.[27] Als Physik des menschlichen Alltags erweist sie sich als durch die Sinne intuitiv erfassbar und stellt auch heute noch eine recht gute Approximation der Wirklichkeit dar. Mit der Relativitätstheorie wurde sie dennoch zum ersten Mal wieder problematisch und ist nicht mehr absolut gültig. Eine weitere Konsequenz der Einsteinschen Revolution für die moderne Physik und Philosophie ist die Auffassung, dass sowohl einzelne Begriffe als auch ganze Begriffssysteme ihre theoretische Berechtigung nur insofern aufrechterhalten, als sie „zum Überschauen von Erlebniskomplexen dienen; eine andere

---

24   Prol A 189.
25   KANT (1992), 47 [361].
26   HAWKING (1988), S. 24.
27   POPPER (1994), S. 279.

Legitimation gibt es für sie nicht."[28] Als freie Verstandesschöpfungen sind sie ebensowenig unabhängig von der menschlichen Denk- und Erlebnisart, „wie etwa die Kleider von der Gestalt der menschlichen Leiber."[29]

Wendet man EINSTEINs Resultate bezüglich des ausnahmslos problematischen Hypothesencharakters aller Theorien auch auf KANTs Philosophie an, der seine Wissenschaftsmetaphysik noch streng nach Newtonschen Grundsätzen abgehandelt wissen wollte, so ändert sich die Einschätzung seiner Problemlösung grundlegend. Seine Transzendentaltheorie zeigt offene Flanken, über die sie angreifbar wird. Denn da der Königsberger Philosoph seine Aufgabe darin sah, die alleinige Denknotwendigkeit der Newtonschen Grundtheorie philosophisch zu legitimieren, musste er annehmen, diese Theorie sei unvermeidlich und sie folge mit logischer Notwendigkeit aus den allgemeinen Verstandesgesetzen selbst.

Gibt man die mit KANTs Transzendentaltheorie verbundene apodiktische Begründungsstrategie aristotelisch-newtonscher Prägung preis, um sie einer Problematisierung zu unterziehen, so erhält man die *postmetaphysische Alternative*, seine Erfahrungstheorie als Erklärungsversuch der Erkenntnismöglichkeit durch hypothetischen Rekurs auf die Beschaffenheit menschlicher Erkenntnisvermögen aufzufassen.[30] In diesem Fall gewinnt man eine philosophische Theorie nicht mehr mit apodiktischem, sondern mit problematischem Hypothesencharakter in Bezug auf eine bestimmte Erklärungsmöglichkeit der Erfahrungserkenntnis, die ihrerseits durch bestimmte Gesetzmäßigkeiten, Denkstrukturen und Funktionsweisen geprägt ist. Mit dieser Auffassung wird der Weg zu einer *hypothetistischen* Deutung der Transzendentaltheorie KANTs frei, so dass die Frage nach den Bedingungen der Erfahrungsmöglichkeit nicht mehr durch apodiktische Letztbegründung im Sinne ihrer unbedingten Allgemeingültigkeit und Denknotwendigkeit zu beantworten ist, sondern durch hypothetische Problemerklärung, die dann allerdings „ebensowenig sakrosankt sein kann, wie das sonst bei Erklärungen der Fall ist."[31]

Wenn NEWTONs Gravitationstheorie eine Hypothese darstellt, so gilt dies für KANTs Vernunfttheorie allemal. Und dies um so mehr, als er selbst schlagende Argumente für diese Interpretationsvariante liefert. Die *Vorrede* zur zweiten Auflage der *Vernunftkritik* weist einen parataktischen Argumentationsgang auf. Parallel zum Haupttext verläuft eine kleingedruckte Fußnotenerklärung, die rekonstruktiv gesehen in vielem prägnanter als der Haupttext selbst ist. Das Programm der Transzendentaltheorie, das wir als *Kopernikanische Hypothese* ausweisen können, bestand darin, das bisherige Verfahren der Metaphysik durch philosophieexterne, naturwissenschaftliche und geometrische Vorleistungen in einer Revolution der erfahrungstheoretischen Denkart umzukehren:

(1) Die Argumentationsfolge setzt in der ersten *Fußnote* mit der Erklärung an, dass die Methode der Transzendentalphilosophie eine „dem Naturforscher nachgeahmte Methode" sei, die darin bestehe, „die Elemente der reinen Vernunft in dem zu suchen, was sich durch ein Experiment bestätigen oder widerlegen läßt."

---

[28] EINSTEIN (1969), S. 6.
[29] Ebd.
[30] Vgl. LORENZ (2001); ferner ALBERT (1978), S. 14; RÖD (1986), S. 36 ff.
[31] ALBERT (1978), S. 16.

(2) Das Vernunftexperiment wird in der zweiten *Fußnote* mit dem analytischen Reduktionsverfahren der Chemiker verglichen, wo das, „was wir anfangs nur zum Versuche annahmen, gegründet sei."

(3) In der dritten *Fußnote* schließlich wird die eigene Theorie als Hypothese designiert: „Ich stelle in dieser Vorrede die in der Kritik vorgetragene, jener Hypothese analogische, Umänderung der Denkart auch nur als Hypothese auf."

(4) Da diese Hypothesen aber aus der allgemeinen Beschaffenheit menschlicher Raumzeitvorstellungen und den Verstandesbegriffen selbst abgeleitet sind, d.h. „wahre" Anschauungs- und Denkformen sind, können sie nicht hypothetisch sein: „Ob sie [die Hypothese der Umänderung der Denkart] gleich in der Abhandlung selbst aus der Beschaffenheit unserer Vorstellungen vom Raum und Zeit und den Elementarbegriffen des Verstandes, nicht hypothetisch, sondern apodiktisch bewiesen wird, um nur die ersten Versuche einer solchen Umänderung, welche allemal hypothetisch sind, bemerklich zu machen."

(5) Zur Absegnung der eigenen Vorgehensweise wird doch einmal NEWTONs Physik zitiert: „So verschafften die Zentralgesetze der Bewegungen der Himmelskörper dem, was Kopernikus anfänglich nur als Hypothese annahm, ausgemachte Gewißheit, und bewiesen zugleich die unsichtbare den Weltbau verbindende Kraft (der Newtonschen Anziehung), welche auf immer unentdeckt geblieben wäre, wenn der erstere es nicht gewagt hätte, auf eine widersinnige, aber doch wahre Art, die beobachteten Bewegungen" anzunehmen. (KrV B XIX-XXIII)

(6) Und schließlich der *„Hypotheses non fingo"*-Grundsatz: „Was nun die Gewißheit betrifft, so habe ich mir selbst das Urteil gesprochen: daß es in dieser Art von Betrachtungen auf keine Weise erlaubt sei, zu meinen, und daß alles, was darin einer Hypothese nur ähnlich sieht, verbotene Ware sei, die, so bald sie entdeckt wird, beschlagen werden muß." (KrV A XV)

5. Schlussbetrachtungen

KANT verfügte über einen wohl definierten Hypothesenbegriff. Daraus hat er bestimmte Konsequenzen für seine Philosophie gezogen. „Die von aller Erfahrung abgesonderte Vernunft" könne „alles nur a priori und als notwendig oder gar nicht erkennen; daher ist ihr Urteil niemals Meinung, sondern entweder Enthaltung von allem Urteile, oder apodiktische Gewißheit" (KrV B 803). Dieses *allgemeine* Hypothesenverständnis ist bei KANT von dem transzendentalen Hypothesenbildungsverfahren der *Transzendentalen Methodenlehre* strikt zu unterscheiden. Die Vernunft als ideenbildendes Vermögen weist im Gesamtsystem der Transzendentalphilosophie eine erfahrungsregulierende Funktion über den gegenstandskonstituierenden Verstandesgebrauch auf. Daraus resultiert eine heuristische Reziprozität zwischen Verstand und Vernunft, die das sonst rigide Satzsystem etwas dynamisiert. Sollen transzendentale Vernunfthypothesen dennoch keine leeren Hirngespinste sein, so müssen sie sich auf gesicherte Voraussetzungen als kategoriale Bedingungen der Erfahrungsmöglichkeit stützen. Die Gewissheit der Möglichkeitsbedingungen wird stets über die Verstandeskategorien erklärt und als apodiktisch vorausgesetzt. [32]

---

[32] Vgl. KrV B 797-809.

Hypothesen waren insofern aus formalen Gründen von apodiktischen Sätzen abzugrenzen. Ihr erkenntnistheoretisches Wesensmerkmal nämlich war *Wahrscheinlichkeit*, die als ein unhintergehbares Hindernis auf dem Weg zur apodiktischen Erkenntnisgewissheit preiszugeben war:

> „Dieses ist nun insbesondere auch der Fall mit den *Hypothesen*, durch die wir nie zu einer apodiktischen Gewißheit, sondern immer nur zu einem bald größern bald geringern Grade der Wahrscheinlichkeit in unserm Erkenntnisse gelangen können."[33]

Hypothetisches Wissen gründet stets darauf, dass der Grund, aus dem etwas als Folge abgeleitet bzw. erklärt werden soll, nur hinreichend sei. Denn es wird hier von der Wahrheit der Folge auf die Wahrheit des Grundes geschlossen. Diese Schlussart kann lediglich ein hinreichendes Wahrheitskriterium darstellen, welches ausschließlich zu einer approximativen Gewissheit führt; es ist unmöglich, *alle* Folgen eines gesetzten Grundes aus ihr notwendig abzuleiten.

KANT war der festen Überzeugung, seine Transzendentalphilosophie aus reiner Vernunft als „wahrem" Grundprinzip jeglicher Rationalität vollständig abgeleitet zu haben. Und so konnte er verkünden: „Alles was a priori erkannt werden soll, wird eben dadurch vor apodiktisch gewiß ausgegeben, und muß auch so bewiesen werden." Anderenfalls könnte man „eben so gut eine Geometrie, oder Arithmetik auf Mutmaßungen gründen" (Prol A 196; A 192). Dennoch forderte KANT von seiner Wissenschaftsmetaphysik Unmögliches. Durch NEWTON in seinem Glauben an eine irreversible Erkenntnismöglichkeit bestärkt, hat er als sein letztes Wort erklärt, dass Metaphysik

> „[…] keiner Vermehrung durch neue Entdeckungen fähig" sei, „weil die Vernunft hier die Quellen ihrer Erkenntnisse nicht in den Gegenständen und ihrer Anschauung (durch die sie nicht ferner eines Mehreren belehrt werden kann), sondern in sich selbst hat, und, wenn sie die Grundgesetze ihres Vermögens vollständig und gegen alle Mißdeutung bestimmt dargestellt hat, nichts übrig bleibt, was reine Vernunft a priori erkennen, ja auch nur, was sie mit Grunde fragen könnte." (Prol A 190f.)

Trotz all dieser Beweisführung, die Lösung, die Vernunftmetaphysik mit einem apodiktischen Notwendigkeitscharakter abzusegnen, gleicht einer Beschwörungsformel: „Metaphysik muß Wissenschaft sein, nicht allein im Ganzen, sondern auch allen ihren Teilen, sonst ist sie gar nichts" (Prol A 200). Alles nämlich, was die „reine Vernunft" assertorisch mitteilt, war für KANT streng notwendig: Es war alles oder nichts.

Für NEWTON war die assertorische Tatsache die allgemeine Gravitationskraft als *causa vera et realis*, aus der alle anderen *verae causae* physikalischer Natur- und Phänomenabläufe auf der Grundlage der Bewegungsgesetze abzuleiten waren. Aus diesem Wahrheitsanspruch hat NEWTON ihre „Hypothesenlosigkeit" induziert. KANT hat die allgemeine Menschenvernunft als Assertion angenommen, und daraus die wahren Grundprinzipien allen menschlichen Denkens und Handelns deduziert. Die Ableh-

---

[33] JL A 132 f.

nung der Hypothetizität ihrer Theorien war dem Physiker wie dem Metaphysiker gemeinsam. Beide sind von einem geschlossenen Wissenschaftsparadigma ausgegangen. Beide wollten ihre Theorien in den Rang einer strengen Wissenschaft erheben und sie gegen jeden nur erdenklichen Hypothesenverdacht immunisieren.

Literatur

ALBERT, HANS (1978): Traktat über rationale Praxis, Tübingen: Mohr.

EINSTEIN, ALBERT (1969): Grundzüge der Relativitätstheorie, Berlin/Oxford/Braunschweig: Akademie-Verlag.

HAWKING, STEPHEN W. (1988): Eine kurze Geschichte der Zeit. Die Suche nach der Urkraft des Universums, Reinbek: Rowohlt.

KANT, IMMANUEL (1992): Reflexionen Kants zur kritischen Philosophie. Aus Kants handschriftlichen Aufzeichnungen herausgegeben von B. ERDMANN. Neudruck der Ausgabe Leipzig 1882/1884. Neu hrsg. und mit einer Einleitung versehen v. N. HINSKE, Stuttgart-Bad Cannstatt: Frommann-Holzboog.

KOYRÉ, ALEXANDRE (1965): Newtonian Studies, London: Harvard Univ. Press.

LORENZ, ANDREAS (2001): Gewissheit versus Hypothese. Postmetaphysische Untersuchungen zur Philosophieauffassung bei Kant, Newton und Schopenhauer, (Diss. Düsseldorf, im Druck).

NEWTON, ISAAC (1963): Mathematische Prinzipien der Naturlehre. Neudruck der Ausgabe von 1872, Darmstadt: Wissenschaftliche Buchgesellschaft.

NEWTON, ISAAC (1964): Opera quae exstant omnia. Faksimile Neudruck der Ausgabe SAMUEL HORSLEY, London 1779-1785, 5 Bände, Stuttgart-Bad Cannstadt: Frommann.
Volume III: Philosophiae naturalis principia mathematica.
Volume IV: Opticks or a Treatise of the Reflections, Refractions, Inflections and Colours of Light.

NEWTON, ISAAC (1983): Optik oder Abhandlung über Spiegelungen, Brechungen, Beugungen und Farben des Lichts. Nachdruck der Ausgabe Leipzig 1898, Braunschweig: Vieweg.

POPPER, KARL R. (1994): Vermutungen und Widerlegungen. Das Wachstum der wissenschaftlichen Erkenntnis. Band I: Vermutungen, Tübingen: Mohr.

ROSENBERGER, FERDINAND (1895): Isaac Newton und seine physikalischen Principien. Ein Hauptstück aus der Entwickelungsgeschichte der modernen Physik, Leipzig: Barth.

RÖD, WOLFGANG (1977): Transzendentalphilosophie und deskriptive Philosophie als wissenschaftliche Theorien, in: GERHART SCHMIDT und GERD WOLANDT (Hrsg.), Die Aktualität der Transzendentalphilosophie. Hans Wagner zum 60. Geburtstag, Bonn: Bouvier.

RÖD, WOLFGANG (1986): Dialektische Philosophie der Neuzeit, München: Beck.

Leon Miodoński

NORMATIVITÄT ODER DESKRIPTIVITÄT?
Schopenhauer als Kritiker der Moralphilosophie Kants

I

SCHOPENHAUER gehört zu den ersten Philosophen, welche die von der idealistischen Philosophie nach KANT evozierte Begriffsvoraussetzung radikal bestreiten. Er setzt alle bislang dargebotenen Spielarten spekulativ metaphysischer Naturbetrachtung sowie die neuplatonische Gleichsetzung von Wahrheit, Güte und Schönheit außer Kraft und deutet das Wesen, das Innerste der Welt als bloßen Willen, als blinden Lebensdrang. Sein System erwächst aus der Philosophie der romantischen Wende. In dieser Hinsicht stellt es einen weiteren romantischen Versuch dar, einen universellen Bezugspunkt zwischen Subjekt und Objekt aufzuweisen. Der Erkenntnisprozess muss als Weg zur „absoluten" Wahrheit gedeutet werden. Diese ihrem Grundwesen nach durchweg poetische Auffassung von Weisheit, die sich im Bewusstsein des Genies objektiviert, kennzeichnet eine der Grundeigenschaften der Schopenhauerschen Philosophie – ihren Elitarismus. Die Folge daraus ist eine Umwertung der traditionellen Philosophieauffassung, die für SCHOPENHAUER ein abstraktes Abbild der Welt bedeutet. Die wahre Philosophie stellt eine Philosophie dar, die über die raumzeitliche Anschauungswelt hinausweist. Sie ergründet die Innenwelt des Philosophen, der erkannt hat, dass der eigentliche Sinn des Lebens in der Abkehr vom Bösen, in der Negation des Willens durch moralische Vollkommenheit, Mitleid und Hingabe besteht.

SCHOPENHAUER übt an der nachkantianischen Philosophie scharfe Kritik, da sie seiner Auffassung nach die epochemachenden Errungenschaften des Kantischen Kritizismus zunichte gemacht habe. Wenn es jedoch um die Kritik der Moralphilosophie KANTs geht, liefert *Die Welt als Wille und Vorstellung* dafür keinen entscheidenden Anhaltspunkt. SCHOPENHAUER begründet sein philosophisches System diametral anders als etwa HEGEL. Seine Konzeption besteht in einer gänzlich veränderten Problemstellung, und zwar in der Frage nach dem moralischen Sinn der Existenz des Menschen, nach der Rolle des Menschen in der Welt, der für ihn einzigen Erkenntnissphäre. Daraus ergeben sich wiederum die Grundvoraussetzungen, auf denen SCHOPENHAUERs Philosophie fußt: Die Welt ist von Natur aus böse und dieses immanente Böse erstreckt sich auf die gesamte Daseinssphäre einschließlich des Menschen. Der Mensch ist somit das einzige Daseinselement, das dank seines Verstandes die Struktur des Bösen durchschauen kann. Die Erkenntnis der Natur und des Daseins hat moralischen Charakter und führt zur individuellen Persönlichkeitswandlung und zur Mitleidsethik.[1]

---

[1] Vgl. SCHOPENHAUER (1994), Bd. 3, S. 627. „Indessen steht die moralische Trefflichkeit höher denn alle theoretische Weisheit, als welche immer nur Stückwerk ist und auf dem langsamen Wege der Schlüsse zu dem Ziele gelangt, welche jene mit einem Schlage erreicht; und der moralisch Edle, wenn ihm auch noch so sehr die intellektuelle Trefflichkeit abgeht, legt durch sein Handeln die tiefste Erkenntniß, die höchste Weisheit an den Tag, und beschämt den Genialsten und Gelehrten,

SCHOPENHAUER wendet das Grundprinzip des deutschen Idealismus, das die vernünftige Struktur des Daseins als Manifestation und Selbstverwirklichung des Göttlichen in Mensch und Natur betrachtet, ins Negative: Was die ewige Selbst-produktivität der Natur aufrechterhält, ist eine bewusstlose Kraft. Der Sinn des Weltprozesses ist nicht, wie etwa bei SCHELLING, die Selbstbewusstwerdung des Geistes, sondern die Verwirklichung des Willens, eines blinden Triebs, der in Anlehnung an KANTs Theorem als „Ding an sich" fungiert. Mit seiner Ontologi-sierung der moralphilosophischen Kategorie des Willens hebt SCHOPENHAUER die gesamte Struktur aller metaphysisch-idealistischen Philosophie des Absoluten, des Geistes und der Seele aus den Angeln.[2]

SCHOPENHAUERs System erwächst aus der Philosophie der romantischen Wende. Es stellt einen der zahlreichen romantischen Versuche dar, eine universelle Erklärung der Beziehung zwischen Subjekt und Objekt zu geben und den Erkennt-nisprozess als Weg zur „absoluten" Wahrheit zu deuten. Die „wahre" Philosophie geht über die Raum-Zeit-Dimension hinaus, bedient sich des Innenlebens und der Sprache des Genies und kommt zu ihren Einsichten weniger auf diskursivem als auf intuitivem Wege. Am Anfang steht die immanente Erkenntnis des Wesens des Menschen und der Welt als Ausdruck eines naturblinden, bewusstlosen Willens, der alle Formen seiner Objektivation bestimmt und ihnen eine durch und durch unver-nünftige und ungesteuerte Eigendynamik aufzwingt. Wer sich dem Willen beugt und die Welt des Willens bejaht, fällt ihm anheim. Allein das Genie ist sich der Notwendigkeit der moralischen Vollkommenheit als Antidot gegen die Sinnlosigkeit des Daseins in einer Welt des Bösen bewusst.

Diese „geniale Idee" – wie SCHOPENHAUER sie selbst nennt – war, obgleich sie ja in den intellektuellen Grundvoraussetzungen der damaligen Zeit wurzelte, gänzlich neu. Es ist also grundsätzlich zu klären, inwieweit die neue Morallehre vom Mitleid die Begriffs- und Vorstellungswelt dieser Epoche modifizierte und inwieweit sie sich in die philosophische Diskussion des deutschen Idealismus eingeschrieben hat. Meine These lautet: Die Schopenhauersche Idee des Mitleids ist das Produkt einer Art von innerer Dialektik, einer Suche nach einer ganz neuen Perspektive im Welt- und Menschverstehen. Und dieser dialektische Prozess, als Kritik der absolutistischen Systeme, ist nicht nur in *Die Welt als Wille und Vorstellung,* sondern bereits in den frühen Schriften bzw. im *Handschriftlichen Nachlass* angelegt. Hier finden sich bereits eine ganze Reihe von Begriffen und Aussagen, die die neuen Richtlinien vorgeben und das Fun-dament der Moral in der indischen Formel des *tat tvam asi* (dies bist du) bestimmen.[3]

---

wenn dieser durch sein Thun verräth, daß jene große Wahrheit ihm doch im Herzen fremd geblie-ben ist".

[2] Ebd., Bd. 5, S. 82 ff.

[3] Vgl. SCHOPENHAUER (1966): „Daß wir als Wollende zugleich Erkennende sind ist die wahre Ver-heißung der Erlösung. Daß aber diese Verheißung da ist und daß sie nöthig ist, daß wir als Wollende doch zugleich Erkennende und das Erkennende doch zugleich Wollende sind, ist eben das große Mysterium der Identität des Subjekts des Wollens mit dem des Erkennens: diese Identität ist eben die Vereinigung von Himmel und Hölle in uns […]." (S. 167-168). „Die Wendung, Aufhebung des Willens ist also identisch mit der Aufhebung der Welt. Was übrig bleibt nennen wir Nichts […], […] eine unerschütterliche Ruhe und innige Heiterkeit, einen Zustand zu dem wir nicht ohne Sehnsucht blicken können und den wir als unendlich vorzüglich als das allein Rechte, dem gegenüber die Nich-tigkeit alles andern klar wird, anerkennen müssen […] wie die Indier, die an seine Stelle bedeutungs-leere Worte setzen, die Brahmanen, Resorbtion in den Urgeist, und die Buddhaisten Nieban." (S. 411-412). Vgl. auch SCHOPENHAUER (1819): „Liebe des Nächsten mit völliger Verleugnung aller

Bei der genaueren Untersuchung von SCHOPENHAUERs seit 1813 erschienenen Werken wird aber noch mehr deutlich: seine Philosophie ist in ihrem Ausmaß transeuropäisch.[4] Es müsste sich also zeigen lassen,

> „[…] daß Schopenhauer speziell nichteuropäisches Gedankengut in seine Philosophie, hier an einem Beispiel seiner Ethik vorzuführen, so übernommen und verarbeitet hat (im Sinne von *adoption und adaptation),* daß daraus ein neues Gedankengebäude entstehen konnte. Sein ‚System', wäre dann letztendlich aus einer neuartigen Kombination europäischen und nichteuropäischen Gedankenguts entstanden.“[5]

Die Gedankenkonstruktion der *Welt als Wille und Vorstellung* ist dunkel, wenn nicht gar unlogisch, solange man sie ausschließlich im Kontext der europäischen Philosophietradition verstehen will. Die grundlegenden Termini des vierten Buchs – „Bejahung des Willens zum Leben", „Verneinung des Willens zum Leben", „Erlösung", „Nichts" – bereiten hier besondere Schwierigkeiten. Aus der traditionellen Perspektive heraus bedeuten sie das Nichts, die Negation der Realität, den Kontemplationismus und schließlich den Nihilismus. Aus der Perspektive SCHOPENHAUERs aber sind sie die entscheidenden Antworten auf die Frage nach dem Sinn menschlicher Existenz, nach dem Wert moralischen Handelns, nach dem Wesen der objektiven Realität selbst.[6]

Die ersten Übersetzungen aus dem Sanskrit gegen Ende des 18. Jahrhunderts gaben für SCHOPENHAUER den Ausschlag, die Begriffsbestimmungen der europäischen Philosophie radikal umzuwerten. Im Bewusstsein der Krise der europäischen Philosophie wendet er sich dem östlichen Gedankengut zu. Er erkennt die Inhaltslosigkeit des aufklärerischen Materialismus, ist Augenzeuge, wie die Romantik ihre Rolle als Antriebskraft der deutschen Philosophie einbüßt, und übt scharfe Kritik an der nachkantischen Philosophie, da sie seiner Meinung nach gerade die Errungenschaften des Kantischen Kritizismus zunichte gemacht hat.

Selbstliebe; Wohlthätigkeit bis zum Weggeben des täglich sauer Erworbenen, grenzlose Geduld gegen alle Beleidiger; Vergeltung alles Bösen, so arg es auch seyn mag, mit Gutem und Liebe; freiwillige und freudige Erduldung jeden Schmach; Enthaltung aller thirischen Nahrung; völlige Käuscheit und Entsagung aller Wollust für den, welcher eigentlich Heiligkeit austreibt; Wegwerfung alles Eigenthums; Verlassung jedes Wohnorts, aller Angehörigen, tiefe, gänzliche Einsamkeit, zugebracht in stillschweigende Betrachtung mit freiwilliger Buße und schrecklicher langsamer Selbstpeinigung zur gänzlichen Mortifikation des Willens, welche zuletzt bis zum freiwilligen Tode geht durch Hunger, auch durch Entgegengehn den Krokodilen, auch durch Hinwerfen unter die Räder des unter Gesang, Jubel und Tanz der Bajaderen die Götterbilder umherfahrenden ungeheuren Wagens." (S. 557-558).

4 Vgl. SCHOPENHAUER (1966).
5 MAY (2001), S. 85.
6 Vgl. SCHOPENHAUER (1994), Bd. 1: „Durch Betrachtung des Lebens und Wandels der Heiligen, welchen in der eigenen Erfahrung zu begegnen freilich selten vergönnt ist, aber welche ihre aufgezeichnete Geschichte und, mit dem Stämpel innerer Wahrheit verbürgt, die Kunst uns vor die Augen bringt, haben wir den festern Eindruck jenes Nichts, das als das letzte Ziel hinter aller Tugend und Heiligkeit schwebt, und das wir, wie die Kinder das Finstere, fürchten, zu verscheuchen […]. Wir bekennen es vielmehr frei: was nach gänzlicher Aufhebung des Willens übrig bleibt, ist für alle Die, welche noch des Willens voll sind, allerdings Nichts. Aber auch umgekehrt ist Denen, in welchen der Wille sich gewandt und verneint hat, diese unsere so sehr reale Welt mit allen ihren Sonnen und Milchstraßen - Nichts". (S. 621)

II

SCHOPENHAUERs intensive Auseinandersetzung mit dem Deutschen Idealismus bedeutet für ihn die Besinnung auf den Geist der kritischen Philosophie KANTs. SCHOPENHAUER sieht sich als Schüler KANTs und meint, die Kopernikanische Wende der kritischen Philosophie vollendet zu haben:

> „Man fängt allgemein an, inne zu werden, daß die wirkliche und ernstliche Philosophie noch da steht, wo Kant sie gelassen hat. Jedenfalls erkenne ich nicht an, daß zwischen ihm und mir irgend etwas in derselben geschehen sei; daher ich unmittelbar an ihn anknüpfe."[7]

Seine KANT-Deutung fand ihre Zusammenfassung im Anhang der *Kritik der Kantischen Philosophie* zu seinem Hauptwerk und der zweiten *Preisschrift über die Grundlage der Moral*.

Die vier „größten" Verdienste KANTs fasst SCHOPENHAUER wie folgt zusammen: (1) Die Unterscheidung der Erscheinung vom Ding an sich, und zwar auf Grund des Nachweises, „daß zwischen den Dingen und uns immer noch der Intellekt steht." (2) Der Nachweis, „daß die Gesetze, welche im Daseyn, d.h. in der Erfahrung überhaupt, mit unverbrüchlicher Nothwendigkeit herrschen, nicht anzuwenden sind, um das Daseyn abzuleiten und zu erklären, daß also die Gültigkeit derselben doch nur eine relative ist, d.h. erst anhebt, nachdem das Daseyn, die Erfahrungswelt überhaupt, schon gesetzt und vorhanden ist." (3) Der „völlige Umsturz der Scholastischen Philosophie." (4) Die Trennung „der unleugbaren großen ethischen Bedeutsamkeit der Handlungen ganz ab von der Erscheinung und deren Gesetzen", und dass „jene als unmittelbar das Ding an sich [zeigen], das innerste Wesen der Welt betreffend, wogegen diese, d.h. Zeit und Raum, und Alles, was sie erfüllt und in ihnen nach Kausalgesetz sich ordnet, als bestand- und wesenloser Traum anzusehen sind."[8]

Die letzte These hat SCHOPENHAUER einer kritischen Analyse unterzogen. In der bereits erwähnten *Kritik der Kantischen Philosophie* verwirft SCHOPENHAUER KANTs vernunftkritische Moralbegründung mit Hilfe des kategorischen Imperativs aus der *Kritik der praktischen Vernunft*:

> „Die Geburt [dieses Kindes der praktischen Vernunft] ist gewaltsam und gelingt nur mittelst der Geburtszange eines DAHER, welches keck und kühn, ja man möchte sagen unverschämt, sich zwischen zwei einander wildfremde und keinen Zusammenhang habende Sätze stellt, um sie als Grund und Folge zu verbinden".[9]

Mit Zustimmung zitiert SCHOPENHAUER dagegen aus der *Kritik der reinen Vernunft*: „Diese Ueberlegungen von dem, was in Hinsicht unsers ganzen Zustandes begehrungswerth, d.i. gut und nützlich, ist, beruhen auf der Vernunft." Die Schlussfolgerung aus dieser Überlegung ist aber für ihn kaum zu akzeptieren:

> „»Diese gibt DAHER! auch Gesetze, welche Imperativen, d.i. objektive Gesetze der Freiheit sind und sagen was geschehen soll, ob es gleich vielleicht nie geschieht«!

---

7   Ebd., Bd. 1, S. 533.
8   Ebd., Bd. 1, S. 534 ff.
9   Ebd., Bd. 1, S. 662.

So, ohne weitere Beglaubigung, springt der kategorische Imperativ in die Welt, um daselbst das Regiment zu führen mit seinem unbedingten SOLL, – einem Scepter aus hölzernem Eisen."[10]

SCHOPENHAUERs Auffassung nach sind im Begriff des *Sollen* grundsätzlich die Androhung von Strafe bzw. das Versprechen einer Belohnung als dessen notwendige Bedingungen mitzudenken. Und diese sind vom *Sollen* nicht zu trennen, ohne den Begriff selbst aufzuheben und ihm alle Bedeutung zu nehmen. Daher, so SCHOPENHAUER, „ist ein UNBEDINGTES SOLL eine *contradictio in adjecto.*"[11]

KANTs Pflichtbegriff ist für SCHOPENHAUER deshalb inakzeptabel, weil – den Grundprinzipien seiner eigenen Philosophie zufolge – die empirische Welt und das Wollen streng kausal determiniert sind. Im Gegensatz zu KANT stellt SCHOPENHAUER keine ethischen Gebote auf. Das „moralische" Verdienst soll immer über reine Pflichterfüllung hinausgehen. Doch mit der Kritik am kategorischen Imperativ bestreitet SCHOPENHAUER nicht die großen Verdienste KANTs auf dem Gebiet der Moralphilosophie. KANT habe nämlich

„[…] die Ethik von allen Prinzipien der Erfahrungswelt und von aller direkten oder indirekten Glücksäligkeitslehre frei gemacht und ganz eigentlich gezeigt […], dass das Reich der Tugend nicht von dieser Welt sei."[12]

SCHOPENHAUER begründet keine *präskriptive*, sondern eine *deskriptive Ethik*. Das heißt: Empirisch gewonnene Aussagen stellen lediglich Tatsachen fest, es sind rein deskriptive Sätze. Wenn aus der deskriptiven Ethik aber keine Soll-Zustände abgeleitet werden können, stellt sich die Frage, wie ein derartiges Verfahren zu legitimieren ist. Insbesondere ist zu bezweifeln, ob auf diese Weise eine Höherwertigkeit der Handlungen von „echtem moralischen Wert" gegenüber anderen Handlungen erwiesen werden kann. Auf der Grundlage jener auf HUME zurückgehenden Unterscheidung zwischen deskriptiven und präskriptiven Formen von Ethik, lehnt SCHOPENHAUER den kategorischen Imperativ KANTs als imperative, d.h. präskriptive Form insgesamt ab. Dies betrifft sowohl den Begriff des Sollens im Allgemeinen als auch den eines absoluten Sollens. Was aber den letzteren betrifft, so gründet er in KANTs Apriorismus, der darauf hinausläuft, dass moralische Gebote notwendig, das heißt unbedingt zu gelten haben.[13] Für SCHOPENHAUER steht fest:

„Jedes Soll hat allen Sinn und Bedeutung schlechterdings nur in Beziehung auf angedrohte Strafe, oder verheißene Belohnung. […] Jedes Sollen ist also notwendig durch Strafe, oder Belohnung bedingt."[14]

Nun wird man dem schwerlich zustimmen können. Es ist nämlich sehr wohl denkbar, dass eine Handlung geboten ist, weil sie moralisch gut ist, und nicht, weil sie Lohn oder Strafe verheißt. Mehr noch: Angesichts der Tatsache, dass SCHOPENHAUER

---

[10] Ebd., Bd. 1, S. 662.
[11] Ebd.
[12] Ebd., Bd. 1, S. 662.
[13] Ebd., Bd. 3, S. 476 ff.
[14] Ebd., Bd. 1, S. 479.

selbst an der „moralischen Reinigkeit" der Ethik gelegen ist, kann vermutet werden, dass es ihm weniger um einen logischen Widerspruch als vielmehr darum geht, dass ein absolutes Sollen – wie es etwa im kategorischen Imperativ zum Ausdruck kommt – der praktischen Wirksamkeit ermangelt.[15] Deshalb geht SCHOPENHAUER von einer Kritik der präskriptiven Ethik aus und erklärt sie zu einer Form der theologischen Moral, die auf der Vorstellung eines gesetzgebenden Gottes beruhe. Den gleichen Vorwurf richtet er gegen KANTs Ethikotheologie:

> „Nachdem nun aber Kant diese *imperative Form* der Ethik, stillschweigend und un-
> besehens, von der theologischen Moral entlehnt hatte, deren Voraussetzungen,
> also die Theologie, derselben eigentlich zum Grunde liegen und in der That als
> Das, wodurch allein sie Bedeutung und Sinn hat, unzertrennlich von ihr, ja, *impli-
> cite* darin enthalten sind; da hatte er nachher leichtes Spiel, am Ende seiner Dar-
> stellung, aus seiner Moral wieder eine Theologie zu entwickeln, die bekannte Mo-
> raltheologie."[16]

SCHOPENHAUER begründet seine Kritik in zwei Schriften, die er im Jahre 1841 zusammen unter dem Gesamttitel *Die beiden Grundprobleme der Ethik* veröffentlichte. Die *Preisschrift über die Freiheit des Willens* beantwortet die Frage: „Läßt die Freiheit des menschlichen Willens sich dem Selbstbewußtsein beweisen?"[17] Die *Preisschrift über die Grundlage der Moral* dagegen antwortet auf die Frage: „Ist die Quelle und Grundlage der Moral zu suchen in einer unmittelbar im Bewußtseyn (oder Gewissen) liegenden Idee der Moralität und in der Analyse der übrigen, aus dieser entspringenden, moralischen Grundbegriffe, oder aber in einem andern Erkenntnißgrunde?"[18]

In der ersten Preisschrift, in der SCHOPENHAUER auf KANTs Auflösung der dritten Antinomie in der *Kritik der reinen Vernunft* eingeht, erfährt die Lehre vom Zusammenbestehen von Freiheit und Notwendigkeit eine neue Begründung. Danach gründet die Freiheit in der Willenssphäre – in der Sphäre der Erscheinungen hingegen herrscht strikte Notwendigkeit. Moral kann nicht durch allgemeine Vorschriften wirken. Der Mensch selbst kann immer nur so handeln, wie es der unveränderlichen Beschaffenheit seines Charakters entspricht. Moral, verantwortliches Handeln, Prädikate wie „gut" oder „böse" drücken stets einen äußeren, d.h. empirischen Willensakt aus. Der „empirische Charakter" aber bezeugt den „intelligiblen Charakter". Der menschliche Charakter, d.i. die Willensseite des Menschen, ist individuell, empirisch und angeboren; als Sein des Menschen prägt er dessen gesamte Handlungsweise. Die Freiheit liegt im *esse*, nicht im *operari*, und es gilt der Satz „operari sequitur esse" (das Handeln folgt dem Sein).[19]

SCHOPENHAUER zufolge hat der Mensch in empirischer Hinsicht keinen freien Willen, in metaphysischer Hinsicht hingegen ist sein Wille – als Ding an sich – frei. Wollen und Handeln sind in all ihren Erscheinungen durchgängig determiniert, und zwar gemäß dem Satz vom Grund des Handelns, dem Gesetz der Motivation. Das empirische Gefühl der Freiheit beruht auf der Meinung: „Ich kann tun, was ich will.";

---

[15] Vgl. WELSEN (1999), S. 102 ff. und KÖHL (1997).
[16] SCHOPENHAUER (1994), Bd. 3, S. 481.
[17] Ebd., Bd. 3, S. 361.
[18] Ebd., Bd. 3, S. 462.
[19] Ebd., Bd. 2, S. 684 ff.

die Freiheit des Willens aber hängt von der Frage ab: „Kannst du auch wollen, was du willst?". Für SCHOPENHAUER ist der Mensch

> „[…] im Grunde ein wildes, entsetzliches Tier. Wir kennen es bloß im Zustande der Bändigung und Zähmung, welcher Civilisation heißt: daher erschrecken uns die gelegentlichen Ausbrüche seiner Natur. Aber wo und wann einmal Schloß und Kette der gesetzlichen Ordnung abfallen und Anarchie eintritt, da zeigt sich, was er ist."[20]

Mit dieser Erklärung kehrt SCHOPENHAUER zu seiner Metaphysik des Willens zurück.

Zur Metaphysik führt auch die *Preisschrift über die Grundlage der Moral*. Hatte die erste Preisschrift die Freiheit als ethisches Fundamentalthema zum Gegenstand, geht es jetzt um das andere Kardinalproblem der Ethik: um das Prinzip des moralischen Handelns und seine Grundlagen. Ausgangspunkt ist abermals die Ethik KANTs. KANTs Begründung der Moral durch den der Vernunft angehörenden kategorischen Imperativ, dessen antieudämonistische Intention SCHOPENHAUER schon früher in seinem Hauptwerk erkannte, verfalle, wie SCHOPENHAUER kritisch zu zeigen sucht, selbst dem die eudämonistische Ethik leitenden Egoismusprinzip.[21] Dem vernunftkritischen Moralprinzip KANTs stellt SCHOPENHAUER die Maxime entgegen: „Verletze niemand, vielmehr hilf allen, soviel du kannst."[22] Als Fundament dieses Moralprinzips setzt SCHOPENHAUER das Mitleid und die indische Formel *tat tvam asi*[23] an, die ihrerseits auf zwei Prinzipien beruht: der Gerechtigkeit und der Menschenliebe. Die Erklärung des „ethischen Urphänomens" Mitleid leitet – wie in der ersten Schrift der Charakter – zur Metaphysik über.[24] Das Mitleid, das in der Erkenntnis des einen Wesens in allen Menschen besteht und von dem aus der Egoismus als Verharren beim Individuellen, d.h. als Quelle der bösen Handlungen sichtbar wird, erweist sich als Berührungspunkt des Erscheinungshaften mit dem Metaphysischen.[25]

III

Folgendes Resümee sei abschließend erlaubt. SCHOPENHAUERs Ethik aus dem vierten Buch von *Die Welt als Wille und Vorstellung* und der *Preisschrift über die Grundlage der Moral* schließt jede Wertbestimmung menschlichen Handelns durch allgemeine Vorschriften aus. Sie stellt keine Tugendlehre wie die klassische normative Ethik dar; sie lehrt auch nicht, wie man sich etwa sittlich zu verhalten habe. Sie zeigt lediglich, wie sich die Menschen als moralisch handelnde Wesen *de facto* verhalten. Ferner zeigt sie die Gesetzmäßigkeiten ihres Handelns auf und sucht sie auf einen letzten Grund zurückzuführen. Handlungen von moralischem Wert gründen nach SCHOPENHAUER allein in Gerechtigkeit, Menschenliebe und Mitleid; Erkennen und Handeln gehören dem em-

---

[20] Ebd., Bd. 5, S. 193.
[21] Ebd., Bd. 3, S. 552-559.
[22] Ebd., Bd. 3, S. 493.
[23] Ebd., Bd. 1, S. 460; Bd. 2, S. 698 ff.
[24] Ebd., Bd. 3, S. 621 ff.
[25] Vgl. hierzu BAUM (2001).

pirischen Charakter an. Das Fundament der Moral selbst aber ist metaphysischer Natur.

Der entscheidende Punkt für SCHOPENHAUER ist dabei die Frage, auf welche Weise die Geltung moralischer Werte und Normen dargestellt wird: als die objektiv sich ergebende Vereinigung der metaphysischen Bestimmungen, letztendlich des absoluten Seins, oder als ihre in allen moralischen Subjekten sich selbst konstruierende „absolute" Weltidentität? Wohl gründete SCHOPENHAUER seine Morallehre auf die Kritik der seit der Antike entwickelten Idee einer Allgemeingültigkeit von moralischen Werten und Normen. Die Aufgabe seiner Ethik ist demnach, die moralischen Phänomene in ihren eigentlichen, wahren Hintergründen und Instinkten zu beschreiben, zu deuten und zu erklären.[26] Dennoch weist diese Einstellung eine grundlegende Beschaffenheit auf: die Bemühung um die Selbstvergewisserung des Menschen im Prozess der Rationalisierung der Welt. Die Philosophie übernimmt dabei die Rolle eines Werkzeugs zur Selbsterkenntnis des Menschen, und zwar in einem umfassenden und ganzheitlichen Sinne.

Nicht nur die Ethik selbst, sondern auch das ganze „System" SCHOPENHAUERs wartet mit einem großen inhaltlichen Reichtum auf. Viele Interpreten meinten in diesem Reichtum einen bloßen „Flickenteppich" heterogenster Elemente zu erkennen, ohne zu bedenken, dass diese philosophische Konstruktion von einem einzigen Grundgedanken getragen wird: Philosophie ist Weisheit, und diese Weisheit stellt keine rein begriffliche Erfassung der objektiven Realität dar, sondern eine Lebensart, einen Weg zur moralischen Vollkommenheit, gleichsam eine Suche nach Harmonie. Es scheint paradox, dass ein um das Jahr 1818 genau so formuliertes philosophisches Programm in den akademischen Kreisen der Zeit keinerlei Resonanz fand, obgleich es den intellektuellen Grundprämissen jener Zeit zutiefst verpflichtet war. Seine eigentliche Rezeption begann erst um die Jahrhundertmitte, zu einer Zeit, als das Paradigma der idealistischen und romantischen Denkweise bereits den positivistisch geprägten Anschauungen Platz gemachte hatte.

Der Reichtum des Schopenhauerschen „Systems" hat in der späteren Rezeption dann dazu geführt, dass sich jeder der späteren Kritiker das entnehmen konnte, was ihn interessierte. Manche legten den Akzent auf den Pessimismus, manche verabsolutierten ihn sogar und glaubten darin einen extremen Nihilismus entdeckt zu haben. Manche betonten den Buddhismus, da er bis dahin wenig bekannt war und durch die geheimnisvolle Formel *tat twam asi* anregend wirkte. Nur selten wurde gewürdigt, dass alle Bestandteile des Systems konzeptionell kohärent miteinander verbunden sind. Wie es SCHOPENHAUER formuliert hat:

„Ich halte jenen Gedanken für Dasjenige, was man unter dem Namen der Philosophie sehr lange gesucht hat, und dessen Auffindung, eben daher, von historisch Gebildeten für so unmöglich gehalten wird, wie die des Steines der Weisen [...]. Je nachdem man jenen einen mitzutheilenden Gedanken von verschiedenen Seiten betrachtet, zeigt er sich als Das, was man Metaphysik, Das, was man Ethik

---

[26] Vgl. MORGENSTERN (2002).

und Das, was man Aesthetik genannt hat; und freilich müsste er auch dieses alles seyn, wenn er wäre, wofür ich ihn, wie eingestanden, halte."[27]

Literatur

BAUM, GÜNTHER (2001): Die metaphysische Grundlage der Schopenhauerschen Ethik, in: Schopenhauer-Jahrbuch 82, S. 143-151.

KÖHL, HARALD (1997): Schopenhauers Kritik am moralischen Sollen, in: Schopenhauer-Jahrbuch 78, S. 147-159.

MAY, REINHARD (2001): Schopenhauers *global philosophy*, insbesondere in seiner Ethik. Zugleich ein neues Stück transeuropäischer Einflußforschung, in: Schopenhauer-Jahrbuch 82, S. 83-89.

MORGENSTERN, MARTIN (2002): Die metaphysische Wurzel der Moral bei Schopenhauer, in: DIETER BIRNBACHER, ANDREAS LORENZ, LEON MIODOŃSKI (Hrsg.), Schopenhauer im Kontext. Deutsch-polnisches Schopenhauer-Symposium 2000, Würzburg: Königshausen und Neumann, S.72 ff.

SCHOPENHAUER, ARTHUR (1819): Die Welt als Wille und Vorstellung, Leipzig: Brockhaus.

SCHOPENHAUER, ARTHUR (1966): Der handschriftliche Nachlaß (5 Bände), hrsg. von ARTHUR HÜBSCHER (1966-1975), Band 1: Frühe Manuskripte (1804-1818), Frankfurt a.M.: Kramer.

SCHOPENHAUER, ARTHUR (1994): Werke in fünf Bänden, nach den Ausgaben letzter Hand hrsg. von LUDGER LÜTKEHAUS, Zürich: Haffmans Verlag.
Band 1: Die Welt als Wille und Vorstellung I
Band 2: Die Welt als Wille und Vorstellung II
Band 3: Kleinere Schriften
Band 4: Parerga und Paralipomena I
Band 5: Parerga und Paralipomena I

WELSEN, PETER (1999): Schopenhauers „Kritik der praktischen Vernunft", in: Schopenhauer-Jahrbuch 80, S. 87-107.

---

[27] SCHOPENHAUER (1994), Bd. 1, S. 7.

Christian Danz

ETHISCHE NORMATIVITÄT UND GESCHICHTLICHE RELATIVITÄT
Kantische Elemente in der ethischen Geschichtsphilosophie Ernst Troeltschs

In dem für seine Englandreise konzipierten Vortrag *Ethik und Geschichtsphilosophie*,[1] die infolge seines frühen Todes 1923 nicht mehr zu Stande gekommen ist, notierte ERNST TROELTSCH als das zentrale Thema seiner gesamten Arbeit „das Verhältnis zwischen der endlosen Bewegtheit des geschichtlichen Lebensstromes und dem Bedürfnis des menschlichen Geistes, ihn durch feste Normen zu begrenzen und zu gestalten".[2] Diese Frage, so TROELTSCH weiter,

> „[…] die mir frühzeitig auf dem Boden religionsphilosophischer und theologischer Erwägungen erwuchs […], erwies sich sehr bald als eine sehr viel allgemeinere. Das gleiche Problem besteht für die Gesamtheit aller Normen überhaupt, nicht bloß für die des religiösen Lebens insbesondere".[3]

TROELTSCHs Lebensthema, die Spannung zwischen ethischer Normativität und geschichtlicher Relativität, zunächst im Kontext der Frage nach der Begründung der Geltung des Christentums unter den Bedingungen der Moderne entdeckt, später ausgedehnt auf eine im Medium der historischen Reflexion durchgeführte Analyse der modernen Kultur insgesamt, steht im Horizont der Umformungsprozesse der modernen Gesellschaft infolge von Industrialisierung, Modernisierung und Weltkrieg.[4] Die Suche nach den normativen Fundamenten und integrierenden Potentialen der modernen, fragmentierten Gesellschaft gestaltete sich für TROELTSCH unter gedanklichen Anforderungen, die er als „Krisis des Historismus"[5] auf den Begriff brachte. Dabei versteht TROELTSCH unter Historismus nicht etwa nur eine Angelegenheit der historischen Fachwissenschaften oder, wie FRIEDRICH MEINECKE, eine Anwendung der in der „großen deutschen Bewegung von Leibniz bis zu Goethes Tode gewonnenen neuen Lebensprinzipien auf das geschichtliche Leben",[6] sondern eine grundsätzliche „Historisierung unseres ganzen Wissens und Empfindens der geistigen Welt".[7] Der Historismus ist also nach TROELTSCH nicht nur eine deutsche Angelegenheit. Als „eigentümlich moderne Denkform gegenüber der geistigen Welt"[8] ist er die Signatur des modernen Bewusstseins überhaupt. Dessen Ambivalenz werde daran sichtbar, dass

---

[1] TROELTSCH (1979).
[2] Ebd., S. 1. Vgl. auch TROELTSCH (1925), bes. S. 4.
[3] TROELTSCH (1979), S. 1f.
[4] Zur Entwicklung von TROELTSCHs Geschichtsphilosophie siehe DRESCHER (1960); GRAF/RUDDIES (1982).
[5] TROELTSCH (2002a).
[6] MEINECKE (1965), S. 2. Zu Geschichte und Bedeutung des Begriffs „Historismus" siehe OEXLE (1996); BIALAS/RAULET (1996); WITTKAU (1994); JAEGER/RÜSEN (1992); MURRMANN-KAHL (1992).
[7] TROELTSCH (2002a), S. 437
[8] Ebd., S. 438.

diese Denkform „alle ewigen Wahrheiten" erschüttert, seien diese nun „kirchlich-supranaturaler" Art, seien „es ewige Vernunftwahrheiten und rationale Konstruktionen von Staat, Recht, Gesellschaft, Religion und Sittlichkeit", oder „seien es staatliche Erziehungszwänge, die sich auf die weltliche Autorität und ihre herrschende Form beziehen".[9]

TROELTSCHs eigener konstruktiver Beitrag zu dem Problem, wie unter den Bedingungen der Moderne und dem für diese signifikanten Bewusstsein um die geschichtliche Relativität aller Normen, Werte und Wahrheiten geltende Normen methodisch begründet werden können, steht im Kontext der Problemgeschichte der Kantischen Philosophie. Diese Problemkontinuität schlägt sich nicht nur darin nieder, dass TROELTSCH an vielen Stellen seines Gesamtwerkes affirmativ auf KANT Bezug nimmt, sondern auch darin, dass er zwei große Studien der Darstellung der Kantischen Philosophie gewidmet hat, nämlich seine 1904 zunächst in den *Kant-Studien* erschienene Arbeit *Das Historische in Kants Religionsphilosophie*[10] und seinen 1905 publizierten Vortrag *Psychologie und Erkenntnistheorie in der Religionswissenschaft*.[11] TROELTSCHs Wahrnehmung der Aufgabe einer Begründung von ethischen Normen schließt zwar an die Kantische Problemstellung an, jedoch so, dass sie durch die Diagnose des modernen Historismus nicht unerheblich transformiert wird. Eine einfache Rückkehr zu KANTS Lösungen sei in der Gegenwart unmöglich.[12] KANT habe zwar das Problem „grundlegend gestellt und auch die Hauptlösungen werden nur einer Modifikation und Ergänzung bedürfen",[13] aber diese Modifikationen betreffen dann nicht nur die Kantische Ethik, welcher TROELTSCH eine an SCHLEIERMACHER und HEGEL angelehnte Güterethik an die Seite stellt,[14] sondern gleichsam den geltungstheoretischen Grundgedanken der Kantischen Philosophie selbst. TROELTSCH deutet den Kantischen Apriorigedanken als ein Faktum der Geschichte.[15] Damit ist aber die Konsequenz verbunden, dass das Apriorische nicht im Sinne einer zeitlosen Objektivität oder „absoluter Allgemeingeltung"[16] aufzufassen ist. Vielmehr bedeute, so die einschlägige Bestimmung TROELTSCHs in seinem Historismusband, Apriorität

> „[…] nichts anderes als die letztlich nur durch ihre Sinnbedeutung überführende Autonomie solcher Maßstabbildungen und ihrer Unerklärbarkeit aus bloßen Voraussetzungen und Antezedentien, mit denen sie wohl in Kontinuität stehen, denen gegenüber sie aber doch etwas Neues sind."[17]

---

[9] Ebd., S. 437f.
[10] TROELTSCH (1904).
[11] TROELTSCH (1922a).
[12] TROELTSCH (1904), S. 48: „Das Problem ist immer schwieriger geworden, seit Psychologie und Historie eine zu Kants Zeiten ungeahnte Ausbreitung und Verfeinerung erfahren haben, und seit man, dem unmittelbaren Zwang seiner an der rationellen Metaphysik orientierten Fragestellung entnommen, es nicht mehr so selbstverständlich findet, die normativen Erkenntnisse lediglich auf die apriorisch-rationalen Bewusstseinselemente zu gründen."
[13] TROELTSCH (1922a), S. 26.
[14] Siehe hierzu TROELTSCH (1922b), (1922c) und (1979). Zur Ethik TROELTSCHs siehe PANNENBERG (1997); CLAUSSEN (1997).
[15] Zu TROELTSCHs Begriff des Apriori siehe auch VEAUTHIER (1987); BARTH (1992).
[16] TROELTSCH (1977), S. 179.
[17] Ebd.

Wenn im Folgenden nach Kantischen Elementen in TROELTSCHs ethischer Geschichtsphilosophie gefragt werden soll, dann interessiert die problemgeschichtliche Kontinuität zur Fragestellung KANTs im Werk von ERNST TROELTSCH. Die Frage nach einer sachlichen Kontinuität TROELTSCHs zu KANT ist also noch nicht damit beantwortet, dass TROELTSCH für sein eigenes Unternehmen einer ethischen Geschichtsphilosophie einen Begriff von Kritizismus in Anspruch nimmt und als maßgeblich erachtet, welcher dem Kantischen Programm einer Transzendentalphilosophie verpflichtet ist. Dies ist schon aus dem Grunde ungenügend, weil das Verständnis von Transzendentalphilosophie, einschließlich des Begriffs des Apriori, um die Wende vom 19. zum 20. Jahrhundert selbst einer starken Transformation unterliegt.[18] TROELTSCHs differenzierte Aufnahme Kantischer Elemente in seine ethische Geschichtsphilosophie soll im Folgenden in drei Schritten erläutert werden. In dem ersten Abschnitt werde ich TROELTSCHs KANT-Deutung nachgehen, wie sie in seiner Untersuchung über *Das Historische in Kants Religionsphilosophie* vorliegt. Daran wird sich ein Abschnitt anschließen, in dem TROELTSCHs modifizierte Aufnahme von KANTs Begriff des Apriori zu verfolgen ist. Und abschließend möchte ich mich TROELTSCHs Konzeption der Begründung von ethischen Normen unter den Bedingungen des Historismus selbst zuwenden.

1. Troeltschs Deutung von Kants Religionsphilosophie

In seiner 1904 zum 100. Todestag von KANT erschienenen Studie *Das Historische in Kants Religionsphilosophie* ordnet TROELTSCH KANTs Philosophie insgesamt und seine Religionsphilosophie insbesondere in den Problemhorizont der europäischen Aufklärung ein. Mit dieser Einordnung des Denkens KANTs in den weiteren Rahmen der Aufklärung ist zunächst eine Historisierung von KANTs Denken verbunden, welche ihre Pointe nicht zuletzt darin hat, dass sie sich kritisch sowohl gegen die KANT-Rezeption des Marburger Neukantianismus[19] als auch gegen den theologischen Kantianismus der RITSCHL-Schule wendet.[20] Als organisierenden Mittelpunkt von KANTs Denken macht TROELTSCH die „Richtung auf das Normative"[21] namhaft. So sehr KANT diese Intention mit den Hauptexponenten der Aufklärung teilt, so zeige sich doch, so TROELTSCH, bei KANT ein gegenüber „Hobbes und Locke, Voltaire, Hume und Rousseau" gesteigertes historisches Problembewusstsein, ein

> „[...] fortgeschrittenes, an Tiefe, Weite und Feinheit über diese Begründer der modernen Geschichtsphilosophie hinausgehendes Interesse und Verständnis, eine völlige Anteception des modernen historischen Gedankens zugleich mit der Einsicht, dass eine bloß empirische Geschichtsforschung zu zunehmende[m] Relativismus führen müsse, dem nur eine fest gegründete, rational-geschichtsphiloso-

---

[18] VEAUTHIER (1987) und SCHEPERS (1971).
[19] Vgl. hierzu die Rezension TROELTSCH (1918), bes. Sp. 59.
[20] CHAPMAN (2001), S. 75-110.
[21] TROELTSCH (1904), S. 46. Vgl. auch ebd., S. 49: „Die Seele der Kantischen Lehre ist die Richtung auf das Normative."

phische Theorie über Ziel und Entwicklungsgang der Geschichte seine trostlosen Wirkungen nehmen kann."[22]

Die Erschließungskraft der Geschichtsphilosophie KANTs für einen konstruktiven Umgang mit den Problemen des modernen Historismus sieht TROELTSCH darin, dass KANT in geltungstheoretischer Hinsicht empirische Geschichtsforschung mit seinem kritischen Grundgedanken verbindet. Die Eigentümlichkeit von KANTs kritischem Grundgedanken sieht TROELTSCH darin, dass er strikt geltungstheoretisch verfasst ist.

> „Die Kantische Lehre ist in allen Stücken *erkenntnistheoretisch*, das heißt: sie beruht auf der Voraussetzung, dass in den apriorischen Notwendigkeiten der Vernunft und in deren Konsequenzen die dem Menschen allein erkennbare normative Wahrheit gegeben ist; sie besteht in der Herausschälung der apriorisch-rationalen, den Wahrheitskern konstituierenden, Gedanken aus dem Wirrwarr des erfahrungsmässig stets getrübten und nie rein auf seine apriorische Bestimmtheit sich besinnenden gewöhnlichen Bewusstseins; sie ergibt schliesslich derart als Ziel aller Denkarbeit einen streng normativen, die für Menschen erreichbare Wahrheit enthaltenden, Gedankenzusammenhang, der als Wahrheitskern des gewöhnlichen Bewusstseins, als Massstab der thatsächlichen historischen Geistesbewegungen und als Zweck der völlig gereinigten, als Zufällige von diesen Gesetzen aus beherrschenden und gliedernden, Vernunft erscheint."[23]

Transzendentalphilosophie sei bei KANT der Titel für die Suche nach apriorischen Bestimmungen in normativer Absicht.

TROELTSCH deutet KANTs kritische Transzendentalphilosophie insgesamt als eine erkenntnistheoretische Geltungstheorie. Das Neue von KANTs Programm einer Transzendentalphilosophie artikuliert sich in ihrer doppelten Frontstellung gegenüber der Metaphysik und dem Empirismus. Gegenüber dem metaphysischen Gebrauch der Begriffe macht KANT geltend, dass sie ohne Bezug auf Erfahrung bedeutungslos sind, und der Empirismus übersieht nach KANT, dass Erfahrung immer schon mehr ist als bloße Erfahrungsdaten.[24] Transzendentalphilosophie ist somit der Titel für eine neue Form von Geltungstheorie, die Erkenntnistheorie und Psychologie verschränkt. Aus der von KANT vorgenommenen Verbindung von Erkenntnistheorie und Psychologie bzw. Historie resultiert nach TROELTSCH aber auch das Grundproblem von KANTs Transzendentalphilosophie.[25] Es gründet für TROELTSCH darin, dass KANT diese Vermittlung letztlich nicht gelungen ist.

Aus der Perspektive dieser Auffassung von Transzendentalphilosophie deutet TROELTSCH KANTs Religions- und Geschichtsphilosophie. Auch dieser geht es um die Begründung von Normativität und wie in der theoretischen Philosophie, so verankere

---

[22] Ebd., S. 50.
[23] Ebd., S. 41.
[24] Ebd., S. 48: „So ist auch Kant durchaus dem Problem des Normativen zugewandt, und seine charakteristische Stellung ist, dass er es in einer von der übrigen Philosophie grundverschiedenen Weise zu lösen versuchte, indem er entgegen der spekulativen Metaphysik sich auf die Erfahrung und das Gegebene und entgegen dem empirischen Psychologismus auf das streng rationale, apriorische Erkenntnis gebende Element des Bewusstseins zurückzog."
[25] Ebd., S. 55.

KANT in der Religionsphilosophie das Normative allein in den apriorisch-rationalen Bewusstseinselementen. So sei die

> „[...] Kantische Religionsphilosophie [...] zwar im Prinzip von der Geschichte und der psychologischen Wirklichkeit der Religion ganz unabhängig. Ihr Grundstock liegt daher auch in den immer neu aufgenommenen Darstellungen über die reinen Religionsideen. Aber *sie hat positive und negative Beziehungen zur Religionsgeschichte*, die an sich ebenfalls eine Darstellung fordern."[26]

Aus dieser bei KANT selbst nicht vollständig geklärten Beziehung von Vernunftreligion und Religionsgeschichte resultiert das Grundproblem von KANTs normativer Religionsphilosophie.

Bei aller Zustimmung zu KANTs Problemfassung ist TROELTSCH doch der Meinung, dass KANTs Lösung des Zusammenhangs von Erkenntnistheorie und Psychologie in der Durchführung seiner Religionsphilosophie in der *Religion innerhalb der Grenzen der bloßen Vernunft* und im *Streit der Fakultäten* aus systematischen Gründen ungenügend ist. Es sind im wesentlichen zwei Einwände, welche TROELTSCH gegen KANTs Bestimmung des Verhältnisses von Erkenntnistheorie und Historie geltend macht, die in einem inneren Zusammenhang stehen und die letztlich in der von KANT der Transzendentalphilosophie zu Grunde gelegten Subjektivitätstheorie gründen. Der eine Einwand betrifft KANTs Verankerung des Normativen in den Bewusstseinsgesetzen und die aus dieser Perspektive resultierende Verbindung von Erkenntnistheorie und Historie, der andere die hiermit verbundene Deutung des Normativen.

Nach TROELTSCHs Deutung von KANTs Begriff der Transzendentalphilosophie liegt deren Pointe in der von ihr vorgenommenen Verbindung von Vernunft und Sinnlichkeit. Eben diese Verbindung bleibt, so die These von TROELTSCH, in KANTs Durchführung seiner Religionsphilosophie zweideutig. Greifbar werde sie an einem Kardinalproblem der Auslegung von KANTs Religionsphilosophie, nämlich an der von ihm vorgenommenen Bestimmung des Verhältnisses von reinem Religionsglauben und sinnlichem Geschichts- bzw. Kirchenglauben sowie der aus dieser Verbindung resultierenden Vehikelfunktion des Geschichtsglaubens. In begründungstheoretischer Perspektive sind zwar Erkenntnistheorie und Psychologie strikt zu unterscheiden, aber diese Unterscheidung darf nicht zu einer Scheidung oder Entgegensetzung führen. KANT selbst schwanke in der *Religionsschrift* zwischen einer Ersetzung des geschichtlichen Kirchenglaubens durch den reinen Vernunftglauben einerseits und der notwendigen Vehikelfunktion des Kirchenglaubens für den Vernunftglauben.[27] Beide Optionen sind nicht nur nicht auf einen Nenner zu bringen, sondern beide Optionen beinhalten auch unterschiedliche Konzeptionen des Verhältnisses von Vernunft und Sinnlichkeit. Nach der Diagnose TROELTSCHs fußt diese Zweideutigkeit der Kantischen Religionsphilosophie auf einem Zurückbleiben KANTs hinter seinem eigenen Begriff von Transzendentalphilosophie. In der Durchführung seiner Religionsphilosophie bleibe KANT nämlich einem

---

[26] Ebd., S. 56.
[27] Vgl. ebd., S. 151: „Der reine, seine Giltigkeit nur in sich selbst tragende Vernunftglaube bedarf zur historischen Wirksamkeit des Kirchenglaubens als Vehikel, und der Kirchenglaube geht unbewusst aus der im Psychologischen wirkenden und in ihm sich gestaltenden religiösen Vernunft hervor."

„[…] Rest des Rationalismus […] in der Fassung der Idee selbst" verhaftet, „die für ihn zwar nur in den *Formen* des Bewusstseins begründet und daher jeder thatsächlichen Ausfüllung an sich fähig ist, die ihm aber in Wahrheit doch zu einem abstrakten allgemeingiltigen *Inhalt* der Religion wird, und die er als in den grossen geschichtlichen Bildungen sich innerlichst individualisierend nicht zu denken vermag."[28]

Mit dieser mit KANTs Bestimmung des Verhältnisses von normativer Vernunftreligion und historischer Religion verbundenen Zweideutigkeit hängt TROELTSCHs zweiter Einwand zusammen. Er besteht darin, dass KANT die geschichtliche Bedingtheit seiner eigenen normativen Religionstheorie nicht reflektiert. Auch KANTs normativer Religionsbegriff sowie die von ihm in Anspruch genommenen Denkformen sind ein Resultat der geschichtlichen Selbsterfassung der Vernunft.

„Und eben diese Denk- und Urteilsformen selbst gehen doch erst hervor aus der in der Welt sich realisierenden, insbesondere aus der im historischen Geschehen sich erfassenden, Vernunft; sie gehen hervor aus der werdenden Natur, deren Absicht in der Selbsterfassung der Vernunft erst erreicht wird, und die diese Absicht durch den psychologischen Associations- und Triebmechanismus hindurch verwirklicht."[29]

Mit beiden Einwänden und deren Berücksichtigung sind Veränderungen gegenüber der Kantischen Fassung der Transzendentalphilosophie verbunden. Diese betreffen nicht nur die Berücksichtigung der von KANT zwar beanspruchten, aber nicht eigens explizierten Metaphysik, welche für die „Einheit des Intelligibelen und Psychologischen"[30] einsteht, sondern auch die Fassung des Verhältnisses von Erkenntnistheorie und Psychologie, die KANT vorgenommen hat. TROELTSCHs Fassung dieses Verhältnisses und den daraus resultierenden Veränderungen des Apriorigedankens ist nun nachzugehen.

2. Troeltschs Fassung der Transzendentalphilosophie

Das von TROELTSCH in den Mittelpunkt seiner KANT-Deutung gestellte Grundproblem von dessen Transzendentalphilosophie, nämlich das Verhältnis von Erkenntnistheorie und Psychologie wurde von diesem in seinem 1904 auf dem International Congress of Arts and Sciences in St. Louis gehaltenen Vortrag mit dem Titel *Psychologie und Erkenntnistheorie in der Religionswissenschaft* aufgenommen und weitergeführt. Im An-

---

[28] Ebd., S. 152. Vgl. auch ebd., S. 146: „Der Schein hat seinen Grund in der kritischen Wendung seiner Philosophie, die bei aller Bindung der Vernunft an die Erfahrung doch ein Sieg des Rationalismus war, und die in Ethik und Religionsphilosophie zu einem rein formalen und erfahrungslosen, aber doch dürftigen Inhalte aus sich hervorbringenden Rationalismus wurde. Trotzdem ist es nur ein Schein. Denn das kritische Prinzip, eingebettet, wie es ist, in ein aus der reichsten Erfahrung genährtes Denken, will die erfahrbare Wirklichkeit nur regulieren und läutern, aber nicht ersetzen."
[29] Ebd., S. 147f.
[30] Ebd., S. 146. Vgl. auch ebd.: „Der rein formale Rationalismus aber enthält überall, und so auch in der Religionsphilosophie, die Voraussetzung einer gemeinsamen verborgenen Wurzel des Rationalen und Empirischen."

schluss an die maßgebliche Problemformulierung KANTs sieht TROELTSCH das Hauptproblem einer modernen Religionswissenschaft in einer „Synthese der psychologischen Empirie und der rationalen Erkenntnistheorie".[31] Dem psychologischen Empirismus, den TROELTSCH im Anschluss an die Religionspsychologie von WILLIAM JAMES diskutiert, obliegt die Aufgabe, die „religiöse Erfahrung ohne Vorurteil für oder wider zu studieren, sie in ihrer charakteristischen Eigentümlichkeit zu erfassen".[32] Die deskriptive Erfassung der religiösen Erscheinungen besagt jedoch noch nichts „über den Wahrheits- oder Realitätsgehalt dieser Erscheinungen".[33] Aus diesem Grund ist die Religionspsychologie durch eine geltungstheoretische Erkenntnistheorie zu ergänzen. Einen aussichtsreichen Kandidaten für eine derartige geltungstheoretische Erkenntnistheorie sieht TROELTSCH in dem formalen, erfahrungsimmanenten Rationalismus Kantischer Provenienz, den er von einem spekulativen Rationalismus einerseits und einem regressiven Rationalismus andererseits abgrenzt.[34] Dieser formale Rationalismus ist dadurch ausgezeichnet, dass er

> „[…] überall in der elementaren Erfahrung selbst schon das Walten des logischen Apriori konstatiert und nur verlangt, daß dieser überall von der Erfahrung selbst schon angesponnene Rationalismus sich aus ihr heraus mit Klarheit und Konsequenz erfasse und sie von sich aus zu einer rationell geordneten Wirklichkeit umforme, indem erst die gesetzliche Formung und Verknüpfung uns etwas als gesicherte Wirklichkeit gegen den psychologischen Schein sicher zu stellen erlaubt."[35]

Für TROELTSCHs Verständnis von Transzendentalphilosophie sind also zwei Momente konstitutiv, und beide stehen in sachlicher Kontinuität zu KANTs Auffassung von Transzendentalphilosophie.[36] Einerseits haben transzendentale Begriffe als Kategorien nach TROELTSCH die Eigenart, immer schon angewandt zu sein, wenn Erfahrung im Blick ist. In der Erfahrung liegt also immer schon eine Synthese von kategorialen Formen und sinnlichem Material vor. Gleichwohl sind diese kategorialen Formen andererseits nicht durch die Erfahrung fundiert, sondern sie stammen aus der Vernunft und sind Bewusstseinsgesetze. Das Geltende, so TROELTSCH, „stammt aus dem apriorischen Rationalismus, der das in der Religion waltende und sie produzierende Vernunftgesetz aufdeckt".[37]

Nun lässt sich freilich nicht übersehen, dass TROELTSCHs weitere Bestimmung des Gedankens des Apriori und des religiösen Apriori insbesondere, über den Kanti-

---

[31] TROELTSCH (1922a), S. 21.
[32] Ebd., S. 10. Vgl. auch TROELTSCH (1922d).
[33] TROELTSCH (1922a), S. 17.
[34] Ebd., S. 21f.
[35] Ebd., S. 22.
[36] Vgl. hierzu KANTs Bestimmung des Begriffs ‚transzendental' in der *Kritik der reinen Vernunft*: „Und hier mache ich eine Anmerkung, die ihren Einfluß auf alle nachfolgende Betrachtungen erstreckt, und die man wohl vor Augen haben muß, nämlich: daß nicht eine jede Erkenntnis a priori, sondern nur die, dadurch wir erkennen, daß und wie gewisse Vorstellungen (Anschauungen oder Begriffe) lediglich a priori angewandt werden, oder möglich sein, transzendental (d.i. die Möglichkeit der Erkenntnis oder der Gebrauch derselben a priori) heißen müsse." KrV A 56, Weischedelausgabe, Bd. 3, S. 101.
[37] TROELTSCH (1922a), S. 24.

schen Begriff hinausgeht.[38] Mit der von TROELTSCH vorgenommenen Erweiterung des Aprioribegriffs auf das ethische und religiöse Bewusstsein ist eine Revision der Kantischen Deduktion der kategorialen Formen aus den Urteilsfunktionen und die These verbunden, dass die apriorischen Formen durch ein transzendentallogisches Verfahren aus der Erfahrungswirklichkeit reduziert werden müssen. TROELTSCHs Konzeption der Transzendentalphilosophie vollzieht also gleichsam einen Übergang von der *Kritik der reinen Vernunft* zur Kulturphilosophie.[39] In dieser Abkehr von KANTs Begründung der kategorialen Formen ist das systematische Motiv TROELTSCHs dafür zu sehen, der – die Geltung der Religion in einem apriorischen Bewusstseinsgesetz begründenden – Erkenntnistheorie eine empirische Religionspsychologie zu Grunde zu legen. Mit diesen systematischen Verschiebungen gegenüber KANTs Konzeption der Transzendentalphilosophie ist nun eine Veränderung des Aprioribegriffs selbst verbunden. Diese betrifft zunächst den Status der geltungstheoretischen kategorialen Formen selbst, aber auch, worauf im Folgenden nicht weiter eingegangen werden kann, die Fassung des Verhältnisses von transzendentalem und empirischem Ich.[40]

    TROELTSCHs Aufnahme und Anschluss an die Kantische Problemstellung ist von der These geleitet, dass die apriorischen Formen stets schon in der Erfahrung wirksam sind. Die Erkenntnistheorie ist somit nicht nur auf die Psychologie bezogen, sondern sie kann die kategorialen Formen gar nicht anders gewinnen, als durch eine Analyse der Erfahrung.

> „Die Feststellung der Bewußtseinsgesetze, in denen wir die Erfahrung hervorbringen, ist ein Hervorholen dieser Gesetze aus der Erfahrung selbst, eine Selbsterkenntnis der in der Erfahrung enthaltenen Vernunft durch die sie herausziehende Analyse."[41]

Diese Problemfassung zieht jedoch die Konsequenz nach sich, dass die durch die transzendentallogische Reduktion der Erfahrung gewonnenen kategorialen Formen

---

[38] Diese Verschiebung gegenüber KANTs Begriff des Apriori hat TROELTSCH selbst notiert. In TROELTSCH (1922e), bes. S. 757f., bestimmt er seine Verwendung des Aprioribegriffs durch eine doppelte Verschiebung gegenüber KANT. Einerseits werde der Begriff nicht nur auf die theoretische Philosophie bezogen, sondern auch auf das ethische, religiöse und teleologisch-ästhetische Bewusstsein, so dass die synthetische Funktion des Apriori sich erweitert zu einer Funktion „als Aufbau der einheitlichen, aus einem Vernunftkern des Notwendigen ausstrahlenden Persönlichkeit" (ebd., S. 758), und andererseits ist mit TROELTSCHs Aufnahme des Kantischen Aprioribegriffs und dessen Erweiterung eine „Metaphysik des noumenalen Charakters" verbunden. „Indem ich die synthetische Funktion desselben [sc. des Apriori] im Aufbau der einheitlichen Persönlichkeit betone und damit diese letztere auf einen hinter dem Ablauf der Seelennatur und ihres Wirkungszusammenhangs liegenden, jene Apriaris ausstrahlenden Vernunftkern zurückführe, gelange ich zu einer Metaphysik des noumenalen Charakters." (ebd.)
[39] Vgl. zu dieser an CASSIRER angelehnten Formel TROELTSCH (1922e), S. 759. Zu CASSIRERs Gebrauch der Formel siehe CASSIRER (1994), S. 11 und DANZ (2000).
[40] Siehe hierzu TROELTSCH (1922a), S. 36-43. Vgl. aber auch schon TROELTSCH (1904), S. 119. TROELTSCHs Bestimmung dieses Verhältnisses als einem „Ineinandergreifen" bzw. als einer geordneten „Wechselwirkung" (Troeltsch 1922a), S. 42, 39, 40) ist eine Konsequenz der gegenüber KANT veränderten Bestimmung des Verhältnisses von rationaler Erkenntnistheorie und empirischer Psychologie sowie der durchaus in Kontinuität zu KANTs Begriff der Transzendentalphilosophie stehenden Lesart, dass die kategorialen Formen stets schon angewandt sind. Zu TROELTSCHs Bestimmung des Verhältnisses von transzendentalem und empirischem Ich siehe auch VEAUTHIER (1987), S. 48.
[41] TROELTSCH (1922a), S. 30.

selbst nur als eine perspektivische und damit einem geschichtlichen Wandel unterliegende Deutung zu haben sind. Auf den Begriff des Apriori ist damit zwar nicht verzichtet, aber es verbindet sich mit ihm die Einsicht, dass es „nie, wie Kant meinte, ein fertiges System der apriorischen Grundbegriffe vollendet geben" kann, „sondern dieses System wird immer im Wachsen sein, sich beständig korrigieren müssen und offene Stellen behalten".[42] TROELTSCH hält damit im Begriff des Apriori Notwendigkeit und Allgemeingültigkeit fest, aber zugleich verbindet er damit den Gedanken, dass die sich in den apriorischen Formen erfassende Vernunft nur als eine geschichtliche Selbsterfassung der Vernunft zu verstehen ist. Die sich in ihren kategorialen Strukturen selbst erfassende und durchsichtig werdende Vernunft vermag hierbei ihren geschichtlichen Ort und ihre geschichtliche Standortbedingtheit nicht hinter sich zu lassen. Die Einsicht in die eigene geschichtliche Relativität ist ein konstitutiver Bestandteil der sich selbst durchsichtig gewordenen Vernunft. Aus diesem Grund ist die „Feststellung der religiösen Wahrheit" für TROELTSCH

> „[…] stets eine Tat und Entscheidung, die, objektiver und vernunftgesetzlicher Nötigung gehorchend, doch erst im Kampf mit dem Irrtum und in der Bewältigung des bloß Tatsächlichen die Wahrheit erschafft, indem sie sie findet."[43]

Mit dieser Fassung des Aprioribegriffs ist ein „Verzicht auf die Objektivität zeitloser, unbedingter, absoluter Allgemeingeltung"[44] verbunden, aber keiner auf den Geltungsgedanken überhaupt bzw. auf das Geltungsbewusstsein. TROELTSCHs Bestimmung der Apriorität, diese beinhalte „eine nicht weiter ableitbare spontane Kraft des Geistes und eine Ueberführung durch den inhaltlichen Sinn, der für seine Begründung nicht wieder einen Sinn usw. braucht",[45] transformiert den Aprioribegriff durch die Einsicht in die geschichtliche Bedingtheit aller konkreten Deutungen von kategorialen Formen, ohne jedoch den Geltungsgedanken überhaupt zu suspendieren. Damit nimmt TROELTSCH das Kantische Programm einer Transzendentalphilosophie so auf, dass er diese von den von KANT noch beibehaltenen rationalistischen Resten entkleidet, indem er Apriorität mit geschichtlicher Relativität in einen engeren Zusammenhang rückt. Das Motiv für diese Veränderung der Kantischen Konzeption ist darin zu sehen, dass sie es erlauben soll, scheinbar zeitlos allgemeine Normen ebenso als bloße Abstraktionen von ihrem Gewordensein zu kritisieren, wie einen bloßen empirischen Normenpositivismus, der mit einem tendenziellen Verzicht auf rationale Begründung einhergeht, als in begründungstheoretischer Hinsicht defizitär zurückzuweisen. Die unter diesen systematischen Bedingungen von TROELTSCH in Angriff genommene geschichtsphilosophische Begründung von ethischen Normen ist nun noch abschließend kurz zu skizzieren.

---

[42] Ebd., S. 31. Vgl. auch ebd., S. 32 und TROELTSCH (2002b), S. 557.
[43] TROELTSCH (1922a), S. 33.
[44] TROELTSCH (1977), S. 179.
[45] Ebd., vgl. auch ebd., S. 167: „Es ist ein apriorisches, das heißt spontanes Schaffen, insofern das Neue wirklich aus inneren Tiefen hervorbricht und nur durch seine innere Selbstgewißheit und seine den Willen bestimmende Macht sich beglaubigt. Aber es ist kein Schaffen aus dem Nichts und keine Konstruktion aus der Vernunft, sondern ein Umbilden und Fortführen, das zugleich die Einhauchung einer neuen Seele und eines neuen Geistes ist."

3. Troeltschs geschichtsphilosophische Normenbegründung

Die beiden Stichworte Psychologie und Erkenntnistheorie, deren Verbindung
TROELTSCH als das innere Problemzentrum von KANTs Konzeption der Transzendentalphilosophie namhaft machte und deren Verbindung ebenso im Zentrum seines
eigenen Anschlusses an die Transzendentalphilosophie steht,[46] sind auch die Leitbe-
griffe seiner eigenen ethischen Geschichtsphilosophie, wie sie in seinem Fragment ge-
bliebenen Hauptwerk *Der Historismus und seine Probleme* ausgeführt ist.[47] Das Anliegen
von TROELTSCHs ethischer Geschichtsphilosophie ist eine solche Begründung von
Normen, die der geschichtlichen Bedingtheit aller Normen Rechnung zu tragen vermag. Eben dieses Programm beinhaltet TROELTSCHs bekannte und viel zitierte Formel:

> „[die] Idee des Aufbaus heißt Geschichte durch Geschichte überwinden und die
> Plattform neuen Schaffens ebnen. Auf ihr muß die gegenwärtige Kultursynthese
> beruhen, die das Ziel der Geschichtsphilosophie ist".[48]

Dieses Programm einer ethischen Geschichtsphilosophie beinhaltet eine Verbindung
von empirisch-historischer Einzelforschung und Geschichtsphilosophie.[49] Die als
Grundproblem der Kantischen Transzendentalphilosophie und der auf dieser fußen-
den Religions- und Geschichtsphilosophie von TROELTSCH herausgearbeitete Verbindung von Psychologie und Erkenntnistheorie erscheint nun als die an den späten
SCHELLING erinnernde Aufgabe einer „Empirisierung des Logischen und eine[r] Logi-
sierung des Empirischen, wodurch allein Idee und Geschichte sich treffen können".[50]
Diese TROELTSCH vorschwebende Verbindung von empirischer Geschichte und Geschichtsphilosophie, deren Leitkategorien der Begriff der „individuellen Totalität" sowie der Begriff der „Kultursynthese" darstellen, enthält eine doppelte Frontstellung
gegenüber einer Normenbegründung aus einer vermeintlich allgemeingültigen Vernunft einerseits und einem geschichtlichen Normenpositivismus andererseits.

---

[46] Vgl. etwa TROELTSCH (1922e), S. 754: „Es ist, ähnlich wie bei meinem Lehrer Dilthey, das
Zusammentreffen des historischen und des philosophischen Strebens der Zeit, von wo aus ich aber
festere Positionen gewinnen möchte als Dilthey. Dieses Bedürfnis wies mich auf den Transzenden-
talismus und den Versuch, von ihm aus beide Forderungen zu befriedigen." Vgl. auch ebd., S. 756:
„Es ist, wie Spieß richtig erkennt, der Anschluß an die Kantische Gruppe. Damit ergibt sich, daß ich
die Lösung des Problems in der Richtung einer Auseinandersetzung des Verhältnisses von Psychologie und Erkenntnistheorie suche; und weiter ergibt sich, daß ich, da die Erkenntnistheorie gerade im
Aufweis eines nicht psychologisch abzuleitenden, sondern lediglich zu analysierenden produktiven
Vermögens der Setzung gültiger Erkenntnisse ihr Wesen hat, damit auch für die Religion auf den
Begriff des Apriori geführt werde."
[47] Zu TROELTSCHs später Geschichtsphilosophie siehe GRAF/RUDDIES (1982); RUDDIES (1996);
BAUMGARTNER (1997), S. 146-166; GRAF (2000).
[48] TROELTSCH (1977), S. 772.
[49] TROELTSCH (2002a), S. 454: „Der letzte Ausweg ist derjenige, der für den wissenschaftlich
gesinnten Menschen allein in Betracht kommt: eine neue Berührung von Historie und Philosophie.
[...] Der Historismus verlangt nach Ideen, die Philosophie nach Leben. Beiden kann durch eine solche Verbindung geholfen werden." Vgl. auch TROELTSCH (1977), S. 109.
[50] TROELTSCH (1977), S. 131. Zu SCHELLINGs Version dieser Formel siehe SCHELLING (1861), S.
225-286. Auf den späten SCHELLING als möglichen Referenzpunkt von TROELTSCHs später Meta-
physikkonzeption und ihrer Kritik an der Logik HEGELs verweist auch GRAF (1984), hier S. 229.

Die Problemanforderungen, unter denen die Aufgabe einer geschichtsphilosophischen Begründung von Normen in Angriff zu nehmen ist, hat TROELTSCH genau registriert. Sie kommt der Lösung eines „Quadrilemma"[51] gleich.

> „Geht man von Idee und Maßstab aus, so gerät man in einen geschichtslosen Rationalismus und verliert die Beziehung zur empirischen Historie und ihrer Praxis. Geht man vom Historisch-Individuellen aus und bleibt man dadurch im Einklang mit der Forschung, so drohen grenzenloser Relativismus und Skeptizismus. Sucht man beides in kunstreichen Entwicklungsbegriffen sich zu nähern, so brechen die beiden Bestandteile immer wieder auseinander. Nimmt man den Standpunkt resolut in gegenwärtiger Entscheidung und Gestaltung, so verliert man nur allzu leicht Geschichte und Idee zugleich."[52]

Eine rein apriorische Begründung vermag unter den Bedingungen des Historismus ebenso wenig zu einer Begründung von geltenden Normen beizutragen wie ein bloßer Rekurs auf die Geschichte. Die erste nicht, weil sich die angeblich in reiner und allgemeingültiger Vernunft begründeten Normen einer geschichtsphilosophischen Reflexion als bloße Abstraktionen aus der Geschichte erweisen, und die zweite nicht, weil sie auf eine Geltungsreflexion in normativer Absicht überhaupt verzichtet und sich auf bloße Kontemplation beschränkt, die jedoch immer schon, wenn auch uneingestandenermaßen, von normativen Gesichtspunkten in der Auswahl des historischen Materials Gebrauch macht. Und weil die „Rückkehr zu einem kirchlichen Offenbarungs- und Autoritätsglauben" oder zu dessen säkularisiertem Pendant, dem „messianische[n] Rationalismus" Kantischer Provenienz, sich als undurchführbare Abstraktion erweist, so scheint für diejenigen, die „vom Baume der historischen Erkenntnis" gegessen haben, nur ein schrankenloser Relativismus und Skeptizismus übrig zu bleiben.[53]

TROELTSCHs Lösung des geschichtsphilosophischen Normenproblems resultiert aus dem Zusammenspiel von historischer Reflexion und einer Theorie der individuellen Normsetzung. Ihren Ausgangspunkt nimmt TROELTSCHs Lösungsvorschlag zu einer ethischen Bewältigung des Historismus in einer Analyse der geschichtlichen Normsetzungen. So sei die

> „[…] Erzeugung immer neuer, aus selbständiger und autonomer Vernunftregion stammender Normen und Ideale, die zwar überall vom Gegebenen ausgehen, aber es zugleich aus einer geheimen Produktionskraft des Geistes heraus verwandeln und berichtigen, […] eine zweifellose Grundtatsache des Geistes."[54]

Geltende Normen entstehen nur in der Geschichte und haben in ihr ihren Ort. Mit der geschichtswissenschaftlichen Einsicht in die Geschichtlichkeit und damit Relativität von geltenden Normen wird jedoch der Normenbegriff gerade nicht aufgehoben. Dies lehre schon ein Blick auf unsere lebensweltlichen Orientierungen. Diesen liegen nämlich immer schon lebensweltliche Plausibilitäten zu Grunde, die wir in unseren Entscheidungen nicht nur in Anspruch nehmen, sondern die auch gar keiner Begrün-

---

51 Siehe hierzu SCHWÖBEL (2000), bes. S. 268-274.
52 TROELTSCH (1977), S. 162.
53 TROELTSCH (2002b), S. 556f.
54 TROELTSCH (1916), S. 29.

dung bedürfen. In der Lebenswelt, so TROELTSCH, sind wir „keineswegs alle Skeptiker und Relativisten".[55] Diese pragmatische Einsicht in das Funktionieren unserer lebensweltlichen Orientierungen, der zufolge sich Entscheidungen nicht letztgültig begründen lassen, wendet TROELTSCH auf das Problem der geschichtsphilosophischen Maßstabsetzung an.

> „So wie im rein persönlichen Leben die Entscheidungen derart zu Stande kommen und wie in Wahrheit keine Theologie und Philosophie der Welt sie weiter klären kann, so müssen auch die großen Wertbildungen und neuen Kultursynthesen ganzer Zeitalter erfolgen."[56]

Ebenso wie die lebensweltlichen Entscheidungen sich auf dem Hintergrund von unbefragten Selbstverständlichkeiten vollziehen und somit an lebensweltliche Kontexte zurückgebunden sind, so entstehen auch die geschichtsphilosophischen Maßstäbe

> „[…] in Wahrheit durch eine kritische Auslese aus dem Kulturbesitze eines ganzen großen Wirkungszusammenhanges, wie etwa in unserem Fall des Ganzen der abendländischen Kultur, unter Rücksicht auf alle in ihm lebendigen, wenn auch vielleicht augenblicklich gerade zurückgedrängten Kräfte".[57]

Verbindliche Normen sind Synthesen, in denen der Geist das Gegebene eines Kulturkreises in normativer Absicht umbildet. Solche Synthesen sind stets eine „Einheit des Heterogenen",[58] die sich niemals rational vollständig ableiten lassen.

Geschichtliche Normen sind somit für TROELTSCH immer individuelle Synthesen, die durch Standortrelativität und Perspektivität charakterisiert sind.[59] Die Normsetzung ist von ihrer geschichtlichen Realisierung nicht zu trennen. Mit dieser von TROELTSCH vorgenommenen Rückbindung des Normengedankens an dessen geschichtliche Genese ist nun freilich keine Affirmation eines Normenpositivismus oder eines Kulturrelativismus verbunden. Denn das bloße Faktum von geschichtlichen Normen besagt noch nichts über deren Geltung, da die Verbindlichkeit von geschichtlichen Normen nicht analytisch in deren bloßer Faktizität enthalten ist. Die Verbindlichkeit von Normen fußt vielmehr auf einer eigenen Stellungnahme des Individuums zu diesen Normen. Normative Ideen, so TROELTSCH, gehen „aus dem selbständigen Gefühl einer Verpflichtung unseres Daseins zur Verwirklichung an sich selber gültiger Werte" hervor, „deren Anerkennung daher lediglich aus einer Anerkennung dieser Verpflichtung selbst begründet werden kann".[60] Ethische Normen sind

---

55 TROELTSCH (2002b), S. 557.
56 Ebd., S. 560.
57 TROELTSCH (1916), S. 30.
58 TROELTSCH (2002b), S. 558.
59 TROELTSCH (1977), S. 169: „Alle Maßstabbildung gegenüber historischen Dingen entspringt also aus dem eigenen Lebenszusammenhang, ist dessen Kritik und Weiterbildung zugleich. Wie jede Bewegungsberechnung in den Naturwissenschaften abhängig ist von dem Standort des Rechners, so ist auch in der Historie jeder Maßstab unaustilgbar bestimmt von dem Standort, von dem er entspringt. […] Eben deshalb sind Maßstab und Kritik im Ursprung keine abstrakten Theorien, sondern praktische Auseinandersetzung, Selbstklärung und Selbstgestaltung."
60 TROELTSCH (1916), S. 16. Vgl. auch ebd., S. 37: „Die quaestio iuris aber läßt sich ihrerseits nur mit der rationalen Notwendigkeit oder der Herkunft aus dem Wesen der Vernunft beweisen. Diese Notwendigkeit selber aber ist nur ein Ergebnis der Selbstbestimmung, der Aufweis einer unableitba-

daher immer an eine Stellungnahme des handelnden Individuums zurückgebunden, die weder rational ableitbar ist,[61] noch in einem luftleeren Raum geschieht, sondern immer an einen bestimmten Kulturkreis gebunden bleibt.[62] Die Verbindlichkeit von geschichtlichen Normen fußt so für TROELTSCH auf einer

> „[…] sehr persönliche[n] Einstellung in den Sinn des Werdens, den der Urteilende eben damit zu ergreifen glaubt. Darüber hinaus gibt es in Wahrheit keine höhere, außersubjektive Instanz".[63]

TROELTSCHs geschichtlicher Normengedanke, der an eine subjektive Stellungnahme zurückgebunden ist, redet jedoch keinem Dezisionismus das Wort, der eine unentschiedene Konstellation unterstellt.[64] Gegenüber einem solchen „bloßen Subjektivismus der Einfälle und der Gewaltsamkeiten"[65] macht TROELTSCH geltend, dass verbindliche Normen zwar nur aus individuellen Setzungen hervorgehen und daher immer „Wagnis und Tat"[66] bleiben werden, jedoch dadurch nicht zu willkürlichen Entscheidungen werden. Geschichtliche Normsetzungen sind nicht nur eingebunden in einen bestimmten Kulturkreis, sondern setzen „historische Selbstbesinnung"[67] voraus. Die Objektivität geschichtlicher Normen fußt trotz aller von TROELTSCH eingeräumten Subjektivität und Individualität auf zwei Momenten. Einmal auf der methodischen Standards verpflichteten historischen Forschung, welche die Voraussetzung für die subjektive Entscheidung bildet, und zum anderen auf der Einbindung des normbegründenden individuellen Subjekts in einen sozio-kulturellen Lebenszusammenhang.[68] TROELTSCHs ethische Geschichtsphilosophie zielt auf eine Durchsichtigkeit des geschichtlichen Normenbewusstseins als eines solchen. Im Unterschied zu KANTs Begründung ethischer Normen in der reinen praktischen Vernunft wird der Vernunftgedanke von TROELTSCH selbst als ein geschichtlicher gedacht und aller übergeschicht-

---

ren Letztheit in jeder Gedankenregion und kann als solche in Wahrheit nur durch den stellungnehmenden, unter eine intuitiv empfundene Notwendigkeit sich beugenden Willen anerkannt werden, wie umgekehrt das Recht dieser Anerkennung nur durch die Fruchtbarkeit des Gedankens nachträglich bestätigt werden kann."

[61] TROELTSCH (2002b), S. 558: „Worin man inhaltlich Werte, Güter, Wohlfahrt, Fortschritt findet, ist rationell niemals zu begründen und zu erzwingen, und sogar schon die bloße Bejahung eines Sollens, womit doch die Wertwelt nicht entfernt erschöpft ist, ist nichts rationell Erzwingbares, sondern eine Anerkennung und ein Glaube."

[62] Ebd., S. 559. Aus der von TROELTSCH vorgenommenen lebensweltlichen Rückbindung des Normengedankens resultiert die relative Universalität von verbindlichen Normen. „Unter solchen Umständen wird aber dann begreiflich, daß es echte und wahre Gültigkeit geben kann, die nicht zeitlos und unveränderlich-ewige Giltigkeit, sondern die dem jeweiligen Bestand entsprechende und darum nur, soweit wie dieser reicht und dauert, auch allgemeine Giltigkeit ist." (TROELTSCH (1916), S. 41)

[63] TROELTSCH (1916), S. 35.

[64] Zum Dezisionismusbegriff siehe SCHÜRMANN (1997), hier S. 355f.

[65] TROELTSCH (1916), S. 31.

[66] Ebd., S. 38.

[67] Ebd., S. 32.

[68] Ebd., S. 38: „Die Objektivität solcher autonomer und insofern a priori gebildeter Maßstäbe liegt also in zwei Momenten begründet, einmal in einer aufmerksamsten, vorurteilslosesten Versenkung in die Tatsachen, in den ganzen Wirkungszusammenhang, dem wir angehören, und sodann in einer Herausbildung von Idealen dieses Kulturkreises aus dem tatsächlichen Leben, die sich in der Einstellung auf einen darin aufsteigenden geistigen Gesamtzusammenhang des Lebens weiß, die aber diesen Zusammenhang in allen Krisen neu ergreifen und neu hervorbringen muß."

lich-invarianter Bestandteile entkleidet. Dadurch rückt das individuelle, geschichtlich kontingent gewordene Bewusstsein an den Ort der Begründung von geschichtlicher Normativität. Normative Geltung kommt dem individuellen Bewusstsein gerade in seiner geschichtlichen Relativität zu. Diesen Gedanken verbindet TROELTSCH allerdings mit der Konzeption einer an LEIBNIZ angelehnten monadologischen Metaphysik, welche auf eine Partizipation des individuellen Bewusstseins an dem unendlichen Bewusstsein abstellt und die in Spannung zu dem Konzept des individuellen geschichtlichen Normenbewusstseins steht.[69] Im Kontext der Frage nach der Objektivität der historischen Erkenntnis stehend, beinhaltet diese Metaphysik

> „ [...] die wesenhafte und individuelle Identität der endlichen Geister mit dem unendlichen Geiste und eben damit die intuitive Partizipation an dessen konkretem Gehalt und bewegter Lebenseinheit".[70]

So sehr die im Zeichen von Identität und Partizipation konzipierte Metaphysik lediglich einen regulativen Status inne haben soll und im Dienst einer Begründung der normativen Geltung gerade des individuellen geschichtlichen Bewusstseins steht, so sehr provoziert diese freilich nur in Andeutungen und Hinweisen vorliegende monadologische Metaphysik die kritische Rückfrage, ob nicht durch sie die von dem Historiker TROELTSCH festgehaltene geschichtliche Individualität in einem pantheistisch-göttlichen All-Leben versenkt werde.

Literatur

BARTH, ULRICH (1992): Trœltsch et Kant. A Priori Religieux et Philosophie de L'Histoire, in: PIERRE GISEL (Éd.), Histoire et Théologie chez Ernst Trœltsch, Genf: Labor et Fides, S. 63-99.

BAUMGARTNER, HANS MICHAEL (1997): Kontinuität und Geschichte. Zur Kritik und Metakritik der historischen Vernunft, Frankfurt a.M.: Suhrkamp.

BIALAS, WOLFGANG; RAULET, GÉRARD (Hrsg.) (1996): Die Historismusdebatte in der Weimarer Republik, Frankfurt a.M.: Lang.

CASSIRER, ERNST (1994): Philosophie der symbolischen Formen. Erster Teil: Die Sprache, 10. Auflage, Darmstadt: Wissenschaftliche Buchgesellschaft.

CHAPMAN, MARC D. (2001): Ernst Troeltsch and Liberal Theology. Religion and Cultural Synthesis in Wilhelmine Germany, Oxford: Oxford Univ. Press.

CLAUSSEN, JOHANN HINRICH (1997): Die Jesus-Deutung von Ernst Troeltsch im Kontext der liberalen Theologie, Tübingen: Mohr Siebeck.

---

[69] Zu der TROELTSCH vorschwebenden Metaphysik, die dieser in seinem Historismusband zwar in Anspruch nimmt, deren explizierte Gestalt man jedoch vergebens sucht, siehe TROELTSCH (1977), S. 209f. u. S. 675f. Die mit dieser Konzeption verbundenen Probleme sowie die Spannung, in der sie zu TROELTSCHs historiographischer Grundkategorie der individuellen Totalität steht, sind in der Literatur oft notiert worden. Siehe hierzu jetzt DIERKEN (2000), bes. S. 257ff.; OEXLE (2000), bes. S. 44-49.
[70] TROELTSCH (1977), S. 677.

DANZ, CHRISTIAN (2000): Der Begriff des Symbols bei Paul Tillich und Ernst Cassirer, in: DIETRICH KORSCH und ENNO RUDOLPH (Hrsg.), Die Prägnanz der Religion in der Kultur. Ernst Cassirers Philosophie der symbolischen Formen und die Theologie, Tübingen: Mohr Siebeck, S. 201-228.

DIERKEN, JÖRG (2000): Individuelle Totalität. Ernst Troeltschs Geschichtsphilosophie in praktischer Absicht, in: FRIEDRICH WILHELM GRAF (Hrsg.), Ernst Troeltschs „Historismus", (=Troeltsch-Studien Bd. 11), Gütersloh: Gütersloher Verlagshaus, S. 243-260.

DRESCHER, HANS-GEORG (1960): Das Problem der Geschichte bei Ernst Troeltsch, in: ZThK 57, S. 186-230.

GRAF, FRIEDRICH WILHELM; RUDDIES HARTMUT (1982): Ernst Troeltsch: Geschichtsphilosophie in praktischer Absicht, in: JOSEPH SPECK (Hrsg.), Grundprobleme der großen Philosophen. Philosophie der Neuzeit IV, Göttingen: Vandenhoeck & Ruprecht, S. 128-164.

GRAF, FRIEDRICH WILHELM (1984): Religion und Individualität. Bemerkungen zu einem Grundproblem der Religionstheorie von Ernst Troeltsch, in: HORST RENZ und FRIEDRICH WILHELM GRAF (Hrsg.), Protestantismus und Neuzeit (= Troeltsch-Studien Bd. 3), Gütersloh: Mohn, S. 207-230.

GRAF, FRIEDRICH WILHELM (Hrsg.) (2000): Ernst Troeltschs „Historismus" (= Troeltsch-Studien Bd. 11), Gütersloh: Gütersloher Verlagshaus.

JAEGER, FRIEDRICH; RÜSEN, JÖRN (1992): Geschichte des Historismus. Eine Einführung, München: Beck.

MEINECKE, FRIEDRICH (1965): Die Entstehung des Historismus, 2. Auflage, München: Oldenbourg.

MURRMANN-KAHL, MICHAEL (1992): Die entzauberte Heilsgeschichte. Der Historismus erobert die Theologie 1880-1920, Gütersloh: Gütersloher Verlagshaus Gerd Mohn.

OEXLE, OTTO GERHARD (1996): Geschichtswissenschaft im Zeichen des Historismus. Studien zu Problemgeschichten der Moderne, Göttingen: Vandenhoeck & Ruprecht.

OEXLE, OTTO GERHARD (2000): Troeltschs Dilemma, in: FRIEDRICH WILHELM GRAF (Hrsg.), Ernst Troeltschs „Historismus", (= Troeltsch-Studien Bd. 11), Gütersloh: Gütersloher Verlagshaus, S. 23-64.

PANNENBERG, WOLFHART (1997): Die Begründung der Ethik bei Ernst Troeltsch, in: ders., Ethik und Ekklesiologie. Gesammelte Aufsätze, Göttingen: Vandenhoeck & Ruprecht, S. 70-96.

RUDDIES, HARTMUT (1996): „Geschichte durch Geschichte überwinden". Historismuskonzept und Gegenwartsdeutung bei Ernst Troeltsch, in: BIALAS WOLFGANG; RAULET GÉRARD (Hrsg.), Die Historismusdebatte in der Weimarer Republik, Frankfurt a.M.: Lang, S. 198-217.

SCHELLING, FRIEDRICH WILHELM JOSEPH VON (1861): Darstellung des philosophischen Empirismus, in: Sämmtliche Werke, Bd. X, Stuttgart/Augsburg: Cotta, S. 225-286.

SCHEPERS, HEINRICH (1971): A priori/a posteriori III., in: Historisches Wörterbuch der Philosophie Bd. 1, hrsg. v. JOACHIM RITTER, Basel: Schwabe, Sp. 469-474.

SCHÜRMANN, VOLKER (1997): Unergründlichkeit und Kritik-Begriff. Plessners Politische Anthropologie als Absage an die Schulphilosophie, in: DZPh 45, S. 345-361.

SCHWÖBEL, CHRISTOPH (2000): „Die Idee des Aufbaus heißt Geschichte durch Geschichte überwinden". Theologischer Wahrheitsanspruch und das Problem des sogenannten Historismus, in: FRIEDRICH WILHELM GRAF (Hrsg.), Ernst Troeltschs „Historismus", (= Troeltsch-Studien Bd. 11), Gütersloh: Gütersloher Verlagshaus S. 261-284.

TROELTSCH, ERNST (1904): Das Historische in Kants Religionsphilosophie. Zugleich ein Beitrag zu den Untersuchungen über Kants Philosophie der Geschichte, in: Kant-Studien 9, S. 21-154.

TROELTSCH, ERNST (1916): Über die Maßstäbe zur Beurteilung historischer Dinge. Rede zur Feier des Geburtstages Seiner Majestät des Kaisers und Königs, Berlin: Friedrich-Wilhelm Universität.

TROELTSCH, ERNST (1918): Rez., Cohen, Hermann, Der Begriff der Religion im System der Philosophie, in: ThLZ 43, Sp. 57-62.

TROELTSCH, ERNST (1922a): Psychologie und Erkenntnistheorie in der Religionswissenschaft. Eine Untersuchung über die Bedeutung der Kantischen Religionslehre für die heutige Religionswissenschaft, 2. Auflage, Tübingen: Mohr.

TROELTSCH, ERNST (1922b): Grundprobleme der Ethik. Erörtert aus Anlaß von Herrmanns Ethik, in: ders., Zur religiösen Lage, Religionsphilosophie und Ethik (= Gesammelte Schriften Bd. 2), 2. Auflage, Tübingen: Mohr, S. 552-672.

TROELTSCH, ERNST (1922c): Die Sozialphilosophie des Christentums, Gotha/Stuttgart: Perthes.

TROELTSCH, ERNST (1922d): Empirismus und Platonismus in der Religionsphilosophie. Zur Erinnerung an William James, in: ders., Zur religiösen Lage, Religionsphilosophie und Ethik (= Gesammelte Schriften Bd. 2), 2. Auflage, Tübingen: Mohr, S. 364-385.

TROELTSCH, ERNST (1922e): Zur Frage des religiösen Apriori. Eine Erwiderung auf die Bemerkungen von Paul Spieß, in: ders., Zur religiösen Lage, Religionsphilosophie und Ethik (= Gesammelte Schriften Bd. 2), 2. Auflage, Tübingen: Mohr, S. 754-768.

TROELTSCH, ERNST (1925): Meine Bücher, in: ders., Aufsätze zur Geistesgeschichte und Religionssoziologie (= Gesammelte Schriften Bd. 4), hrsg. v. HANS BARON, Tübingen: Mohr, S. 3-18.

TROELTSCH, ERNST (1977): Der Historismus und seine Probleme. Erstes (einziges) Buch: Das logische Problem der Geschichtsphilosophie (= Gesammelte Schriften Bd. 3), Aalen: Scientia (= ND der Ausgabe Tübingen 1922).

TROELTSCH, ERNST (1979): Ethik und Geschichtsphilosophie, in: ders., Der Historismus und seine Überwindung. Fünf Vorträge, eingeleitet von FRIEDRICH V. HÜGEL, Aalen: Scientia (= 2. ND der Ausgabe Berlin 1924), S. 1-61.

TROELTSCH, ERNST (2002a): Die Krisis des Historismus, in: ders., Schriften zur Politik und Kulturphilosophie (1918-1923) (= KGA Bd. 18), hrsg. v. GANGOLF HÜBINGER, Berlin/New York: de Gruyter, S. 437-455.

TROELTSCH, ERNST (2002b): Die Zufälligkeit der Geschichtswahrheiten, in: ders., Schriften zur Politik und Kulturphilosophie (1918-1923) (= KGA Bd. 18), hrsg. v. GANGOLF HÜBINGER, Berlin/New York: de Gruyter, S. 551-569.

VEAUTHIER, FRANK WERNER (1987): Das religiöse Apriori: Zur Ambivalenz von E. Troeltschs Analyse des Vernunftelements in der Religion, in: Kant-Studien 78, S. 42-63.

WITTKAU, ANNETTE (1994): Historismus. Zur Geschichte des Begriffs und des Problems, Göttingen: Vandenhoeck & Ruprecht.

3. NORMATIVITÄT UND EMOTIONALITÄT

Aleksander Bobko

DIE NORMATIVITÄT DES KANTISCHEN GESCHMACKSURTEILS

Das Problem der Normativität taucht bei KANT vor allem im Bereich der praktischen Philosophie auf, und zwar im Zusammenhang mit der Frage nach dem Ursprung der allgemeinen Gültigkeit (bzw. Normativität) des moralischen Gesetzes. In der *Kritik der Urteilskraft* versucht KANT außerdem zu zeigen, dass auch dem Geschmacksurteil eine unbedingte Notwendigkeit zugeschrieben werden sollte. Die ästhetischen Urteile haben freilich eine ganz andere Wesenart als die moralischen, ihre Universalität und Normativität beruhen auf anderen Gründen. Im vorliegenden Aufsatz werde ich zu zeigen versuchen, wie KANT die allgemeine Gültigkeit der ästhetischen Urteile begründet. Diese Analyse ist umso interessanter, als – nach KANT – die Geschmacksurteile eine Eigentümlichkeit aufweisen,

> „[…] welche nicht geringe Bemühung auffordert, um den Ursprung derselben zu entdecken, dafür aber auch eine Eigenschaft unseres Erkenntnisvermögens aufdeckt, welche ohne diese Zergliederung unbekannt geblieben wäre."[1]

Somit stellt sich die Frage nach der Eigentümlichkeit des ästhetischen Urteils. Die Beziehung des Menschen zu einem schönen Objekt beschreibt KANT wie folgt:

> „Um zu unterscheiden, ob etwas schön sei oder nicht, beziehen wir die Vorstellung nicht durch den Verstand auf das Objekte zum Erkenntnisse, sondern durch die Einbildungskraft (vielleicht mit dem Verstande verbunden) auf das Subjekt und das Gefühl der Lust oder Unlust desselben."[2]

Dieser Satz besagt, dass das Objekt auf zweifache Art und Weise erfasst werden kann. Zum einen kann das Objekt erkannt werden. Den Erkenntnisprozess, dessen Wesen auf Synthesis der sinnlichen Anschauung mit den Verstandesbegriffen beruht, analysiert KANT in der *Kritik der reinen Vernunft*. Das Erkenntnisurteil hat eine logische und objektive Gültigkeit, die auf den Begriffen gegründet ist.

Ganz anders sieht es bei der Auffassung des Objektes durch die Urteilskraft aus, bei der es darauf ankommt, ob ein Objekt schön ist. Für diese Urteilskraft ist das Objekt gleichfalls als Vorstellung der Einbildungskraft gegeben. Aber im Gegensatz zum Verstand nutzt die Urteilskraft keine Begriffe und zielt nicht auf Erkenntnis oder Wissen ab. Sie nimmt die Vorstellung des Objektes auf, kehrt aber zum Inneren des Subjektes zurück und konzentriert sich auf das Erkenntnisvermögen und das Gefühl der Lust oder Unlust:

---

[1]   KU S. 213. Die Werke KANTs werden nach Text und Seitenzählung der Akademieausgabe zitiert.
[2]   Ebd., S. 203.

„Hier wird die Vorstellung gänzlich auf das Subjekt und zwar auf das Lebensge-
fühl desselben, unter dem Namen des Gefühls der Lust oder Unlust, bezogen;
welches ein ganz besonderes Unterscheidungs- und Beurteilungsvermögen gründet, das zum Erkenntnis nichts beiträgt, sondern nur die gegebene Vorstellung im
Subjekte gegen das ganze Vermögen der Vorstellungen hält."[3]

Die Urteilskraft fragt, was das Objekt für das Subjekt bedeutet, welchen Eindruck es
erweckt, ob es ihm gefällt. Sie interessiert sich nicht für die Erkenntnis, und es ist für
sie sogar gleichgültig, ob das schöne Objekt wirklich existiert. Eine solche Einstellung
gibt dem Subjekt die Gelegenheit, den Gegenstand auf eine eigenartige Weise anzusehen, es ohne jegliches Interesse anzusehen und den Gegenstand nur auf Grund des
freien Wohlgefallens zu beurteilen. Dieses „freie Spiel" ist nur gegenüber dem Schönen möglich.

Damit ein Urteil, etwa der Art: *der Gegenstand ist schön,* gefällt werden kann, muss
der Gegenstand unmittelbar wahrgenommen werden. Wir haben es hier also mit einem einzelnen Urteil zu tun, das sich auf eine direkt gegebene Tatsache bezieht. Dieser Beurteilung liegt ein reines, uninteressiertes und nur subjektives Wohlgefallen
zugrunde. Daher scheint es, dass wir im Geschmacksurteil ein einzelnes Faktum nennen und dem Gegenstand ohne Bezug auf Begriffe eine bestimmte Beschaffenheit (die
Schönheit) zuschreiben. Es ist also schwer vorauszusetzen, dass ein solches Urteil allgemeine Gültigkeit besitzen und irgendwelche Normativität behaupten kann. Doch
trotz seiner Vereinzelung erhebt das Geschmacksurteil den Anspruch, dass jeder
Mensch gegenüber dem Schönen, das in unmittelbarer Vorstellung gegeben ist, das
gleiche Urteil fällen wird. Wenn ich sage: *das gefällt mir,* oder *ich habe das gern,* drücke ich
nur mein subjektives Wohlgefallen aus. Wenn ich sage: *das ist schön* setze ich jedoch –
abgesehen vom subjektiven Charakter meines Urteiles – voraus, dass jeder Mensch
damit übereinstimmen sollte. KANT schreibt über diese Eigentümlichkeit des ästhetischen Urteils:

„Das Geschmackurteil bestimmt seinen Gegenstand in Ansehung des Wohlgefallens (als Schönheit) mit einem Anspruche auf jedermann Beistimmung, als ob es
objektiv wäre."[4]

Was ermöglicht die Objektivität des Geschmacksurteils, worauf beruht seine Normativität? Die Möglichkeit, dass die ästhetische Norm aus der Faktizität, d.h. aus der
Struktur des objektiv vorgestellten Gegenstandes abgeleitet werden könne, lehnt KANT
entschieden ab. Das Geschmacksurteil erkennt keine innere Beschaffenheit des Gegenstandes – im Gegenteil, es erteilt Auskunft darüber, was innerhalb der Struktur des
Subjekts geschieht:

„Denn darin besteht eben das Geschmacksurteil, dass es eine Sache nur nach
derjenigen Beschaffenheit nennt, in welcher sie sich nach unserer Art sie aufzunehmen richtet."[5]

---

3   Ebd., S. 204.
4   Ebd., S. 281.
5   Ebd., S. 282.

Die Schönheit eines Gegenstandes können wir also als eine Fähigkeit desselben bestimmen, sich dem Erkenntnisvermögen des Subjekts anzupassen. In diesem Sinn spricht KANT von einem „allgemeinen obzwar subjektiven Grund", auf welchen sich ästhetische Urteile beziehen,

> „[…] nämlich die zweckmäßige Übereinstimmung eines Gegenstandes (er sei Produkt der Natur oder der Kunst) mit dem Verhältnis der Erkenntnisvermögen unter sich, die zu jedem empirischen Erkenntnis erfordert werden (der Einbildungskraft und des Verstandes)."[6]

Daher kann das Geschmacksurteil nach KANT

> „[…] nur in der Subsumtion der Einbildungskraft selbst (bei einer Vorstellung, wodurch ein Gegenstand gegeben wird) unter die Bedingung, dass der Verstand überhaupt von der Anschauung zu Begriffen gelangt, bestehen."[7]

Das Schöne bestimmt nicht das Verhältnis zwischen Verstand und Einbildungskraft. Es lässt dieses Verhältnis in Freiheit bleiben, weil es selbst einen solchen inneren „Reichtum" besitzt, durch welchen der schöne Gegenstand in der Lage ist, sich allen möglichen Proportionen der Erkenntnisvermögen anzupassen. Darum ist es möglich, dass die unbegrenzte sinnliche Vorstellungskraft der Regelmäßigkeit des Verstandes gegenübersteht. Man könnte vermuten, dass ein solches Erlebnis, das aus der Vorstellung des schönen Gegenstandes entspringt, ganz subjektiv sei. KANT weist jedoch auf

> „[…] die subjektive allgemeine Mitteilbarkeit der Vorstellungsart in einem Geschmackurteile" hin, und behauptet, „dass sie nichts anderes als der Gemütszustand in dem freien Spiele der Einbildungskraft und des Verstandes sein kann."[8]

Die Schönheit ist also keine statische Beschaffenheit eines Gegenstandes, sondern sie ist im Grunde genommen ein Ereignis, das innerhalb der Grenzen des Subjekts stattfindet. Das Wesen der Schönheit besteht in einer Harmonie der Erkenntnisvermögen, die in „dem freien Spiel der Einbildungskraft und des Verstandes" eintritt. KANT betont, dass die Begründung so gefasster Schönheit keiner Rechtfertigung bedarf. Wir haben es hier mit einem ganz interesselosen und zwecklosen Erlebnis zu tun – gegenüber dem Schönen geht es nur darum,

> „[…] den Zustand der Vorstellung selbst und die Beschäftigung der Erkenntniskräfte ohne weitere Absicht zu erhalten. Wir weilen bei der Betrachtung des Schönen, weil diese Betrachtung sich selbst stärkt und reproduziert."[9]

---

6 Ebd., S. 191.
7 Ebd., S. 287.
8 Ebd., S. 217f.
9 Ebd., S. 222.

Der Ursprung der ästhetischen Normativität liegt – nach Kantischer Auffassung –
eindeutig innerhalb der Struktur des Subjekts. Der Geschmack, den wir als Äußerung
dieser Normativität bezeichnen können, stammt

> „[…] von dem tief verborgenen, allen Menschen gemeinschaftlichen Grunde der
> Einhelligkeit in Beurteilung der Formen, unter denen ihnen Gegenstände gegeben
> werden."[10]

Sind wir überhaupt in der Lage, die Natur dieses geheimnisvollen Grundes näher zu
fassen und etwas mehr darüber zu sagen als nur, dass er auf der Harmonie der Erkenntnisvermögen beruht, die im freien Spiel der Einbildungskraft und des Verstandes
zu Stande gebracht wurde?

Bevor wir versuchen, diese Frage zu beantworten, sei noch eine Bemerkung gestattet. Es wurde bereits gesagt, dass der Mensch gegenüber dem Schönen einen
einzigartigen Zustand der Ungebundenheit erreicht: er ist unabhängig vom Bedürfnis
und von der Begierde. Er strebt keinen Zweck an, fühlt keine Verpflichtung und unterliegt keiner Gesetzgebung der Vernunft. Der Mensch bleibt frei in der Betrachtung
der Harmonie seiner Erkenntnisvermögen, die durch die Anwesenheit des schönen
Gegenstandes erweckt wurde. Es scheint, dass er unter diesen Umständen nur ein
subjektives Urteil über das Schöne abgeben kann, weil wir hier keinen Anlass sehen,
der die objektive Gültigkeit des Urteils begründen würde. Aber nach KANT sieht das
anders aus:

> „Denn das, wovon jemand sich bewusst ist, dass das Wohlgefallen an demselben
> bei ihm selbst ohne alle Interesse sei, das kann derselbe nicht anders als so beur-
> teilen, dass es einen Grund des Wohlgefallens für jedermann enthalten müsse.
> Denn da es sich nicht auf irgendeine Neigung des Subjekts (noch auf irgendein
> anderes überlegtes Interesse) gründet, sondern da der Urteilende sich in Anse-
> hung des Wohlgefallens, welches er dem Gegenstande widmet, völlig frei fühlt: so
> kann er keine Privatbedingungen als Gründe des Wohlgefallens auffinden, an die
> sich sein Subjekt hängte, und muss es daher als in demjenigen begründet ansehen,
> was er auch bei jedem anderen voraussetzen kann."[11]

In diesem Text äußert KANT seine Ansicht über die Natur des Menschen und diese
Ansicht steht in engem Zusammenhang damit, wie er im weiteren den Charakter von
Normativität erklärt.

Neigung, Interesse und Begehren verbinden den Menschen mit der äußeren Welt
und erregen seine subjektiven Reaktionen. Insofern sind alle Erlebnisse durch „die
Logik" der Außenwelt bestimmt, und deswegen ist dort keine Übereinstimmung der
Meinungen und keine Mitteilbarkeit der Vorstellungsart möglich. Andererseits erlaubt
die Interesselosigkeit dem Menschen, von den äußeren Bestimmungen frei zu bleiben
und ermöglicht ihm somit das Alleinsein mit seiner Subjektivität. Paradoxerweise ist in
der Tiefe des Subjektiven – im Zentrum der menschlichen individuellen Identität –
„ein Element" aufzufinden, das Individualität mit Universalität verknüpft und die all-

---

[10] Ebd., S. 232.
[11] Ebd., S. 211.

gemeine Gültigkeit des Urteils begründet. Nach alltäglicher Meinung kann aus der Subjektivität nur ein subjektives Element entspringen. KANT kehrt diese Meinung um und behauptet, dass wir im Raum des Subjektiven – sozusagen im Subjektkern – eine echte Grundlage der objektiven Normativität entdecken. „Der geheime Grund" ist besonders im Zusammenhang mit dem ästhetischen Geschmacksurteil zu sehen. Einerseits besteht er im subjektiven, „freien Spiel" der Erkenntnisvermögen, anderseits macht er ein objektives Urbild für das ästhetische Urteilen aus.

KANT bezeichnet die Natur eines solchen Urbilds wie folgt:

> „[…] das höchste Muster, das Urbild des Geschmacks sei eine bloße Idee, die jeder in sich selbst hervorbringen muss, und wonach er alles, was Objekt des Geschmacks, was Beispiel der Beurteilung durch Geschmack sei und selbst den Geschmack von jedermann beurteilen muss."[12]

Das Urbild der Schönheit, also die Normalidee, die das Richtmaß für die ästhetische Beurteilung darstellt, soll durch den Menschen hervorgebracht werden. Dies mag wiederum den Eindruck erwecken, als ob ausschließlich der subjektive Charakter des Urteilens über die ästhetischen Norm entscheidet und somit die Möglichkeit objektiven Normativität ausgeschlossen wäre. KANT ist ganz anderer Meinung – er versucht, die Objektivität aus der Subjektivität zu entwickeln.[13] Wie sieht also der Prozess der Herstellung der ästhetischen Norm aus?

In der *Kritik der Urteilskraft* finden wir keine angemessene Antwort auf die so formulierte Frage, „denn wer kann der Natur ihr Geheimnis gänzlich ablocken?"[14] Jedoch können wir dort gewisse Hinweise finden, die die Kantische Denkart über den Ursprung der Normativität kennzeichnen. Hier schreibt KANT, dass

> „[…] jenes Urbild des Geschmacks […] freilich auf der unbestimmten Idee der Vernunft von einem Maximum beruht, aber doch nicht durch Begriffe, sondern nur in einzelner Darstellung kann vorgestellt werden."[15]

Ich möchte hier das Wort „Maximum" hervorheben. Es wurde schon mehrmals wiederholt, dass gegenüber dem Schönen die Erkenntnisvermögen des Menschen ein freies Spiel beginnen. Jetzt zeigt sich, dass in diesem Spiel ein Maximum („eine Spitze") erreicht werden kann. In Bezug auf die vorausgehende Analyse kann vermutet werden, dass das Maximum in der Harmonie – d.h. in der Anpassung der Einbildungskraft und des Verstandes – besteht.

KANT weist darauf hin, dass Geschmacksurteile und Erkenntnisurteile durch dasselbe Erkenntnisvermögen gefällt werden. Die Zusammenstimmung der Erkenntniskräfte kann, „nach Verschiedenheit der Objekte"[16], verschiedene Proportionen aufweisen. Der Erkenntnisprozess

---

[12] Ebd., S. 232.
[13] Unter anderen weist EMIL LASK darauf hin, dass „Kants Originalität darin zu bestehen [scheint], dass nach ihm die Objektivität in die notwendige und allgemeingültige Subjektivität hineinverlegt wird." Vgl. LASK (1923), S. 29.
[14] KU S. 233.
[15] Ebd., S. 232.
[16] Ebd., S. 238.

„[…] erfordert auch ein Verhältnis der Einbildungskraft und des Verstandes, um den Begriffen Anschauungen und diesen wiederum Begriffe zuzugesellen, die in ein Erkenntnis zusammenfließen; aber alsdann ist die Zusammenstimmung beider Gemütskräfte gesetzlich, unter dem Zwange bestimmter Begriffe."[17]

Erkenntnis kann nur „daraus entspringen, daß sie [also der Verstand und die Sinnlichkeit] sich vereinigen"[18]. Deshalb ist im Erkenntnisurteil das Verhältnis von Verstand und Sinnlichkeit durch die Bedingungen der Synthesis zwischen Begriffen (die aus dem Verstand stammen) und Anschauungen (die durch Sinne und Einbildungskraft hergestellt wurden) eindeutig bestimmt – sie befinden sich also „unter dem Zwange". Ganz anders sieht diese Zusammenstimmung gegenüber dem schönen Objekt aus,

„[…] wo Einbildungskraft in ihrer Freiheit den Verstand erweckt, und dieser ohne Begriffe die Einbildungskraft in ein regelmäßiges Spiel versetzt, da teilt sich die Vorstellung nicht als Gedanke sondern als inneres Gefühl mit."[19]

Im freien Spiel ist auch eine optimale Proportion zu erreichen, „in welcher dieses innere Verhältnis zur Belebung (einer durch die andere) die zuträglichste für beide Gemütskräfte in Absicht auf Erkenntnis überhaupt ist"[20]. Diese Zusammenstimmung („das Maximum einer Idee"), die die Mitteilbarkeit des Geschmacks begründet, kann nicht nach Begriffen, sondern nur durch ein Gefühl bestimmt werden. KANT bezeichnet dieses Gefühl schließlich als Gemeinsinn (*sensus communis*). Doch was bedeutet hier Gemeinsinn? KANT schreibt:

„Unter dem sensus communis aber muss man die Idee eines gemeinschaftlichen Sinnes, d.i. eines Beurteilungsvermögens verstehen, welches in seiner Reflexion auf die Vorstellungsart jedes anderen in Gedanken (a priori) Rücksicht nimmt, um gleichsam an die gesamte Menschenvernunft sein Urteil zu halten und dadurch der Illusion zu entgehen, die aus subjektiven Privatbedingungen, welche leicht für objektiv gehalten werden könnten, auf das Urteil nachteiligen Einfluss haben würde."[21]

Um die Möglichkeiten seiner Erkenntniskräfte voll auszunutzen und die Fähigkeit der eigenen Vernunft zu einem Maximum zu entwickeln, soll der Mensch die Wirklichkeit so auffassen, als ob er alle möglichen Standpunkte berücksichtigen würde. Nach KANT ist der Mensch in der Lage, eine solche unendliche Operation durchzuführen, d.h. seine Reflexion auf die gesamte Menschenvernunft anzuwenden. Diese Fähigkeit kann als wahre Anlage zur Normativität betrachtet werden, weil in dieser Operation tatsächlich das Urbild der Schönheit entsteht.

Wie wird aber die Operation, in welcher der Mensch seine Vernunft mit der gesamten Menschenvernunft konfrontiert, praktisch zustande gebracht? Wir sind nicht in der Lage, die Frage richtig zu beantworten (man kann noch einmal mit KANT wie-

---

[17] Ebd., S. 295.
[18] KrV B S. 95.
[19] KU S. 296.
[20] Ebd., S. 238.
[21] Ebd., S. 293.

derholen: „Wer kann der Natur ihr Geheimnis gänzlich ablocken?"[22]). Wir können praktisch nur behaupten, dass innerhalb der Subjektstruktur eine Fähigkeit steckt, die das Vollbringen einer solchen Operation durch den Menschen möglich macht.

KANT gibt jedoch gewisse Hinweise, die uns dem Verstehen dieses Geheimnisses näher bringt. Zuerst betont er, dass die Operation, die die Grundlegung der ästhetischen Normativität ermöglicht, vor allem mit einer neuen Denkungsart verbunden ist. Diese Denkungsart gründet in gemeinem Menschenverstand, den man jedem Menschen zuschreiben kann. Um die Natur solchen Denkens zu konkretisieren und deutlicher darzustellen, weist KANT auf drei Maximen des gemeinen Menschenverstandes hin:[23]

1. „Selbstdenken". Diese Maxime betont die Aktivität und Unabhängigkeit des Denkens. Der Mensch muss in seinem Denken autonom sein, und das bedeutet vor allem die Befreiung vom Vorurteilen und Aberglauben.
2. „An der Stelle jedes anderen denken". Die zweite Maxime weist darauf hin, dass der Mensch die subjektiven Bedingungen des Urteilens überschreiten und von einem allgemeinen Standpunkte aus reflektieren soll.
3. „Jederzeit mit sich selbst einstimmig denken". Das Denken muss konsequent und kohärent sein. Diese Beschaffenheit des Denkens ist – nach KANT – am schwersten zu erreichen und kann nur durch die Verbindung der beiden ersten Maximen verwirklicht werden.

Die drei Maximen vereinigen in sich gegensätzliche Momente: Subjektivität (Autonomie), Objektivität (Intersubjektivität), Konsequenz. Sie können als formale Bedingungen betrachtet werden, die der Mensch in einem Denkprozess berücksichtigen soll, um die Normativität seiner Beurteilung zu begründen und zu sichern.

Einen weiteren Hinweis, der uns der Grundlegung der ästhetischen Normativität näher bringt, finden wir in der Auflösung der Antinomie des Geschmacks. Diese Antinomie resultierte aus dem Anschein, dass das Geschmacksurteil gleichzeitig auf Begriffen gegründet (es erhebt Anspruch auf die notwendige Zustimmung anderer) und nicht gegründet sei (es könnte ansonsten bewiesen werden)[24]. KANT schlägt folgende Lösung dieser Antinomie vor:

„[…] das Geschmacksurteil gründet sich auf einem Begriffe, aus dem aber nichts in Ansehung des Objekts erkannt und bewiesen werden kann, weil er an sich unbestimmbar und zum Erkenntnis untauglich ist; es bekommt aber durch ebendenselben doch zugleich Gültigkeit für jedermann […], weil der Bestimmungsgrund desselben vielleicht im Begriffe von demjenigen liegt, was als das übersinnliche Substrat der Menschheit angesehen werden kann."[25]

Um die objektive Gültigkeit (also Normativität) des Geschmacksurteils zu begründen, beruft sich KANT also wiederum auf etwas, das unbestimmbar bleibt.

---

[22] Ebd., S. 233.
[23] Ebd., S. 294.
[24] Ebd., S. 339.
[25] Ebd., S. 341.

An dieser Stelle sei eine weitere Bemerkung gestattet. Es ist merkwürdig, dass
KANT sich auf ein „unbestimmtes Etwas" auch in anderen Werken beruft. Er macht
es üblicherweise an solchen Stellen, wo seine Analyse den tiefsten Grund – den Kern
des Problems – zu treffen versucht. So erscheint zum Beispiel gerade in dem Para-
graph der *Kritik der reinen Vernunft*, in welchem KANT die Natur der reinen Verstandesbegriffe und die ihnen zu Grunde liegende Synthesis analysiert, der berühmte und
gleichzeitig geheimnisvolle Satz:

> „Dieselbe Funktion, welche den verschiedenen Vorstellungen in einem Urteile
> Einheit gibt, die gibt auch verschiedene Vorstellungen in einer Anschauung Ein-
> heit."[26]

KANT versucht zu zeigen, dass jede Synthesis dieselbe Regelmäßigkeit ausdrückt und
damit denselben „Ur-mechanismus" der Synthesis wiedergibt. Es gibt also eine „Ur-
Stufe" der Synthesis, die KANT weiter als die reine Synthesis zu beschreiben versucht.
Die reine Synthesis ist jedoch „etwas", das sich nicht restlos durchdringen lässt. KANT
scheint nicht so genau zu bezeichnen, was diese Synthesis ist, sondern eher auf die Ge-
biete und Vorgänge zu verweisen, in denen diese konstituiert wird. Treffend kommentiert das DIETER HENRICH:

> „Man kann nämlich in Kants gesamten Werke keine einzige Stelle finden, die eine
> hinreichende Evidenzbasis für die Aufklärung dieser für seine Theorie grundle-
> genden Abteilungen bietet."[27]

Die reine Synthesis ist eine „nicht zu Ende bestimmte" Relation zwischen reiner sinnli-
cher Anschauung und dem reinen Begriff des Verstands. (Nach KANT ist eben diese Relation nicht zu Ende bestimmt.) Die Synthesis taucht aus einer eigenartigen Spannung
zwischen der passiven Rezeptivität der Sinne und der Spontaneität des Denkens des
Verstands auf. Die Grundhandlung der Vernunft stellt also ein Mittelding zwischen Anschauung und Begriff dar. Viele Kantianer haben KANT dafür kritisiert, am eindringlichs-
ten SCHOPENHAUER. Für ihn ist ein solches Mittelding „ein völliges Unding"[28]. Seiner
Meinung nach hätte KANT zeigen sollen,

> „[…] welche Erkenntnis das bloße Anschauen gebe und welche neue im Denken
> hinzukomme. Dann hätte man gewußt, wovon er eigentlich rede, […] nämlich
> einmal von Anschauen und dann vom Denken, statt daß er jetzt immer mit einem
> Mittelding von beiden zu tun hat, welches ein Unding ist."[29]

Kommen wir jedoch auf unser Thema zurück. Wie können wir dieses „unbestimmte
Etwas", das KANT bei der Analyse des Grundes des ästhetischen Urteils als das übersinnliche Substrat der Menschheit bezeichnet, interpretieren?
  Vor allem steht fest, dass dieser Begriff in die Struktur des Subjekts eingeschrieben ist. Im Gegensatz zu den reinen Begriffen des Verstandes birgt er keine Bedin-

---

[26] KrV B S. 92.
[27] HENRICH (1976), S. 54.
[28] SCHOPENHAUER (1960), S. 589.
[29] Ebd., S. 640. Vergleiche dazu BOBKO (2002).

gung der Möglichkeit der Erfahrung oder Erkenntnis. Der Begriff fungiert eher als ein eigenartiges Band, das den Menschen mit anderen verbindet. Diese Verbundenheit mit der Menschheit bedeutet, dass die Menschen zu einer Verständigung fähig sind, die sich nicht nur auf logische Begriffe, sondern auch auf etwas Unbestimmtes – also auf eine Art Gefühl – stützen kann. Um die allgemeine Übereinstimmung unter den Menschen zu verwirklichen, muss jeder Mensch seine Anlage zur Universalität (Normativität) entwickeln – seine Erkenntniskräfte zu einem Maximum bringen, sich also an die gesamte Menschenvernunft halten.

Wir müssen abschließend noch kurz fragen, welche Rolle die Struktur des schönen Gegenstandes (also die Faktizität des Schönen) im Prozess der ästhetischen Beurteilung spielt. Die allgemeine Gültigkeit des Geschmacksurteils ist zwar auf der Harmonie der Erkenntnisvermögen gegründet, aber das Urteil bezieht sich doch auf den konkreten Gegenstand. Nicht jeder Gegenstand treibt das Subjekt zum freien Spiel an, dies kann nur ein schöner Gegenstand verursachen. Wie wird also durch die Struktur des schönen Gegenstandes die ästhetische Beurteilung beeinflusst? Darüber spricht KANT kaum. Er betont zwar, dass die unmittelbare Gegebenheit des Objekts für die Beurteilung notwendig ist. Aber trotzdem ist er überzeugt, dass die Normativität des Urteils aus dem Inneren des Subjekts entspringt – der Gegenstand (die Faktizität des Schönen, oder selbst die Natur) muss sich dem freien Spiel des Subjekts anpassen und der Urteilskraft unterordnen.

In diesem Sinn setzt KANT „einen Grund überhaupt von der subjektiven Zweckmäßigkeit der Natur für die Urteilskraft".[30] Er scheint also an eine vorherbestimmte Harmonie zu glauben.[31] Wir können die durch das Subjekt hergestellte Normativität als den deutlichsten Ausdruck dieser Harmonie interpretieren. Erst die Annahme einer solchen Harmonie berechtigt zur Kantischen Überzeugung, dass im freien Spiel, an dem vor allem die Erkenntniskräfte, aber irgendwie auch die Gegenstände teilnehmen, ein Maximum zu erreichen ist. Und gerade in diesem Maximum ist die Normativität des Urteils begründet.

Literatur

BAUM, MANFRED (1986): Deduktion und Beweis in Kants Transzendentalphilosophie, Königstein: Hain Verlag.

BOBKO, ALEKSANDER (2002): Die Natur der Vernunft bei Kant und Schopenhauer", in: Schopenhauer im Kontext, hrsg. v. DIETER BIRNBACHER, Würzburg: Königshausen & Neumann.

HENRICH, DIETER (1976): Identität und Objektivität. Eine Untersuchung über Kants transzendentale Deduktion, Heidelberg: Winter.

---

[30] KU S. 340.
[31] MANFRED BAUM weist darauf hin (obzwar im Kontext der Deduktion der Kategorien), dass der Begriff der vorherbestimmten Harmonie bei KANT eine Rolle spielt. Er schreibt wie folgt: „Die Zusammenstimmung [es geht hier um die Zusammenstimmung der Erkenntnisvermögen] wird darum in einer Aufnahme des Leibnizschen Begriffs der vorherbestimmten Harmonie von Kant auf gewisse Zweckmäßigkeit in der Anordnung der obersten Ursache zurückgeführt, was nach kritischen Grundsätzen bedeutet, dass wir dafür keinen Grund angeben, sondern uns darauf berufen können." Vgl. BAUM (1986), S. 172.

LASK, EMIL (1923): Die Logik der Philosophie und die Kategorienlehre, in: ders., Gesammelte Schriften, Bd. II, Tübingen: Mohr.

SCHOPENHAUER, ARTHUR (1960): Die Welt als Wille und Vorstellung, hrsg. v. W. LÖHNEYSEN, Bd. I, Stuttgart: Cotta.

Wilhelm Metz

DAS GEFÜHL DER ACHTUNG IN KANTS *KRITIK DER PRAKTISCHEN VERNUNFT*

Die Achtung vor dem Sittengesetz ist eine zentrale Thematik in KANTs praktischer Philosophie, die in einem Lehrstück von besonderer gedanklicher Dichte abgehandelt wird. Die folgende Erörterung hält sich an die Exposition des Gefühls der Achtung in der *Kritik der praktischen Vernunft* (KpV), in der KANT die praktische Philosophie im Blick auf das Ganze der Vernunft erörtert und somit in maßgeblicher Form darstellt.[1] Es soll im folgenden die These erhärtet werden, dass das Gefühl der Achtung die ganze von KANT gedachte Sittlichkeit unter einem bestimmten Aspekt in sich enthält. Auszugehen ist von der Architektonik der Analytik der KpV, die KANT mit einem Vernunftschluss vergleicht. In einem zweiten Schritt soll das Gefühl der Achtung als eine Selbstversinnlichung[2] der praktischen Vernunft dargelegt werden. Drittens werden Überlegungen angestellt, die den Begriff der Achtung in seiner Bedeutung für KANTs Gesamtphilosophie erwägen.

1. Die Architektonik der praktischen Vernunft als Vernunftschluss

In seiner „Kritischen Beleuchtung der Analytik der reinen praktischen Vernunft" charakterisiert KANT die Architektonik der praktischen Vernunft als einen Vernunftschluss, welcher gegenüber der Analytik der reinen theoretischen Vernunft eine umgekehrte Ordnung erkennen lässt. Während die Analytik der *Kritik der reinen Vernunft* (KrV) von der Anschauung anhebt, zu den Begriffen fortgeht und bei den Grundsätzen endigt, beschreibt die Analytik der praktischen Vernunft den entgegengesetzten Weg. Sie beginnt mit den praktischen Grundsätzen a priori – genauer: mit dem einen obersten Grundsatz der praktischen Vernunft –, unter dessen Maßgabe sich zweitens die Gegenstände einer praktischen Vernunft a priori bestimmen lassen; schließlich erörtert sie in dritter Position das Verhältnis zur Sinnlichkeit, d.i. den Einfluss der praktischen Vernunft auf dieselbe, der sich als ein moralisches Gefühl manifestiert. Im Bilde gesprochen verläuft die Darstellung der Analytik der zweiten Kritik „von oben nach unten": Sie fängt bei dem höchsten Prinzip an und stellt im Resultat dessen Einbildung in die Sinnlichkeit des Menschen dar, d.i. das Hervorrufen des Gefühls der Achtung.

Die angegebene Schrittfolge ist, wie KANT an verschiedenen Stellen seines Werkes einschärft, keine äußerliche Stoffeinteilung, sondern die notwendige Form, die allein

---

[1] Zum Begriff der Achtung im Gesamtwerk KANTs vergleiche BREZINA (1999); zum „Achtungs"-Begriff in der KpV siehe S. 199f.
[2] Den Begriff der Selbstversinnlichung verwendet LOOCK (1998); siehe z.B. S. 75f. Weiter unten soll dargelegt werden, inwiefern dieser von KANT selber nicht benutzte Begriff dennoch den von ihm herausgestellten Sachverhalt präzise bezeichnen kann.

dem Inhalt der Kritik der praktischen Vernunft entspricht. Denn das Grundgesetz der reinen praktischen Vernunft, das wohl zu den bekanntesten Sätzen der ganzen Philosophie gehört „Handle so, daß die Maxime deines Willens jederzeit zugleich als Princip einer allgemeinen Gesetzgebung gelten könne"[3], wäre nicht der Grundsatz der Sittlichkeit, wenn es nicht unmittelbar willensbestimmend, sondern durch die Vorstellung eines Objekts des Willens vermittelt sein würde. Wollte man die Frage aus HEGELs *Wissenschaft der Logik* „Womit muß der Anfang der Wissenschaft gemacht werden?"[4] auf KANTs zweite Kritik anwenden, so muss offenbar der Anfang dieser praktischen Wissenschaft mit dem Sittengesetz, als dem Gesetz der absoluten Selbstbestimmung des Willens, gemacht werden. Denn dass die Vernunft überhaupt für sich allein praktisch sein oder dass sie den Willen unmittelbar bestimmen könne, besagt für KANT ein und dasselbe (a.a.O., S. 46).

Unter der Maßgabe dieser reinen Vernunftbestimmung durch das Sittengesetz, die die ARCHÄ von KANTs praktischer Philosophie bildet, werden die Gegenstände a priori erst bestimmbar, die dem guten Willen nicht vorgegeben, sondern als zu tun oder zu unterlassen aufgegeben sind. Sie erscheinen zunächst unter dem allgemeinen Namen des Guten und Bösen, wobei die prinzipielle Bedeutung der Schritt*folge* von KANT unterstrichen wird. Nicht geht die Vorstellung eines Guten voraus, um dem Willen gleichsam seine Richtung vorzugeben; sondern aus der Selbstgesetzgebung der praktischen Vernunft, gemäß der die Form der Allgemeinheit der alleinige Bestimmungsgrund des Willens ist, kann erst der Gegenstand erkannt werden, den der sittlich gute Wille hervorbringen soll. Die sich hier anschließende Frage, was denn das Gute, als der Gegenstand des sittlichen Willens, inhaltlich sei, beantwortet KANT mit der „Typik der reinen praktischen Vernunft", in der Gedanken wieder aufgenommen und neu angeordnet werden, die in der *Grundlegung zur Metaphysik der Sitten* im Anschluss an die Naturgesetzformel des Kategorischen Imperativs ausgeführt wurden. Dort hatte KANT zum ersten Mal die Subsumtion möglicher Handlungen unter das Sittengesetz zu begründen versucht.[5]

Erst im dritten Teil der Analytik der KpV wird der subjektive Bestimmungsgrund der sittlichen Handlung erreicht, den KANT unter dem Titel der Triebfeder erörtert. An einer zentralen Stelle wird die gesamte Schrittfolge zusammengefasst:

> „Das moralische Gesetz also, so wie es [erstens] formaler Bestimmungsgrund der Handlung ist, durch praktische reine Vernunft, so wie es [zweitens] zwar auch materialer, aber nur objectiver Bestimmungsgrund der Gegenstände der Handlung unter dem Namen des Guten und Bösen ist, so ist es [drittens] auch subjectiver Bestimmungsgrund, d.i. Triebfeder, zu dieser Handlung, indem es auf die Sinnlichkeit des Subjekts Einfluß hat, und ein Gefühl bewirkt, welches dem Einflusse des Gesetzes auf den Willen beförderlich ist" (a.a.O., S. 75).

In diesem Vernunftschluss wird dargelegt, wie die *allgemeine* Willensbestimmung durch das moralische Gesetz über die *besonderen* Handlungsobjekte dem Gesetz gemäß mit der subjektiven Willensbestimmung des *einzelnen* Menschen zusammengeschlossen ist.

---

3   KpV S. 30. KANTs Schriften werden nach der Akademieausgabe zitiert. Vgl. dazu das Siglenverzeichnis in diesem Band.
4   HEGEL (1967), Bd. 1, S. 51f.
5   Vgl. KANTs Überlegungen in der GMS S. 421f. mit seinen Darlegungen in der KpV S. 69f.

Dank des Resultates, das hier mit einem Schlusssatz in Analogie gesetzt wird, ist die Selbstgesetzgebung der praktischen Vernunft, die bei KANT schlechthin von überindividueller und universeller Gültigkeit ist, zur Willensbestimmung dieses Menschen geworden. Wenn KANT das von der Vernunft gewirkte Gefühl als die Achtung vor dem Sittengesetz charakterisiert, so kommt alles darauf an, die einzelnen Momente der Sittlichkeit gegeneinander nicht zu isolieren. Die Sittlichkeit ist ein einziges Ganzes und nur in der Vollständigkeit aller genannten Bestimmungen überhaupt da. Die in der Literatur oft verwendeten Begriffe der Dijudikation und der Motivation laufen nicht selten Gefahr, gerade den Zusammenschluss der aufgeführten Bestimmungen zu verdunkeln.[6] Unsere transzendentalphilosophische Erörterung geht zwar sukzessive vor und handelt die drei Glieder des Schlusses einzeln ab; aber das, was hier nacheinander dargestellt wird, ist der Sache nach voneinander untrennbar. So hebt KANT eigens hervor:

> „[…] die Achtung fürs Gesetz [ist] nicht Triebfeder zur Sittlichkeit, sondern sie ist die Sittlichkeit selbst, subjectiv als Triebfeder betrachtet […]" (a.a.O., S. 76).

Dieses Gefühl der Achtung, welches unter einem bestimmten Gesichtspunkt die Sittlichkeit selbst ist, gilt es jetzt näher an ihm selbst zu betrachten.

2. Das Gefühl der Achtung als die Selbstversinnlichung der praktischen Vernunft

Dass wir uns mit dem Thema der Achtung im innersten Zentrum der praktischen Philosophie KANTs befinden, lässt sich durch eine kurze Überlegung verdeutlichen. Die Sittlichkeit überhaupt wird von KANT als die Selbstgesetzgebung der praktischen Vernunft dargelegt, in welcher Konzeption sich eine eigentümliche Verwandlung der von ROUSSEAU gedachten ‚bürgerlichen Selbstgesetzgebung' vollzieht. Die freien Bürger im Sinne ROUSSEAUs sind Gesetzgeber und zugleich dem Gesetz Unterstellte, welches Selbstverhältnis eine Unterscheidung des Menschen von sich selbst, weil seine Neugeburt im Staate bedeutet.[7] Von einer Neugeburt kann im Blick auf die Freiheit gesprochen werden, da wir nämlich, um ROUSSEAUs Gesamtsicht in eine Kurzformel zu bringen, *als Menschen* unsere ursprüngliche Freiheit unwiederbringlich verloren ha-

---

6   WEIPER (2000) unterscheidet die „Dijudikation" (S. 21f.) und die „Exekution" (S. 31f.) in der Kantischen Ethik. Im Kapitel *Der Achtungsbegriff im Triebfederkapitel* (S. 46f.) arbeitet sie gut heraus, dass die beiden o.g. Momente bei KANT untrennbar sind, „daß das Gefühl der Achtung fürs Gesetz identisch ist mit dem Sittengesetz *in subjektiver Perspektive betrachtet*" (S. 48). Ein möglicher Einwand gegen KANTs Konzeption der Achtung, nämlich „daß sie der Forderung, das Sittengesetz solle den Willen unmittelbar bestimmen, widerspricht", wird folgendermaßen entkräftet: Weil „eine strenge Unmittelbarkeit ohne ein Zwischenglied angesichts des Hiatus zwischen der reinen Formalität des Gesetzes einerseits und der sinnlich-endlichen Vernunftnatur des Menschen andererseits nicht möglich ist, stellt der Begriff der Achtung für Kant nichts anderes als die Weise dar, *wie* angesichts dieses Verhältnisses *doch* eine unmittelbare Willensbestimmung denkbar sein kann, nämlich indem das den reinen Willen objektiv bestimmende Gesetz für die Willkür einen subjektiven Bestimmungsgrund ihrer Maximenwahl darstellt. Achtung ergibt sich damit folgerichtig aus Kants systematischen Voraussetzungen" (S. 49f.).

7   ROUSSEAU (1964), S. 361f., bes. 364 : «[…] il devroit bénir sans cesse l'instant heureux qui l'en arracha pour jamais, et qui, d'un animal stupide et borné, fit un être intelligent et un homme».

ben (*2. Discours*)[8], *als Bürger* jedoch eine neue Freiheit wiedergewinnen können (*Du contrat sociale*). Wenn ROUSSEAU in seiner Staatskonzeption die *allgemeinen* Gesetze der Legislative über die *besonderen* Anordnungen der Regierung, den Gesetzen gemäß, auf den empirischen Willen der *Einzelnen* bezieht, so erscheinen die von ihm gedachten Republikbewohner in doppelter Position: Als citoyen sind sie Mitglieder der gesetzgebenden Volksversammlung und stehen als diese über der Regierung; als empirisch Einzelne sind sie jedoch sujets und den allgemeinen Gesetzen sowie den besonderen Anordnungen der Regierung unterstellt. Sie sind somit als Bürger von sich als bloß empirischen Menschen unterschieden. Und ROUSSEAU hebt klar hervor: Der Gehorsam gegenüber dem selbstgegebenen Gesetz *ist* Freiheit.[9]

Bei KANT wird diese bürgerliche Selbstgesetzgebung, die bei ROUSSEAU die republikanische Freiheit eines Gemeinwesens ausmacht, gleichsam in das Innere des Subjekts verlegt und als das Wesen der moralischen Freiheit aufgezeigt. Auch die von KANT gedachte Selbstgesetzgebung schließt eine Unterscheidung des Menschen von sich selbst ein. Denn als Gesetzgeber ist der Mensch, nach seinem intelligiblen Selbst betrachtet, die praktische Vernunft selber. Als empirisch Einzelner ist derselbe Mensch dem Gesetz der Vernunft schlechthin unterstellt und in dieser freien Selbstunterstellung ,Subjekt des Gesetzes'.[10]

Das Charakteristische an KANTs praktischer Philosophie ist nun aber, dass sie nicht nur die Entgegensetzung des Vernunft- und des Sinnenwesens ausführt, sondern ebenso sehr beide Extreme miteinander zusammenschließt. Weil die Gesetzgebung der praktischen Vernunft von einer immanenten Absolutheit ist – wir könnten in bezug auf KANT von einem absoluten Vernunftbegriff sprechen, welche Vernunft jedoch ihre Absolutheit allein als praktische manifestiert –, tritt das moralische Gesetz, trotz der Unbedingtheit seiner Anforderung oder gerade wegen ihr, dem Menschen nicht als ein Fremdes gegenüber, sondern als sein wahres Selbst, weil als das Gesetz seiner eigenen Vernunft. Das selbstgegebene Gesetz der praktischen Vernunft, als die Bestimmung des Menschen, ist jedoch in der kantischen Konzeption ebenso sehr an die Sinnlichkeit und empirische Einzelheit des Menschen vermittelt. Diese subjektive bzw. einzelne Realität des Moralgesetzes erblickt KANT im Gefühl der Achtung.

Bezüglich der hier zu denkenden Selbstversinnlichung der praktischen Vernunft nimmt KANT eine für seine Gesamtphilosophie höchst charakteristische Grenzziehung vor: *Dass* die im Moralgesetz liegende Vernunftbestimmung des Menschen sich zu dessen subjektiver Triebfeder macht, ist unzweifelhaft, weil es sonst gar keine Sittlich-

---

8 ROUSSEAU (1755), S. 122f.
9 ROUSSEAU (1964), Kap. 8, S. 365 «On pourroit sur ce qui précède ajouter à l'acquis de l'etat civil la liberté morale, qui seule rend l'homme vraiment maître de lui; car l'impulsion du seul appetit est esclavage, et l'obéissance à la loi qu'on s'est prescritte est liberté».
10 Vgl. zu dieser Thematik FORSCHNER (1974), besonders das Kapitel *Kant und Rousseau: Der allgemeine Wille – Gesetzgebung aus Freiheit* (S. 96f.). Dass wir in KANTs Ethik eine Verwandlung der Rousseauischen Konzeption vor uns haben, die eine fundamentale Unterscheidung impliziert, wird von FORSCHNER scharf akzentuiert; bei ROUSSEAU nämlich behält die volonté générale ein empirisches Moment, sie ist der Wille, auch der Lebenswille dieses Volkes und „das der Selbstliebe entspringende Interesse" bindet „den menschlichen Willen an das Bürgergesetz", während bei KANT eine „unbedingte, durch keine Interessen vermittelte Selbstbestimmung des Willens" (S. 105) gedacht wird. Zweifellos ist KANTs reiner und absoluter Vernunftbegriff ROUSSEAU prinzipiell fremd. Jedoch hebt dieser Unterschied die angezeigte *Struktur*analogie zwischen ROUSSEAUs Lehre von der bürgerlichen und KANTs Lehre von der moralischen Freiheit, die beide Mal als Selbstgesetzgebung gedacht wird, nicht auf.

keit geben könnte. Denn eine jede gesetzmäßige Handlung würde ohne die besagte Triebfeder

> „[…] blos dem Buchstaben, aber nicht dem Geiste (der Gesinnung) nach moralisch gut" sein. „[…] *wie* [aber] ein Gesetz für sich und unmittelbar Bestimmungsgrund des Willens sein" und also praktische Vernunft sich selbst schlechthin versinnlichen und vereinzeln könne, „das ist", wie hervorgehoben wird, „ein für die menschliche Vernunft unauflösliches Problem und mit dem einerlei: wie ein freier Wille möglich sei" (a.a.O., S. 72).

Die hier von KANT gezogene Grenze der Erkennbarkeit finden wir ganz analog in der Analytik der KrV, in der die Selbstversinnlichung der reinen Verstandessynthesis zur Synthesis der produktiven Einbildungskraft zwar in ihrem *Dass* erwiesen, aber nicht in ihrem *Wie* vor Augen gelegt werden kann.[11] Dieser Grenzziehung gemäß lässt sich hinsichtlich der Selbstversinnlichung der praktischen Vernunft auch lediglich ihr Produkt a priori erkennen:

> „[…] so bleibt nichts übrig, als bloß sorgfältig zu bestimmen, auf welche Art das moralische Gesetz Triebfeder werde, und was, indem sie es ist, mit dem menschlichen Begehrungsvermögen, als Wirkung jenes Bestimmungsgrundes auf dasselbe vorgehe" (ebd.).

Indem KANT die Wirkung der praktischen Vernunft auf die Sinnlichkeit bzw. die Realität des moralischen Gesetzes *als* Triebfeder darlegt, gibt er dem Gedanken der Unterscheidung des Menschen von sich selbst seine reichste Ausführung innerhalb der KpV. Der schon angesprochene Sachverhalt, nach dem einerseits der empirische Mensch dem moralischen Gesetz schlechthin unterworfen ist, andererseits aber die moralische Selbstgesetzgebung an den empirischen Menschen als einzelnen gelangt, – diese für KANTs Philosophie bezeichnende Doppelbewegung, Vernunft- und Sinnenwesen einander entgegenzusetzen und diese Entgegensetzung zugleich zu vermitteln, spiegelt sich als ganze noch einmal in dem, was KANT im Blick auf die subjektive Triebfeder zur Sittlichkeit, d.i. das vernunftgewirkte Gefühl der Achtung zum Vorschein bringt. Denn dieses Gefühl ist sowohl negativ als auch positiv, und weder einfach ein Gefühl der Lust noch der Unlust. Dieser in sich gespannte Gesamtcharakter des Gefühls der Achtung sei in seinen verschiedenen Momenten auseinandergelegt!

Die Negativität des Gefühls entspricht der Entgegensetzung von praktischer Vernunft und Sinnlichkeit derart, dass die vernunftgewirkte Triebfeder zur Sittlichkeit schlechthin jede sonstige Triebfeder *als* Bestimmungsgrund des Willens ausschließt. Diesbezüglich spricht KANT davon,

---

[11] Als Beleg für diese These sei auf eine Stelle aus der KrV hingewiesen, wo KANT den „Schematismus unseres Verstandes" als „eine verborgene Kunst in den Tiefen der menschlichen Seele" bezeichnet, „deren wahre Handgriffe wir der Natur schwerlich jemals abraten, und sie unverdeckt vor Augen legen werden" (KrV B 180f., A 141). Siehe zu dieser Thematik METZ (1991), S. 29f. und S. 81f.

„daß das moralische Gesetz als Bestimmungsgrund des Willens dadurch, daß es allen unseren Neigungen Eintrag tut, ein Gefühl bewirken müsse, welches Schmerz genannt werden kann [...]" (a.a.O., S. 73).

Diese negative Wirkung wird dahingehend weiter bestimmt und unterschieden, dass der Eigen*liebe* bloß Abbruch geschieht, während der Eigen*dünkel* gar niedergeschlagen wird.

Hier kann demnach der erste Schritt oder der eine Aspekt der Unterscheidung des Menschen von sich selbst ausgemacht werden. Er besteht im Losgerissenwerden des Willens von den Antrieben der Sinnlichkeit, zumal im prinzipiellen Ausschluss jeder Art von Selbstschätzung, die *vor* der Übereinstimmung der subjektiven Gesinnung mit dem moralischen Gesetz bestehen wollte.

Die Achtung fürs Gesetz ist jedoch ebenso ein positives Gefühl, und zwar nicht deswegen, weil zu dem negativen Aspekt auch noch ein positiver hinzuträte. Vielmehr eignet es dem Gefühl der Achtung aufgrund seiner Doppelendigkeit – nämlich als *Gefühl* der Sinnlichkeit, seinem *Ursprunge* nach aber der Vernunft anzugehören –, dass die besagte Negativität an ihr selbst zugleich positiv ist. Das moralische Gesetz ist gerade darin, dass es

„[die] Neigungen in uns, den Eigendünkel schwächt, zugleich ein Gegenstand der Achtung, und indem es ihn sogar niederschlägt, d.i. demüthigt, ein Gegenstand der größten Achtung, mithin auch der Grund eines positiven Gefühls, das nicht empirischen Ursprungs ist, und a priori erkannt wird" (ebd.).

KANT macht einen weiteren Schritt, den er auch als einen solchen kennzeichnet: Die Achtung ist nicht nur aufgrund ihres intellektuellen Ursprungs ein positives Gefühl, sondern auch *in* ihrem Negieren der Neigungen, als Bestimmungsgründe des Willens, unmittelbar selbst. Denn das moralische Gesetz

„demüthigt [...] unvermeidlich jeden Menschen, indem dieser mit demselben den sinnlichen Hang seiner Natur vergleicht. Dasjenige, dessen Vorstellung, als Bestimmungsgrund unseres Willens, uns in unserem Selbstbewußtsein demüthigt, erweckt, so fern als es positiv und Bestimmungsgrund ist, für sich Achtung. Also ist das moralische Gesetz *auch subjektiv* ein Grund der Achtung" (ebd., H.v.Vf.).

Das Einzigartige des Gefühls der Achtung manifestiert sich schließlich darin, dass es weder einfach ein Gefühl der Lust noch der Unlust ist. Dass es kein Gefühl der Lust ist, zeigt sich für KANT darin, dass die Menschen sich dieses Gefühls erwehren und es am liebsten wie eine Last los sein würden. Daraus entspringt ihr Trieb, an achtenswerten Personen etwas Tadelnswertes finden zu wollen, um nicht achten zu müssen. – Auf der anderen Seite ist die Achtung auch nicht bloß ein Gefühl der Unlust. Denn

„wenn man einmal den Eigendünkel abgelegt, und jener Achtung praktischen Einfluss verstattet hat, [so] [kann] man sich wiederum an der Herrlichkeit dieses Gesetzes nicht satt sehen", „und die Seele" glaubt „sich in dem Maße selbst zu erheben [...], als sie das heilige Gesetz über sich und ihre gebrechliche Natur erhaben sieht" (a.a.O., S. 77).

Die in sich gegenwendige Bestimmtheit der Achtung, den Menschen in seiner Selbst-schätzung herabzustimmen, ihn aber ebenso unvergleichlich über sich selbst zu erhe-ben, nämlich zur Achtung für seine eigene erhabene Bestimmung als Vernunftwesen, besitzt eine strukturelle Analogie zu dem, was KANT in seiner *Kritik der Urteilskraft* über das in sich gespannte Gefühl der Erhabenheit ausführt, welches von ihm als eine „Lust vermittelst einer Unlust" charakterisiert wird.[12]

Das Moment der Erhebung erhält in dem Kapitel „Von den Triebfedern der rei-nen praktischen Vernunft" eine eigene Darstellung, die über die berühmte „Anrede an die Pflicht" (a.a.O., S. 86) deren erfragten Ursprung in der Persönlichkeit findet. KANT führt diesbezüglich aus, dass

> „die Person also, als zur Sinnenwelt gehörig, ihrer eigenen Persönlichkeit unter-worfen ist, so fern sie zugleich zur intelligibelen Welt gehört; da es denn nicht zu verwundern ist, wenn der Mensch, als zu beiden Welten gehörig, sein eigenes We-sen, in Beziehung auf seine zweite und höchste Bestimmung, nicht anders, als mit Verehrung und die Gesetze derselben mit der höchsten Achtung betrachten muß" (a.a.O., S. 87).

REINHARD LOOCK hat in seinem Buch *Idee und Reflexion bei Kant* im Blick auf die Ana-lytik und insbesondere das Triebfederkapitel eine vorzügliche Entdeckung gemacht, nämlich dass die Architektonik dieser Analytik sich als ein *doppelter* Schluss erweist, der sich als die Doppelbewegung eines Herabstiegs aus dem höchsten Prinzip zur subjek-tiven Einzelheit und eines Aufstiegs aus dieser bis zum Ursprung der Pflicht in der Persönlichkeit darstellen lässt:

---

[12] Die systematische Nähe, die zwischen der Lehre vom Gefühl der Achtung und der Analytik des Erhabenen besteht, zeigt sich bereits an dem ersten Satz des § 27 der *Kritik der Urteilskraft*, der den Titel trägt *Von der Qualität des Wohlgefallens in der Beurteilung des Erhabenen*; dieser erste Satz lautet: „Das Gefühl der Unangemessenheit unseres Vermögens zur Erreichung einer Idee, die für uns Gesetz ist, ist Achtung" (a.a.O., S. 257). In diesem Paragraphen führt KANT aus: „Das Gefühl des Erhabenen ist also ein Gefühl der Unlust aus der Unangemessenheit der Einbildungskraft in der ästhetischen Größenschätzung zu der Schätzung durch die Vernunft und eine dabei zugleich erweckte Lust aus der Übereinstimmung eben dieses Urteils der Unangemessenheit des größten sinnlichen Vermö-gens mit Vernunftideen, sofern die Bestrebung zu denselben doch für uns Gesetz ist." (ebd.) – „Also ist die innere Wahrnehmung der Unangemessenheit alles sinnlichen Maßstabes zur Größen-schätzung der Vernunft eine Übereinstimmung mit Gesetzen derselben und eine Unlust, welche das Gefühl unserer übersinnlichen Bestimmung in uns rege macht, nach welcher es zweckmäßig, mit-hin Lust ist, jeden Maßstab der Sinnlichkeit den Ideen der Vernunft unangemessen zu finden" (S. 258). – Das ästhetische Urteil über das Erhabene ist „selbst subjectiv-zweckmäßig für die Ver-nunft, als Quell der Ideen, d.i. einer solchen intellectuellen Zusammenfassung, für die alle ästhetische klein ist; und der Gegenstand wird als erhaben mit einer Lust aufgenommen, die nur vermittelst ei-ner Unlust möglich ist" (S. 260). – Zu den Gefühlen der Achtung und der Erhabenheit siehe auch BECK (1960), bes. das Kapitel *The Genesis of Respect* (S. 219f.). BECK führt sehr erhellend aus: „The sublimity of the moral law is more than a metaphor for Kant. Not only does he use the language of the aesthetics of the sublime in describing the moral law, but he gives an analogous interpretation of the origins of the feelings of sublimity and respect" (S. 220). BECK arbeitet jedoch auch sehr genau heraus, was beide Gefühle dann doch prinzipiell voneinander unterscheidet: "But whereas a subreption necessarily occurs in the sublime feelings, so that we attribute to the object a sublimity which actually exists only in ourselves, the feeling of respect is directed to a law, which is a law of our own freedom, self-imposed and not imposed upon us from without, and to the persons, ourselves or others, who embody this law. Hence respect for the law and respect for our personality are not distinct and even competing feelings, as are the two feelings which merge in our experience of the sublime" (S. 220f.). Zu dieser Thematik siehe auch FISCHER (2003), S. 181f. u. S. 189f.

„Die Architektonik der praktischen Vernunft [...] erweist sich im Grunde als doppelter Schluss: In der ersten Sequenz von Idee, Selbstbewusstsein und Gefühl bestimmt sich die objektive Allgemeinheit zur subjektiven Einzelheit, während die folgende, genau symmetrisch gebaute Anabasis von der Person über die Mitte der Pflicht in der *subjektiven* Allgemeinheit der Persönlichkeit resultiert" (S. 82f.).

Durch diese Doppelbewegung von Katabasis und Anabasis, wie LOOCK formuliert, bringt KANT die Unterscheidung des Menschen von sich selbst vollständig zur Darstellung. Das Moralgesetz, unter dessen Bestimmung sich diese Unterscheidung vollzieht, ist zwar das selbstgegebene Gesetz der Vernunft, tritt aber dem empirischen Menschen als unbedingter Anspruch gegenüber, welchem KANT eine fast personale Konkretion folgendermaßen geben kann:

„Es liegt so etwas Besonderes in der grenzenlosen Hochschätzung des reinen, von allem Vortheil entblößten, moralischen Gesetzes, so wie es praktische Vernunft uns zur Befolgung vorstellt, deren Stimme auch den kühnsten Frevler zittern macht, und ihn nöthigt sich vor seinem Anblicke zu verbergen: dass man sich nicht wundern darf, diesen Einfluß einer bloß intellectuellen Idee aufs Gefühl für speculative Vernunft unergründlich zu finden und sich damit begnügen zu müssen, daß man a priori doch noch so viel einsehen kann: ein solches Gefühl sei unzertrennlich mit der Vorstellung des moralischen Gesetzes in jedem endlichen vernünftigen Wesen verbunden" (a.a.O., S. 80).

Obwohl das Moralgesetz als die Selbstgesetzgebung der praktischen Vernunft gedacht wird, wird diese doch so scharf vom empirischen Menschen unterschieden, dass KANT von einer ‚Stimme', die zittern macht, und einem ‚Anblicke', vor dem sich der Frevler zu verbergen sucht, sprechen kann. Zugleich aber schließt er die Extreme des Intelligiblen und des Empirischen im Menschen vollkommen zusammen, wenn er die subjektive Realität des Gesetzes als das Gefühl der Achtung darlegt.

3. Die Bedeutung des Gefühls der Achtung für Kants Philosophie im ganzen

Die Lehre vom Gefühl der Achtung macht in Ansehung der Selbstgesetzgebung der praktischen Vernunft deutlich, wie diese sich zur subjektiven Triebfeder des Menschen selber versinnlicht. Wir haben es mit einem Lehrstück der praktischen Philosophie zu tun, dem in der Analytik der KrV die Lehre von der transzendentalen Einbildungskraft und dem Schematismus des reinen Verstandes korrespondiert, die die Anwendbarkeit der reinen Verstandesbegriffe auf sinnliche Anschauungen begründet. Wie die Lehren von Einbildungskraft und Schematismus eine unverzichtbare Bedeutung für KANTs theoretische Philosophie inne haben – da KANT ja zu erweisen sucht, dass die Kategorien des reinen Verstandes *in Bezug* auf die sinnlichen Anschauungen von objektiver Bedeutung sind[13] –, so wird in der KpV durch die Lehre vom Gefühl der Achtung erst einsehbar, dass und wie der empirische Mensch seiner subjektiven

---

[13] Es genügt der Hinweis auf den Titel des § 20 in der B-Fassung der KrV: „Alle sinnlichen Anschauungen stehen unter den Kategorien, als Bedingungen, unter denen allein das Mannigfaltige derselben in ein Bewusstsein zusammenkommen kann" (KrV B 143).

Triebfeder nach, d.h. in concreto, sich dem Moralgesetz unterstellt. Ohne diese Einbildbarkeit der moralischen Selbstgesetzgebung in die Subjektivität des Gefühls wäre der Grundcharakter des Moralgesetzes, ein selbst gegebenes Gesetz zu sein, gefährdet und nicht mehr wahrhaft denkbar.[14]

Gegen HEIDEGGERs Versuch, die vermittelnde Funktion der Einbildungskraft und des Schematismus zur „bildenden Mitte der ontologischen Erkenntnis" zu erheben[15] und in der Einbildungskraft die gemeinsame Wurzel von Anschauung und Verstand zu erblicken (a.a.O., S. 138f.), welche Wurzel sich innerhalb von KANTs praktischer Philosophie noch einmal in verwandelter Form als das Gefühl der Achtung manifestiere (a.a.O., S. 156f.), gilt es gerade zu erkennen, dass KANT in seiner theoretischen Philosophie die Synthesis der Einbildungskraft an die Synthesis des reinen Verstandes angebunden und ihr unterstellt hat, sowie die Achtung als ein von der *Vernunft* gewirktes Gefühl gedacht wird. Wie KANT in seiner theoretischen Philosophie von der Synthesis des reinen Verstandes darlegt, dass sie sich zur Synthesis der produktiven Einbildungskraft selber konkretisiert und dadurch die sinnlichen Erscheinungen a priori bestimmt, die allesamt notwendig unter den Kategorien stehen[16], so ist es eine zentrale Einsicht seiner praktischen Philosophie, dass die moralische Gesetzgebung der Vernunft nicht als ein Fremdes dem empirischen Menschen bloß gegenüber gestellt werden darf, sondern dass sie sich die konkrete Gestalt eines Gefühls selbst geben kann. Und dies ist der Sinn der seit der *Grundlegung zur Metaphysik der Sitten* gebrauchten Formel, dass das Gefühl der Achtung sich von allen übrigen, von KANT „pathologisch" genannten Gefühlen der Art nach unterscheidet, weil es das einzige Gefühl ist, das von der Vernunft selbst gewirkt ist.[17] Darin ist implizit mit gedacht, dass die praktische Vernunft *sich selbst versinnlichen könne.*

Indem KANT zum einen der englischen moral-sense-Philosophie darin zustimmt, dass ein Gefühl angenommen werden muss, um die Motivation bzw. die subjektive Triebfeder zur Sittlichkeit denken zu können, zum anderen aber gerade dieses moralische Gefühl von der Vernunft gewirkt sein lässt, hat er das Anliegen der moral-sense-Philosophie zwar aufgenommen, die von ihr entwickelte Morallehre aber zugleich im Prinzip überwunden.[18] Denn das besagte Gefühl ist prinzipiell neu bestimmt, weil und indem es aus einem reinen Vernunftprinzip abgeleitet ist.[19] KANTs praktische Philoso-

---

[14] LOOCK (1998) hebt sehr treffend hervor: „[…] nur durch ein solches Gefühl [ist] angesichts eines drohenden Dualismus das sittliche Handeln in der Erscheinungswelt möglich", und es kommt hier „der grundlegende Sinn dessen zum Vorschein, was bei Kant das Subjekt ist: *Subjekt* ist derjenige, der sich frei dem selbstgegebenen Gesetz seiner Freiheit unterwirft (subjiziert)" (S. 77).

[15] HEIDEGGER (1973), S. 127f.

[16] Vgl. zu dieser These METZ (1991).

[17] KANT hebt in einer Fußnote explizit hervor: „Allein wenn Achtung gleich ein Gefühl ist, so ist es doch kein durch Einfluss *empfangenes*, sondern durch einen Vernunftbegriff *selbstgewirktes* Gefühl und daher von allen Gefühlen der ersteren Art, die sich auf Neigung oder Furcht bringen lassen, specifisch unterschieden" (GMS S. 401). Zu KANTs Lehre von der Achtung in der KpV siehe auch die Darstellung in BOEDER (1980), S. 497f.

[18] Zu KANTs Auseinandersetzung mit der englischen moral-sense-Philosophie siehe FORSCHNER (1974), besonders das Kapitel *Kant und Hutcheson: Moralisches Gefühl und sittliche Verpflichtung*, S. 76f.

[19] PATON (1947) führt zu dieser Thematik sehr erhellend aus: „For the moral philosopher the most important point in our discussion is this. On Kant's view we feel reverence because we recognise that the law is binding upon our wills. The great error of the moral sense school is to suppose that the law is binding because we feel reverence. No feeling can be the basis of a binding moral law, but the moral law may be the ground of a specific moral emotion. For Kant, to act out of respect for the law is the same thing as to act out of duty or for the sake of duty or for the sake of the law itself: It is

phie vermag daher den Anspruch zu erheben, nicht nur das wahre Prinzip einer Theorie der Moral entdeckt, sondern dieselbe zugleich vollständig durchgeführt zu haben.

Literatur

BECK, LEWIS WHITE (1960): A Commentary on Kant's Critique of Practical Reason, London/Chicago: Chicago Univ. Press.

BOEDER, HERIBERT (1980): Topologie der Metaphysik, Freiburg/München: Alber.

BREZINA, FRIEDRICH F. (1999): Die Achtung. Ethik und Moral der Achtung und Unterwerfung bei Immanuel Kant, Ernst Tugendhat, Ursula Wolf und Peter Singer, Frankfurt a.M: Lang.

FISCHER, PETER (2003): Moralität und Sinn. Zur Systematik von Klugheit, Moral und symbolischer Erfahrung im Werk Kants, München: Fink.

FORSCHNER, MAXIMILIAN (1974): Gesetz und Freiheit. Zum Problem der Autonomie bei I. Kant, München: Pustet.

HEGEL, G.W.F. (1967): Wissenschaft der Logik, hrsg. v. G. LASSON, Band I, Hamburg: Meiner.

HEIDEGGER, MARTIN (1973): Kant und das Problem der Metaphysik, Frankfurt a.M.: Klostermann.

LOOCK, REINHARD (1998): Idee und Reflexion bei Kant, Hamburg: Meiner.

METZ, WILHELM (1991): Kategoriendeduktion und produktive Einbildungskraft in der theoretischen Philosophie Kants und Fichtes, Stuttgart-Bad Cannstatt: Frommann-Holzboog.

PATON, HERBERT J. (1947): The Categorical Imperative. A Study in Kant's Moral Philosophy, London/Chicago: Chicago Univ. Press.

ROUSSEAU, JEAN-JACQUES (1755): Discours sur l'origine et les fondements de l'inégalité parmi les hommes, Amsterdam.

ROUSSEAU, JEAN-JACQUES (1964) : Œuvres complètes III, Du contrat social. Écrits politiques, ed. B. GAGNEBIN et M. RAYMOND, Genève.

WEIPER, SUSANNE (2000): Triebfeder und höchstes Gut. Untersuchungen zum Problem der sittlichen Motivation bei Kant, Schopenhauer und Scheler, Würzburg: Königshausen und Neumann.

very different from any attempt to gratify an emotion; and for this reason Kant classifies believers in a moral sense as unconscious, even if well-meaning hedonists" (S. 65).

4. NORMATIVITÄT AUS REINER VERNUNFT?

Gerold Prauss

DAS PROBLEM DER HERLEITUNG EINER VERPFLICHTUNG
Sollen für die Theorie und für die Praxis

Zutiefst beeinträchtigt ist die Erörterung von Recht, Moral und Ethik noch bis heute dadurch, dass von einer Herleitung entsprechender Verpflichtung für uns keine Rede sein kann. Ganz im Gegenteil: Als Einziger hat KANT dies zwar versucht, doch nicht vermocht. Das nährt die Auffassung, das liege doch nur daran, dass das grundsätzlich unmöglich sei. Allein schon aus formalen Gründen müsse nämlich eine Herleitung zumindest zirkelfrei sein, dürfe also nichts von dem erst Herzuleitenden bereits voraussetzen. Eine Verpflichtung aber habe grundsätzlich die Form von einem Imperativ oder Sollen. Also müsste eine Herleitung von ihr ein Sollen oder einen Imperativ aus etwas gewinnen, das kein Sollen oder Imperativ ist. Doch worauf anders könne dies hinauslaufen als den Versuch, ein Sollen bloß aus einem Sein bzw. einen Imperativ bloß aus einem Indikativ herzuleiten, was nur enden könne im bekannten „Fehlschluß" als „naturalistischem"?[1]

Hierin aber liegt ein Irrtum, wie mir scheint, und zwar historisch ebenso wie sachlich-systematisch. Schon allein historisch nämlich fragt sich, ob dies KANT gerecht wird. Sein Versuch der Herleitung von Sollen, der noch in der „Grundlegung" im Gang ist, lässt sich nämlich nur als der Versuch verstehen, ein Sollen aus dem freien Wollen herzuleiten. Zugespitzt kann man ihn charakterisieren unter Zuhilfenahme der bekannten Formel „Du kannst, denn Du sollst". Diese nämlich ist seit der „Kritik der praktischen Vernunft" die *Umkehrung* der ursprünglichen Formel, nämlich Formel für den *Umschwung* KANTs, den er vollzieht, nachdem ihm der Versuch der Herleitung misslungen ist. Denn erst danach legt er dann umgekehrt das Sollen, die moralische Verpflichtung, als ein „Faktum der Vernunft" zu Grunde, um aus ihm erst freies Wollen herzuleiten, das er als die Grundlage für Praktische Philosophie benötigt. Was er ursprünglich versucht hatte, war aber die gerade umgekehrte Herleitung, die auch nur die gerade umgekehrte Formel charakterisiert, nämlich „Du sollst, denn Du kannst".

Dieses Können als die Freiheit eines Wollens sollte demgemäß ein Grund sein für den Ursprung eines Sollens, das als Imperativ ein *Gesetz für* solches freie Wollen bilde. Und tatsächlich darf, wenn diese Herleitung auch zirkelfrei sein soll, mit diesem Wollen dieses Sollen nicht bereits vorausgesetzt sein. Also kann es auch nicht einfach analytisch aus ihm folgen, sondern nur auf irgendeinem Weg synthetisch, nämlich nur durch irgendeinen zusätzlichen Grund zu solchem freien Wollen. Diesen Weg zu diesem zusätzlichen Grund für die Synthese eines Sollens *aus* dem Wollen *für* das Wollen hat KANT nicht gefunden. Oft genug ist er sich darüber nicht voll im klaren, weil er dieses freie Wollen oder diese Willensfreiheit selber noch nicht hergeleitet hat. Das hält er deshalb immer wieder für das eigentliche Hindernis auf diesem Weg, den er je-

---

[1] Vgl. z.B. ILTING (1972), S.113 ff.

doch gerade nach der Herleitung von Willensfreiheit noch des weiteren hätte finden müssen.

Angenommen nun, er hätte ihn gefunden: Wäre diese Herleitung dann im genannten Sinn verfehlt gewesen, weil sie dieses Sollen aus dem Wollen hergeleitet hätte, zu dem dieser zusätzliche Grund hinzugekommen wäre? Keineswegs. Denn solches Wollen ist durchaus nicht einfach etwas Naturales, so dass diese Herleitung aus ihm zu einem „Fehlschluß" als „naturalistischem" missraten müsste, der aus bloßem Sein ein Sollen herzuleiten sucht oder aus einem bloßen Indikativ einen Imperativ. Statt bloß etwas Naturales bildet solches Wollen nach KANT vielmehr etwas Intentionales, oder kurz: Intentionalität. Und diese ist durchaus nicht einfach Naturalität, auch dann nicht, wenn Intentionalität auch ihrerseits naturentstanden ist, woran sich heute nicht mehr zweifeln lässt. Denn schlechter Animismus wäre es, im Naturalen generell Intentionales zu erblicken. Das gilt vielmehr nur für die speziellen Fälle, wo Natur einen so hochorganisierten Körper bildet, dass auf dessen Grundlage ein Subjekt auftritt, das in dem Sinn etwas will, dass es bewusst-absichtlich etwas zu verwirklichen versucht. Ansonsten nämlich tut das die Natur – bei allem, was auch dabei durch sie wirklich wird – gerade nicht bewusst-absichtlich.

Nur führt KANT, trotz klarer Ansätze dazu, die Analyse dieses Sinns von Wollen nicht voll durch, zumindest nicht bis dorthin, wo sich der gesuchte Weg geöffnet hätte. Zu belegen ist das daran, dass er den „Primat der praktischen Vernunft", die danach vor der theoretischen Vernunft diesen Primat hat[2], als Behauptung stehen lässt. Ihre Begründung nämlich hätte zum Ergebnis führen müssen, dass auch Theorie oder Erkenntnis letztlich nur als Praxis oder Handlung zu verstehen sei und letztlich somit auch nur als intentionales Wollen der Verwirklichung von etwas. Ist nach KANT die Wirklichkeit des Objekts von Erkenntnis oder Theorie doch ohnehin gerade ihr Ergebnis, letztlich also der Erfolg von ihr als Intention: Genau in diesem Sinn betrachtet KANT das Objekt nämlich als „Phänomenon". Wie weit er damit hätte kommen können, wird entsprechend daran klar, dass auch schon bei Beschränkung auf Erkenntnis oder Theorie ein Sollen herleitbar gewesen wäre, hätte KANT sie als intentionales Wollen voll entfaltet.

Wie grundsätzlich er das Wollen als intentionales auffasst, zeigt sich daran, dass und wie er es von bloßem Wünschen unterscheidet: Gegenüber einem „bloßen Wunsch" sei Wille „die Aufbietung aller Mittel, soweit sie in unserer Gewalt sind", um „seine Absicht durchzusetzen"[3]. Daran wird in einem klar, dass KANT mit Wollen schon von vornherein intentionales Wollen ebenso wie rationales Wollen meint. Gerade darin aber soll es auch von bloßem Wünschen grundverschieden sein, so dass, gerade weil es etwas Rationales und Intentionales ist, das Wollen mit dem bloßen Wünschen nichts gemeinsam habe. Deshalb ist es unzulässig, rationales Wollen als spezielles Wollen aufzufassen, weil als Gegenspezies dann auch noch ein irrationales Wollen anzusetzen wäre. Dieses aber könnte dann auch nur das Wünschen sein, und damit fiele Wünschen unter Wollen, was nach KANT jedoch gewiss nicht zutrifft. Aber auch die Umkehrung davon ist unzulässig, nämlich Wünschen als das Genus zu betrachten und als ein spezielles Wünschen dann ein rationales Wünschen anzusetzen,

---

[2]   KpV S. 119 ff. Die Werke KANTs sind zitiert nach der Akademieausgabe.
[3]   GMS S. 394.

das dann Wollen wäre, so dass Wollen unter Wünschen fiele, was nach KANT genausowenig zutrifft.

Beidem gegenüber meint KANT vielmehr etwas Strengeres und Stärkeres, dass nämlich Wollen nicht etwa synthetisch, weil spezifisch, sondern analytisch als ein rationales Wollen zu betrachten sei, und dass auch Wünschen nicht etwa synthetisch, weil spezifisch, sondern analytisch als etwas Irrationales gelten müsse. Ist doch diese grundsätzliche Unterscheidung nicht nur von der Sprache, sondern auch noch von der Sache her geboten: Was an Wünschen oder Trieben und dergleichen in mir auftritt, habe ich nicht in der Hand. Genau in diesem Sinn ist, was ich wünsche, keine Sache meiner Freiheit, sondern eine Sache meiner Naturalität im Sinn meiner Irrationalität. Sehr wohl jedoch ist Sache meiner Freiheit, nämlich Sache meiner Rationalität im Sinn meiner Intentionalität, was ich im Anschluss an das, was ich jeweils wünsche, jeweils will oder auch nicht will: was ich mir an Zwecken setze oder auch nicht setze, und was ich als Mittel zur Erreichung der gesetzten Zwecke einsetze oder auch nicht einsetze. Wie auf einer Seite jene Unfreiheit der Naturalität als der Irrationalität gehören KANT zufolge auch auf anderer Seite diese Freiheit der Intentionalität als Rationalität zusammen: Dass er Willensfreiheit der Intentionalität als praktische Vernunft bezeichnet, die jenen Primat besitzen soll, hat eben diesen Sinn.

Was KANT aus diesem Ansatz hätte machen können, wird nun daran deutlich, dass genau Entsprechendes zu solcher Praxis oder Handlung auch bereits für Theorie oder Erkenntnis gilt. Was an Erscheinungen, Empfindungen, Eindrücken, Anschauungen in mir auftritt, kurz: an Sinnesdatenmaterial, das habe ich nicht in der Hand, das ist nicht Sache meiner Freiheit, sondern Sache meiner Naturalität im Sinn meiner Irrationalität. Sehr wohl jedoch ist Sache meiner Freiheit, nämlich Sache meiner Rationalität im Sinn meiner Intentionalität, was ich im Anschluss an Erscheinung usw. über eine Sache urteile und damit als Erkenntnis oder Theorie in Form von diesem Urteil über sie in Anspruch nehme.

Darüber war KANT sich voll im klaren, wie das eine Stelle in den „Prolegomena" bezeugt: „Wenn uns Erscheinung gegeben ist, so sind wir noch ganz frei, wie wir die Sache daraus beurteilen wollen"[4]. Was er hier meint, lässt sich besonders gut erläutern am berühmten Beispiel eines Stabes, der zum einen Teil im Wasser steckt, zum andern Teil aus ihm heraus und in die Luft ragt. Mit Naturnotwendigkeit muss ein Subjekt in einem solchen Fall zunächst den Eindruck, die „Erscheinung" haben, als ob dieser Stab gebrochen sei. Bis einschließlich des Auftretens dieser Erscheinung oder dieses Eindrucks in ihm ist ein Subjekt unfrei. Doch was ein Subjekt im Anschluss an diese Erscheinung oder diesen Eindruck urteilt, darin ist es frei. Denn wäre es auch darin unfrei, wäre nicht verständlich, dass es in der Lage ist zu urteilen, dass der Stab – dem Eindruck oder der Erscheinung ganz entgegen – ungebrochen ist. Es müsste dann vielmehr trotz all des vielen, was im Lauf der weiteren Erfahrung dafür spricht, der Stab sei ungebrochen, anlässlich dieser Erscheinung oder dieses Eindrucks jedesmal von neuem urteilen, er sei gebrochen. Doch das muss es eben keineswegs. Denn keine Macht der Welt, sprich: der Natur, kann dies erzwingen. Ganz im Gegenteil kann ein Subjekt dieser Erscheinung oder diesem Eindruck sich vielmehr entziehen, um aus sich heraus im Zug seiner Gesamterfahrung etwas anderes zu urteilen, und eben darin ist es frei.

---

[4]   Prol S. 290.

Doch nicht im Klaren war sich KANT darüber, dass auch ein Gesetz für diese Freiheit herleitbar gewesen wäre, das ein Sollen oder einen Imperativ für sie bildet, so dass KANT sie jeder weiteren solchen Herleitung hätte zu Grunde legen dürfen. Das liegt daran, dass er solches Urteilen der Erkenntnis oder Theorie zwar als ein freies Urteilen-*Wollen* auffasst, die Intentionalität desselben aber ihrer inneren Struktur nach nicht erfasst. Dies nachzuholen fördert nämlich einiges zutage. Ist die Spontaneität, die dabei KANT zufolge ohnehin zu Grunde liegt, recht eigentlich Intentionalität, so folgt: Bereits das *Urteilen*-Wollen, wie es als Erkenntnis oder Theorie ergeht, kann nur als ein Verwirklichungsgeschehen verstanden werden. Etwas intendieren heißt nämlich die Verwirklichung von etwas intendieren, das also nicht schon wirklich sein kann, sondern das erst wirklich werden kann, oder auch nicht, und zwar durch solches Intendieren selbst. Genau in diesem Sinn hat jede Intention ihren Erfolg bzw. ihren Misserfolg zu ihrem notwendigen Korrelat, und umgekehrt: Tritt ein Erfolg bzw. Misserfolg auf, muss sein Korrelat in einer auftretenden Intention bestehen. Und das heißt im ganzen: Ohne Vollberücksichtigung von Intentionalität als dieser unlösbaren wechselseitigen Korrelation muss sie genau die nichtssagende Halbheit bleiben, die sie bisher ist: jedenfalls bis einschließlich der Analytischen Philosophie.

Dass jede Intention auf die Verwirklichung von etwas ausgeht, so dass dessen Wirklichkeit, wenn sie sich einstellt, ein Erfolg von dieser Intention ist, daran zeigt sich aber weiter: So gewiss auch Misserfolg nur der von einer Intention sein kann, so ist doch das, was diese intendiert, allein Erfolg, sprich, etwas zu verwirklichen. Und so ist Misserfolg, wenn dieses Etwas nämlich dennoch unverwirklicht bleibt, nie intendiert, so dass er, wenn er auftritt, stets nur unintendiert unterläuft. Auf diese Weise aber wird bereits, was zur Erkenntnis oder Theorie gehört, auf einmal voll verständlich: Irrtum etwa ist nicht einfach Falschheit, sondern ist unintendierte Falschheit, während intendierte Falschheit vielmehr Lüge ist, die nicht mehr Theorie oder Erkenntnis, sondern Praxis oder Handlung ist. Denn was im Fall von Theorie oder Erkenntnis intendiert wird als Erfolg, das ist aus dieser Perspektive Wahrheit und nicht Falschheit. Doch auch dies greift noch zu kurz: Noch weiter zeigt sich dann vielmehr: Im eigentlich intentionalen Sinn einer Verwirklichung von etwas tritt Erfolg genaugenommen nicht etwa als Wahrheit dieser Theorie oder Erkenntnis innerhalb derselben auf. Er tritt vielmehr als Wirklichkeit des Gegenstandes dieser Theorie oder Erkenntnis außerhalb derselben auf.

Die Begriffe „Wahrheit" und auch „Falschheit" sind dann nicht nur überflüssige, sondern auch systematisch-irreführende Begriffe. Dass es überhaupt zur Bildung der Begriffe „Wahrheit" oder „Falschheit" für Erfolg bzw. Misserfolg von Theorie oder Erkenntnis kommt, liegt am naiven Realismus, der zur Kehrseite den Theoretizismus hat, von denen KANT zufolge keiner zutrifft. Wie naiver Realismus meint, ist nämlich Wirklichkeit von etwas stets schon vorgegeben, so dass Theorie oder Erkenntnis sie auch nur noch wiedergeben kann, wie Theoretizismus meint. Infolgedessen kann als der Erfolg dieser Erkenntnis oder Theorie auch nicht mehr diese Wirklichkeit von ihrem Gegenstand in Frage kommen, sondern eben nur noch ihre angebliche „Wahrheit" über diese Wirklichkeit. Und das Entsprechende gilt für den Misserfolg als ihre angebliche „Falschheit" über diese Wirklichkeit. Statt ihrer angeblichen „Wahrheit" oder „Falschheit" aber ist Erfolg bzw. Misserfolg einer Erkenntnis oder Theorie recht eigentlich vielmehr die Wirklichkeit bzw. Unwirklichkeit ihres Gegenstandes: Der gebrochene Stab im Wasser, der den Gegenstand des Urteils „Dieser Stab im Wasser ist gebrochen" bildet, ist ein Gegenstand, den dieses Urteil zu verwirklichen versucht, doch nicht vermag. Und so ist diese Unwirklichkeit dieses Gegenstandes außerhalb von diesem Urteil dessen Misserfolg, und nicht etwa die angebliche „Falschheit" innerhalb von ihm. Vielmehr ist diese ebenso wie jene angebliche „Wahrheit" innerhalb von ihm nichts anderes als eine Ersatzerfindung jenes Theoretizismus. Dieser nämlich will nichts wissen von dem Praktizismus einer Wirklichkeit bzw. Unwirklichkeit als eines Erfolgs bzw. Misserfolgs für Intendieren, das schon als Urteilen eben Freiheit eines Wollens ist als eines Wirklichmachenwollens. Eben darauf läuft jener „Primat der praktischen Vernunft" denn auch hinaus. Spontaneität ist Subjektivität sonach im Vollsinn von Intentionalität als Freiheit eines Wollens.

Dann jedoch kann sie, wenn sie als solche sich auch noch durchschaut, gar nicht umhin, sich selbst als solcher Freiheit eines Wollens auch noch ein Gesetz aufzuerlegen als ein Sollen oder einen Imperativ *für* sich selbst als freies Wollen, wie es schon als Urteilen im Gange ist. Sich darin zu durchschauen nämlich heißt dann nichts Geringeres als einzusehen: Es kann die Wirklichkeit von dem, dessen Verwirklichung ein Intendieren eben intendiert, nur durch Erfüllung einer Grundbedingung als Erfolg sich einstellen, und zwar von Anbeginn des Urteils in Erkenntnis oder Theorie. Nur wenn ein Urteil – oder der Begriff, den es verwendet – widerspruchsfrei ist, hat es die Möglichkeit, die Wirklichkeit von seinem Gegenstand, die es als Urteil intendiert, auch zu erzielen. Denn der Gegenstand zu einem widersprüchlichen Begriff bzw. Urteil kann nicht wirklich sein, wie nach dem sogenannten Satz vom Widerspruch seit der Antike schon bekannt ist.

Formuliert wird er bei PLATON[5] oder ARISTOTELES[6] jedoch zunächst als ein Gesetz des Seienden und müsste somit letztlich als Naturgesetz verständlich sein, was aber aussichtslos ist. Deshalb fasst man ihn statt als Gesetz des Seienden zuletzt als ein Gesetz formaler Logik auf, wonach ein Urteil, welches in sich widersprüchlich ist, nicht „wahr", sondern nur „falsch" sein kann. Von einer Herleitung dieses Gesetzes aber kann auch hier bis heute keine Rede sein[7]. Und das liegt daran, dass formale Logik eben weder danach fragt, woher ein Urteil kommt, noch auch, wohin ein Urteil geht. Erst wenn man diese Frage stellt, ergibt sich auch die Möglichkeit, das Widerspruchsprinzip als ein Gesetz für Urteilswollen herzuleiten.

Jedes Urteil geht als Intention *von* einem Subjekt aus und *auf* ein Objekt aus als Wirklichkeit von einem Gegenstand. Und was das Widerspruchsprinzip besagt, ist eben nicht, dass dieses Urteil, wenn es widersprüchlich ist, nicht „wahr", sondern nur „falsch" sein kann. Das ist vielmehr nur die Ersatzvornahme jenes Theoretizismus, dem auch die formale Logik unterliegt. Vielmehr besagt es, dass der Gegenstand, dessen Verwirklichung die Intention des Urteils intendiert, nicht wirklich werden kann, wenn dieses Urteil widersprüchlich ist. Das Widerspruchsprinzip ist demnach ein Intentionalitäts- oder Absichtlichkeitsgesetz. Als dieses ist es weder ein Gesetz des Objekts für sich selbst (Naturgesetz) noch ein Gesetz des Subjekts für sich selbst (Gesetz formaler Logik), sondern ein Gesetz des Übergangs *von* einem Subjekt her *zu* einem Objekt hin.

Kein Zufall ist es deshalb, dass dieses Gesetz dann auch genau in diesem Sinn erst herleitbar wird: Weil es stets die Wirklichkeit von einem Gegenstand ist, was ein Sub-

---

[5] Vgl. PLATON, *Staat* 436b 8-9.
[6] Vgl. ARISTOTELES, *Metaphysik*, 1005b 19-29.
[7] Vgl. z.B. ÖFFENBERGER (2000).

jekt durch ein Urteil intendiert, *muss* es dies widerspruchsfrei tun, da *nur* der Gegenstand zu einem widerspruchsfreien Begriff bzw. Urteil wirklich werden *kann*. Weil ein Subjekt dies will, *muss* es als solches freie Wollen dies auch noch auf eine ganz bestimmte Weise, eben widerspruchsfrei wollen. Solches Müssen aber ist nicht etwa naturales Müssen, wie es auftritt als Naturnotwendigkeit einer Naturgesetzlichkeit durch Heteronomie. Es ist vielmehr intentionales Müssen, nämlich eines, das Intentionalität als Freiheit dieses Wollens durch Autonomie sich selber auferlegen muss als ein Gesetz im Sinn von Sollen oder Imperativ für sich selbst als freies Wollen, sobald sie sich *als* dieses selbst auch noch durchschaut. Ein so weit sich durchschauendes Subjekt setzt eben dadurch sich gewissermaßen unter Druck, und wenn auch unter keinen naturalen, so doch sehr wohl unter einen rational-intentionalen Druck. Denn keine Macht der Welt, sprich: der Natur, kann Widerspruchsfreiheit des Urteilens von uns etwa erzwingen. Vielmehr können wir aus unserer grundsätzlichen Willensfreiheit als der Urteilsfreiheit ohne weiteres widersprüchlich urteilen. Doch ebenso kann keine Macht der Welt, sprich: der Natur, etwa erzwingen, dass der Gegenstand zu einem widersprüchlichen Begriff bzw. Urteil wirklich werden könnte, so entschieden seine Wirklichkeit auch immer intendiert sei. Und sobald sich Freiheit eines Wollens oder Intendierens auch als solche selbst noch voll durchschaut, zieht dies denn auch noch nach sich, dass sie nicht mehr bloße Freiheit eines Wollens oder Intendierens bleibt, sondern aus sich heraus auch noch zu autonomer Selbstgesetzgebung für sich als solche Freiheit eines Wollens oder Intendierens wird.

Im Unterschied zu einem bloßen Wünschen nämlich ist ein Wollen als intentionales oder rationales, wie KANT sagt, „Aufbietung aller Mittel, soweit sie in unserer Gewalt sind", um den angestrebten Zweck als Erfolg auch zu erreichen. Und in diesem Sinn ist das Gesetz des Widerspruchs als eines zu vermeidenden das schlechthin grundlegende und auch rein formale Mittel. Denn zu Grunde liegt es dann auch nicht allein der Theorie oder Erkenntnis, sondern auch der Praxis oder Handlung, weil der letzteren die erstere ja ihrerseits zugrunde liegt. Und dadurch kann auch Handlung oder Praxis widerspruchsfrei oder widersprüchlich sein, was dann Entsprechendes zur Folge hat. Als dieses schlechthin Grundlegend-Formale aber unterscheidet dieses Widerspruchsgesetz sich auch von jeder Klugheitsregel, die ja immer etwas Inhaltliches ist.

Woran also liegt es, dass bis heute diese ursprüngliche, grundlegende Autonomie eines Sollens oder Imperativs als Gesetz für freies Wollen noch nicht hergeleitet ist? Nur daran, dass Intentionalität als die Struktur der Spontaneität von Subjektivität in ihrem vollen Umfang nach wie vor noch undurchschaut ist. Undurchschaut für wen? Für eben diese Subjektivität, die eben diese innere Struktur besitzt. Dass es zum Auftreten von solcher Subjektivität in unserer Welt kommt, heißt durchaus nicht, dass sich solche Subjektivität, sobald sie in die Welt kommt, eben damit auch bereits als das durchschaut, als was sie in die Welt kommt: ganz zu schweigen davon, dass sie damit auch sogleich sich vollständig durchschaut. Im Gegenteil: Sich darin auch nur unvollständig zu durchschauen, setzt voraus, dass Subjektivität als solche selbst sich erst einmal zum Thema wird.

Das kann sie aber keineswegs schon dadurch werden, dass sie auftritt, weil sie sich, wenn überhaupt, ja erst als solche auftretende selbst zum Thema werden kann, so dass dies dazu, dass sie auftritt, dann auch immer erst hinzutritt – oder nicht. Zum Thema wird sie sich mithin auch keineswegs schon immer analytisch, nämlich dadurch, dass sie auftritt, sondern wenn, dann auch erst immer zusätzlich-synthetisch dazu, dass sie auftritt. Also kann ein Auftreten von Subjektivität durchaus auch, ohne dass sie sich dabei als solche selbst zum Thema wird, erfolgen, was für menschliche Subjekte von Bedeutung ist, was KANT jedoch vernachlässigt. Wir haben nämlich allen Anlass, davon auszugehen: Auch die Tiere, die ein Wahrnehmungsbewusstsein ihrer Umwelt haben, in der sie sich orientieren, sind Subjekte in dem Sinn, dass von ihnen ein rational-intentionales Wollen ausgeht, das auch freies Wollen ist. Denn alles deutet darauf hin: Mit ihrer Umwelt gehen sie nicht allein nach dem Prinzip „Versuch und Fehlschlag" um, intentional sonach; in ihrer Umwelt wählen sie auch aus, zum Beispiel das, was ihnen schmeckt, und auch schon solche Wahl kann nur als freie Wahl verständlich sein. Dass ihre Wahl beschränkt ist auf den engen Umkreis, den die Biologen ihre „Nische" nennen, ist kein Einwand gegen ihre Freiheit. Denn auch bei den meisten Menschen ist bekanntlich dieser Umkreis noch beschränkt genug. Von Tieren als bewusstseinslosen Mechanismen jedenfalls kann keine Rede sein. Vertreten hatte dies DESCARTES nur deshalb, weil er meinte, dass er sonst den Unterschied von Tier und Mensch nicht aufrecht halten könnte, wovon sich auch KANT noch nicht genügend lösen kann.

Aus diesem Grund wird auch bei KANT noch nicht genügend klar, worin allein der Unterschied von Mensch und Tier bestehen kann: Nicht schon darin, dass allein der Mensch das rational-intentionale Subjekt eines freien Wollens wäre, das bewusst-absichtlich darauf ausgeht, Zwecke als Erfolge für sich zu verwirklichen. Dies alles nämlich hat er mit dem Tier vielmehr gemeinsam, so dass wie ein Tier auch er zunächst noch ganz naturwüchsig als freies Wollen oder Intendieren auftritt. Schließlich ist der Mensch phylogenetisch auf demselben Weg aus der Natur hervorgegangen wie das Tier, ein Weg, den er ontogenetisch jeweils kürzer wiederholt. Er unterscheidet sich vom Tier vielmehr erst dadurch, dass er über solche Subjektivität hinaus, worin er selbst erst einmal Tier ist, sich *als* solche Subjektivität auch noch zum Thema werden kann, und so von sich *als* solcher Subjektivität auch noch ein Wissen haben kann. Indem ein Tier auch dazu noch vermögend wird, durch „Ich …" auf sich Bezug zu nehmen, was nicht allen Tieren möglich ist, geht so ein Tier noch über sich als Tier hinaus und wird genau auf diese Weise eben Mensch.

Denn dadurch tut sich ein wesentlicher Unterschied auf. Wer die Naturwüchsigkeit jenes freien Wollens oder Intendierens nämlich nicht nur ist, wie Tiere, sondern von sich selbst als dieser auch noch weiß oder zumindest wissen kann, ist nicht nur ursächlich für das, was dadurch wirklich wird, wie Tiere, sondern ist auch noch verantwortlich für das, was dadurch wirklich wird, und darin eben Mensch. Denn so wird er gerade derart ursächlich, dass er von sich als einer freien Ursächlichkeit auch noch weiß oder zumindest wissen kann. Und das bedeutet, dass er selbst sich dann auch noch Verantwortlichkeit für sich selbst als diese freie Ursächlichkeit zuzieht, eben weil er dadurch sich als diese selbst zum Thema wird oder zumindest werden kann. Entsprechend hängt dies auch noch davon ab, wie weit ein solches Lebewesen sich schon Thema ist, wie weit es sich als solches selbst bereits durchschaut hat, kurz: wie weit es mit der Aufklärung als seiner Selbstaufklärung schon gediehen ist.

Selbst KANT jedoch kommt damit noch nicht weit genug voran, wenn er zum Zweck seiner Moralphilosophie die Lebewesen in „vernünftige" und „unvernünftige" zu unterscheiden pflegt. Nur die genannte Fähigkeit zur Selbstthematisierung nämlich kann hier angesprochen sein, die KANT jedoch in diesem Ausdruck der „Vernünftigkeit" geradezu verkapselt lässt. Und dies, obwohl er das Verhältnis zwischen dem „Verstand" und der „Vernunft" bereits als eine Metarationalität der letzteren zur Rationalität des ersteren versteht. Der Mensch ist also keineswegs einfach „animal rationale", denn das ist bereits das Tier im Unterschied zur Pflanze. Der Mensch ist vielmehr ein „animal metarationale", eben eine Rationalität, die sich bereits zum Thema hat, was KANT jedoch nicht hinreichend berücksichtigt. Denn trotzdem lässt er Freiheit und Autonomie in einem analytischen Verhältnis zueinander stehen.

Ein deutlicher Beleg dafür ist jene Stelle, wo er sagt, das „Sollen" als moralisches „ist eigentlich ein Wollen"[8], was jedoch nicht sein kann, weil es als *Gesetz für* Wollen nicht einfach mit ihm zusammenfallen kann. In Wahrheit steht Autonomie zu Freiheit vielmehr in einem synthetischen Verhältnis, weil erst Freiheit, die sich selbst auch noch zum Thema wird, sich selbst auch noch Gesetze auferlegen muss, so dass sie dadurch autonome Freiheit wird und so als bloß naturwüchsige aufhört.

Deshalb ist es auch kein Zufall, dass für KANT solche Autonomie nicht herleitbar gewesen ist: *Aus* freiem Wollen und *für* freies Wollen ist ein Sollen als ein Imperativ eben herleitbar erst dann, wenn dieses grundsätzlich synthetische Verhältnis beider eingesehen ist. Denn gerade die synthetisch-zusätzliche Selbstthematisierung eines freien Wollens ist dann ein zu diesem freien Wollen noch hinzukommender Grund, so dass aus beiden miteinander ein Gesetz als Imperativ oder Sollen für ein solches freie Wollen folgt, was dann erst recht kein „Fehlschluß" als „naturalistischer" sein kann. Und auch nur dadurch, dass dergleichen aus synthetisch-zusätzlicher Selbstthematisierung dieses freien Wollens folgt, kann es als Imperativ oder Sollen für ein freies Wollen ein Gesetz im Sinn von Autonomie sein anstatt im Sinn verkappter Heteronomie. Und das gilt eben schon für das Gesetz vom Widerspruch, dem ein sich selbst thematisierendes und hinreichend durchschauendes Subjekt sich selbst durch Autonomie unterwerfen muss im Sinn von soll, und das noch nicht etwa ein rechtliches oder gar ein moralisch-ethisches Gesetz ist.

Gleichwohl hätte es für KANT die Freiheit dieses Wollens sichern können, weil sie an genau dieser Autonomie dieser Gesetzlichkeit als hergeleiteter erkennbar ist. Und damit wäre ein Gesamtverhältnis grundgelegt gewesen, innerhalb von dem noch weitere Gründe sich hätten ergeben können, wonach dieses Dass des freien Wollens, das sich selbst auch noch zum Thema wird, sich selbst auch noch in anderem Sinn ein Wie des freien Wollens als ein Sollen oder einen Imperativ zuziehen muss als nur das Widerspruchsgesetz. Das letztere entspringt, weil auch, wenn bloß ein einzelnes Subjekt sich auf genannte Weise selbst zum Thema wird, dieses Subjekt sich selbst dieses Gesetz schon auferlegen muss. Doch was entspringt, wenn ein Subjekt nicht nur sich selbst zum Thema wird, sondern wenn ihm auch andere Subjekte, deren jedes als ein Einzelnes sich selbst zum Thema wird, zum Thema werden? Dann entspringt genau die Intersubjektivität, aus der allein so etwas wie die rechtliche oder moralisch-ethische Verpflichtung herzuleiten sein kann. Auch für solche Intersubjektivität ist dann jedoch die Selbstthematisierung jedes einzelnen Subjekts, von der sie alle wissen, wenn sie voneinander wissen, das Entscheidende.

Doch dahin schreitet KANT nicht fort. Er bleibt vielmehr zurück beim Subjekt als dem bloßen Selbstzweck der Intentionalität, was aber eben auch bereits für Tiere gilt. Entscheidend wird erst, dass der Mensch, der wie das Tier sich Selbstzweck ist, im

---

8   GMS S. 449, Z.16 f.

Unterschied zum Tier als Selbstzweck sich auch noch zum Thema wird. Nur daran kann es nämlich liegen, dass nicht erst moralisch-ethische Verpflichtung, sondern auch schon rechtliche allein von Mensch zu Mensch besteht, nicht etwa auch von Tier zu Tier oder von Tier zu Mensch oder von Mensch zu Tier. Solche Verpflichtung herzuleiten, kann daher, wenn überhaupt, nur möglich werden durch Entfaltung der Bedingungen, die jedes einzelne Subjekt erfüllen muss, wenn es als Subjekt, das als Selbstzweck sich zum Thema wird, mit einem andern Subjekt, das als Selbstzweck sich zum Thema wird, in Intersubjektivität soll treten können. Nur aus Gründen, die aus dieser unserer eigentlichen Intersubjektivität erwüchsen, könnten sich moralisch-ethische bzw. rechtliche Verpflichtungen für uns ergeben. Diese aussichtsreiche Möglichkeit zu deren Herleitung hat KANT jedoch aus dem genannten Grund nicht nutzen können, und so ist sie auch bis heute ungenutzt geblieben: Dass es immer noch so schwer ist, unsere moralisch-ethischen bzw. rechtlichen Verpflichtungen mit Argumenten zu vertreten, wie etwa die gegenwärtige Debatte über Bioethik zeigt, ist eben daher auch kein Zufall.

Literatur

ILTING, KARL-HEINZ (1972): Der naturalistische Fehlschluß bei Kant, in: MANFRED RIEDEL (Hrsg.), Rehabilitierung der praktischen Philosophie, Bd. 1: Geschichte, Probleme, Aufgaben, Freiburg: Rombach.

ÖFFENBERGER, NIELS (Hrsg.) (2000): Beiträge zum Satz vom Widerspruch, Hildesheim: Olms.

Reinhard Hiltscher

KANTS LEHRE VOM „FAKTUM DER VERNUNFT"
Thomas Ludolf Meyer zum 45. Geburtstag

Einleitung

Der Begriff „Freiheit" drückt sehr viele verschiedene, wenngleich eng zusammenhängende philosophisch-systematische Probleme aus. So gibt es z.B. das systematische Problem der politischen Freiheit, das systematische Problem der Handlungsfreiheit oder das systematische Problem der Willensfreiheit – um nur einige Zugänge zur Freiheitsproblematik zu benennen.

Aber auch das Problem der Willensfreiheit, das in diesem Vortrag mit Blick auf KANT behandelt werden soll, ist in sich systematisch kompliziert.

(1) Da ist zunächst KANTs Begriff der *„negativen Freiheit"* zu benennen. Willensfreiheit hat nämlich zunächst bei KANT den (schlichten) Sinn von *„Unabhängigkeit"*. Der Wille ist nur dann frei, wenn er eben nicht in seinen Wollensentscheidungen durch ihm äußerliche Faktoren unausweichlich genötigt wird.

(2) Daneben verlangt KANT aber von einem wirklichen freien Willen, dass dieser sich nach einem ihm eignenden inneren Prinzip selbst *positiv* bestimmen könne. Der wirklich freie Wille bestimme sich nicht etwa ausschließlich nach *zufälligen* Gründen, die ihm sozusagen in einer konkreten Situation zufällig je aufstießen, sondern er bestimme sich selbst gemäß dem Grundgerüst einer ihm konstitutiven inneren Logik. Diesen positiven Freiheitssinn nennt KANT *Autonomie* des Willens.

Nun hat der Begriff der Autonomie aber eine Doppeldeutigkeit an sich. Autonomie kann *Eigengesetzlichkeit* (A) meinen oder aber *Selbstgesetzgebung* (B).

(A) Sieht man davon ab, dass das innere Prinzip der Leibnizschen Monade allererst von Gott für diese Monade zugelassen ist, so kann man doch sagen, dass die Monade gemäß diesem (ihr innerlichen) Prinzip autonom von Vorstellung zu Vorstellung strebt. Dennoch ist die Monade nicht frei. Denn sie kann sich nicht mehr ablehnend oder zustimmend zu diesem inneren Prinzip verhalten.

(B) KANTs Autonomiebegriff ist nun derjenige der *Selbstgesetzgebung*. Die Prinzipiensphäre des Willens gibt den Maximen ihrer konkreten *prinzipiierten* Willensakte ein Gesetz vor. Der „Gesamt-Wille" hat also sowohl eine Prinzipiensphäre, die als Gesetzgeber fungiert, wie auch eine Sphäre, die durch die Eigengesetzgebung bestimmt wird – kurz, der Gesamtwille gibt sich selbst das Gesetz. Die Frage ist nur, ob dieses Konzept eo ipso „freiheitsdienlicher" ist als die Eigengesetzlichkeit der Leibnizschen Monade. Denn auch hier wäre die Autonomie nur dann eine freie Autonomie, wenn die Selbstgesetzgebung zumindest nicht alternativlos wäre. Es müsste also noch ein alternatives Verhalten des Willens zu seinem inneren Prinzip möglich sein. Dieses alternative Verhalten des Willens zu seinem inneren Prinzip kann aber nicht bloß im Sinne willkürlicher negativer Freiheit verstanden werden. Ein je *zufälliges alternatives* Verhalten des Willens zu seinem inneren Prinzip wäre nicht wirklich selbstbestimmtes Verhalten des Willens selbst zu diesem inneren Prinzip. Denn es wäre qua zufälliges

Verhalten kein *autonom-selbstbestimmtes* Verhalten. Es bleibt somit keine andere systematische Alternative übrig als die, dass das Prinzip selbst noch das alternative Verhalten zu sich prinzipiiert, soll dieses alternative Verhalten ein autonomes Verhalten sein können. Offenkundig[1] sind mit einem solchen Konzept enorme systematische Schwierigkeiten verbunden, auf die ich hier noch nicht eingehen kann.

Terminologisch will ich zunächst zwei von mir in diesem Vortrag benutzte Begriffe einführen.

Ich nenne die Funktion des inneren Prinzips des Willens, die allen Maximen konkreter Willensakte ein identisches formendes Gesetz vorgibt, die *Prinzipienfunktion* des Sittengesetzes.

Die Funktion des inneren Prinzips, die das alternative Verhalten zu sich selbst prinzipiiert, nenne ich die *kriteriologische* Funktion des Sittengesetzes.

These: KANT benutzt in seinen Argumentationen der zweiten Kritik beide Funktionen des Sittengesetzes, da ihm bewusst ist, dass nur dann, wenn man das Zusammenspiel beider Funktionen nachweisen kann, das Konzept freier Autonomie schlüssig ist.

Meine These besteht in der Behauptung, dass Kant mit dem Argument vom „Faktum der Vernunft" in der zweiten Kritik jedoch nur die Prinzipienfunktion des Sittengesetzes ausweisen kann, nicht aber die kriteriologische Funktion des Sittengesetzes. Somit kann mit dem Faktum der Vernunft zwar die Autonomie des Willens, nicht aber dessen Freiheit dargetan werden.

I. Von der schlichten Kausaltheorie des Willens zur Prinzipientheorie des Willens

KANT subsumiert den Willen in seiner Funktion als „rationale Zweckwahl" unter die schon angesprochene „negative Willkürfreiheit". Die Willkürfreiheit in der Zweckwahl besteht in der Sicht KANTs aus einem *rationalen* Moment *einerseits* und aus einem *Impulsmoment andererseits*.[2]

Dem *rationalen Moment*[3] ordnet KANT[4] die Zwecksetzungsfähigkeit, die Maximenbildung und die hypothetischen Imperative zu. Rationalität besteht auf der Ebene der Willkür in der instrumentellen Anwendung der Vernunft und in der rationalen Strukturierung der Bedürfnisse des Menschen als eines Naturwesens.

Das *Impulsmoment der Willkür* wird von KANT etwas metaphorisch als „Triebfeder" bezeichnet. Diese Triebfedern sind alles andere als rational, sie entstammen vielmehr der Physis des Menschen. Das motivierende Impulsmoment ist auf der Ebene der Willkürfreiheit letztlich sinnlich und damit a-rational. Sind die Triebfedern als ausschließlich motivierend in das Willensspiel involviert, ist durchgängige, d.h. autonome Bestimmung des Willens nicht möglich.

---

[1] Der vorliegende Vortrag stellt in gewisser Weise die Revision von Einsichten dar, die ich 1996 in meinem Aufsatz „Zur systematischen Stellung des Bösen in Kants Moralphilosophie" dargelegt habe. Inzwischen bin ich nicht mehr der Ansicht, dass es KANT gelungen ist, die geltungsdifferente autonome Tat zu begründen. Im vorliegenden Text sind Ergebnisse und bisweilen auch Abschnitte meines alten Aufsatzes eingearbeitet. Vgl. HILTSCHER (1996).
[2] Vgl. zu diesen Zusammenhängen besonders den überaus instruktiven Aufsatz HENRICH (1973).
[3] Vgl. zur Binnenstruktur der Willkürfreiheit KONHARDT (1979), bes. S. 200 ff.
[4] Vgl. HILTSCHER (1996), S. 86–94.

Wenn es auch eine Kausalität aus Freiheit geben können soll, so müsste eine Ursache denkbar sein, die, ohne selbst verursacht zu sein, eine neue Kausalreihe spontan initiieren könnte.

Nun unterliegt all das, was der Zeitform unterliegt, Modifikationen seines Zustandes. KANT kann nicht annehmen, dass eine sinnlich-naturale Ursache einfach ohne vorhergehende Ursache zu einem bestimmten Augenblick in die Zeit tritt (bzw. allererst „aktiv" wird). Dieser bestimmte Augenblick wäre nämlich nicht objektiv in der Zeit bestimmt. Eine solche plötzlich in der Zeit auftretende Ursache widerlegte die durchgängige Geltung der Kausalkategorie, deren vornehmste Obliegenheit es ist, Zustände allererst in der Zeit objektiv und eindeutig bestimmbar zu machen. Somit müsste eine freie sinnlich-naturale Ursache bis zu ihrem Wirksamwerden die ganze Zeit hindurch im Wirkzustand kontinuieren. In diesem Falle wäre aber nicht erklärt, wieso die zuerst nachfolgende Wirkung W_1 in den späteren Zeitpunkt t_2 fallen muss, anstatt in den zeitlich früheren Zeitpunkt t_1. Daraus schließt KANT in der Kritik der reinen Vernunft:[5]

> „Da nun die *Kausalität* der Erscheinungen auf Zeitbedingungen beruht, und der vorige Zustand, wenn er jederzeit gewesen wäre, auch keine Wirkung, die allererst in der Zeit entspringt, hervorgebracht hätte: so ist die Kausalität der Ursache dessen, was geschieht, […] auch *entstanden*, und […] bedarf wiederum eine Ursache." (KrV B 560)

Eine autonome Ursache darf deshalb nicht in die Dimension der natürlichen Kausalität fallen, sondern muss intelligibel, nichtsinnlich sein. Denn für KANT ist der Bereich des Intelligiblen fundamental nicht zeitlich-zustandsbetroffen. Da aber die Freiheit der Zweckrationalität ein *naturales* Impulsmoment aufweist, das auf den *naturkausal bedingten* Zuständlichkeiten des Individuums basiert, kann sie bestenfalls im Sinne der negativen Freiheit prima causa sein, keinesfalls mehr aber im Sinne der Autonomie.

II. Die Prinzipientheorie des Willens

Lässt man das Abrakadabra von KANTs Privatmetaphysik beiseite, so behauptet er mit dem Terminus der Intelligibilität in diesem Zusammenhang schlicht: *Eine Theorie der Autonomie des Willens ist eine Prinzipientheorie des Willens.*

(1.) Die Konstruktion eines Begriffs der Prinzipiensphäre des Willens

Genauso, wie es eine Eigenbestimmtheit und Prinzipiensphäre des Denkens gibt, gibt es eine Eigenbestimmtheit und Prinzipiensphäre des Willens. Genauso, wie es Denken als Prinzip und Denken als Prinzipiat gibt, gibt es den Willen als Prinzip und den Willen als Prinzipiat. Die Kategorien und Urteilsfunktionen, die in den Inbegriff der Prinzipiensphäre des Denkens gehören, verhalten sich *relational* zu der Mannigfaltigkeit der

---

5 Ich zitiere die Werke KANTs nach der Weischedelausgabe. Vgl. dazu das Siglenverzeichnis am Ende des Bandes.

von ihnen konstituierten Konkreta und Prinzipiate (der einzelnen geltungsdifferenten Urteile und konkreten Gegenstände) stets in identischer und unveränderlicher Begründungsweise – in intelligibler, nicht zustandsbetroffener Weise, wenn man so will.

Ebenso verhält sich die Prinzipiensphäre des Willens in unveränderlich identischer Weise *relational* zu der Mannigfaltigkeit ihrer Konkreta und Prinzipiate – der autonom zurechenbaren moralrelevanten Willensakte. Um dies konsistent denken zu können, ist es aber unabdingbar, dass das unverzichtbare Impulsmoment eines autonomen Willens ebenso in die Prinzipiensphäre des Willens gerechnet werden kann. Denn die Triebfedern der naturalen Neigungen sind ja gerade dasjenige, was die freie Willkür doch der naturkausalbedingten Zuständlichkeit unterwirft.

Ich spiele hier natürlich auf den Gedanken des vom Sittengesetz erwirkten Gefühles der „Achtung vor diesem Gesetz" an.[6] Die Konstruktion einer Prinzipiensphäre des Willens ist abgeschlossen, wenn man zeigen kann, dass diese auch ein identisch-unveränderliches Impuls- und Motivationsmoment mit Prinzipiencharakter bezüglich aller Willensakte enthält – nämlich die „Achtung". Insofern jenes Impulsmoment von der für alle Willensakte selbigen reinen Vernunft „erwirkt" ist, hat das Achtungsgefühl stets seinen unveränderlich-selbigen intelligiblen Grund. Und insofern jenes Impulsmoment somit rein rational „erwirkt" ist, ist eine Prinzipientheorie des Willens eine Prinzipientheorie der reinen praktischen Vernunft.

(2.) Die Deduktion des Sittengesetzes – das Faktum der Vernunft

Es entsteht nun die Frage, wie die objektive Realität einer Prinzipiensphäre des Willens ausgewiesen werden kann. Eine Deduktion nach dem Muster der theoretischen Kategorien ist unmöglich. Die theoretischen Kategorien werden von KANT nämlich durch den Nachweis ausgewiesen, dass ohne ihre Geltung kein empirischer Gegenstand in der Anschauung *als* Gegenstand zur Möglichkeit eines geltungsdifferenten Urteils gegeben werden könnte.[7]

Ein solcher Nachweis kann für die Prinzipiensphäre des Willens nicht gelingen. Anders als in der „praktischen Dimension" können im theoretischen Bereich die prinzipkonstituierten Prinzipiate und Konkreta die Begründungstüchtigkeit des reinen Verstandes im Medium der Anschauung belegen. Die einzelnen Willensakte als begründete Konkreta der Prinzipiendimension des Willens sind jedoch nie als sie selbst in der Anschauung gebbar. Nur die Folgen der Willensbestimmungen werden als Ergebnisse von Handlungen in der „Sinnenwelt" sichtbar. Diese Handlungsergebnisse können jedoch KANT zufolge durchgängig und konsistent mit den Mitteln der Naturkausalität erklärt werden. An diesem Punkt muss nun für KANT das „Faktum der Vernunft" als Substitut einer Deduktion eingeführt werden.

Um das „Faktum der Vernunft" als Fundamentalbegründung der Prinzipiensphäre des Willens ausweisen zu können, vollzieht KANT einige Distinktionen:
(i)   Zunächst wird das Verhältnis von „Sittengesetz" und „Autonomie" präzisiert. Autonomie ist im kantischen Sinne Selbstgesetzgebung. Die Prinzipiensphäre des

---

6   Vgl. HENRICH (1973).
7   Vgl. hierzu folgende wichtige Arbeiten: CRAMER (1966) sowie PLAASS (1965).

Willens schreibt der Prinzipiatssphäre der konkreten Willensakte ihr Gesetz vor. Das gewusste Sittengesetz ist nun für KANT nichts anderes als die *Bewußtmachung* dieser autonomen Selbstgesetzgebung resp. die reflexive Bewusstmachung der autonomen Prinzipiensphäre des Willens. Autonomie ist *ratio essendi* des Sittengesetzes, das Sittengesetz *ratio cognoscendi* der Selbstgesetzgebung qua Autonomie.

(ii)   In einer weiteren Distinktion beschreibt KANT das Sittengesetz als *Selbstbewußtsein der reinen praktischen Vernunft*,[8] in welchem die unhintergehbare autonome Konstitutivität der reinen praktischen Vernunft bei jedem Vollzug der Tat selbstbewusst würde. An zwei berühmten Stellen der zweiten Kritik können wir lesen:

> „Freiheit und unbedingtes praktisches Gesetz weisen also wechselweise aufeinander zurück. Ich frage hier nun nicht: ob sie auch in der Tat verschieden seien, und nicht vielmehr ein unbedingtes Gesetz bloß das Selbstbewußtsein einer reinen praktischen Vernunft, diese aber ganz einerlei mit dem positiven Begriffe der Freiheit sei. (KpV S. 139) […] Denn wenn sie als reine Vernunft praktisch ist, so beweiset sie ihre und ihrer Begriffe Realität durch die Tat, und alles Vernünfteln wider die Möglichkeit es zu sein, ist vergeblich." (KpV S. 107)

(iii)   Und mit dieser Orientierung[9] an der *„Tat"* stehen wir im Fokus von KANTs Begründung der Autonomie aus dem Faktum der Vernunft. Autonomie beschreibt keinen statischen Sachverhalt. Autonomie ist kein „Immobilienbesitz", sondern Autonomie stellt sich immer erst im Vollzug einer Tat ein. Sieht man von den elementaren Trieb- und Instinktreaktionen des Menschen ab, so muss der Mensch an seiner Handlung ein bestimmtes Minimum an Rationalität und Sinnhaftigkeit verstehen. Gegen dieses Minimum wird er die Tat nicht rational-bewusst vollziehen können. Der Anspruch des Sittengesetzes, der beim endlichen Vernunftwesen „Mensch" als Sollensforderung des kategorischen Imperativs erscheint, soll also gerade nicht (zumindest nicht nur) als eine einzuhaltende, schlicht vorgesetzte Übernorm verstanden werden. Vielmehr eignet dieser Sollensforderung eine *Prinzipie*natur – die Sollensforderung beinhaltet mithin einen *Formcharakter*. Der Anspruch des Sittengesetzes soll *konstitutiv sinnformend* für jede (und wirklich jede) *moralrelevante* Maxime sein, unter deren Regie ich überhaupt fähig zu sein vermag, eine Handlung als *sinnvoll* zu begreifen und *deshalb* zu *vollziehen*. Die Formqualität der Sollensforderung des Sittengesetzes soll insbesondere *auch* prinzipiierend und unhintergehbar konstitutiv für die *böse* Maxime einer Handlung sein, die ich überhaupt als *sinnvoll vollziehen* kann.

KANT setzt also voraus:

A   Das Verpflichtungsbewusstsein, das das Sittengesetz unter endlichen Bedingungen qua kategorischer Imperativ in der Gesinnung des Menschen erzeugt, ist *reflexives „Selbstbewußtsein"* der autonomen praktischen Vernunft – macht also deren autonome Gesetzgebung bewusst.

B   Dieses Selbstbewusstsein kann sich jedoch immer nur *im Vollzug* „der Tat" einstellen.

---

[8] Dieses Verhältnis von Sittengesetz und praktischer Vernunft hat BECK hervorragend herausgearbeitet. Vgl. BECK (1974), S. 158ff.

[9] Vgl. HILTSCHER (1996), S. 96-102.

Auszuweisen sind A und B nach KANT nur so:

I   Man muss zeigen können, dass *keine* Handlung als *sinnvoll* begriffen und damit in Folge auch (*als sinnvoll) vollzogen* werden kann, deren moralrelevante Maxime *nicht* von der „Sollensforderung" *konstituiert* und *geformt* ist.

II   Das *Faktum des Vollzuges* der sinnvollen Tat belegte dann zugleich die Gültigkeit der „Sollensforderung".

III. Damit wäre zugleich die objektive Realität der autonomen reinen praktischen Vernunft ausgewiesen. Denn die jede einzelne moralrelevante Tat (auch die böse Tat!) formende Sollensforderung ist ja nichts anderes als die Reflexivmachung der Prinzipiierungsleistung (Formungsleistung/Gesetzgebungsleistung) der reinen praktischen Vernunft in jeder *sinnvollen und deshalb vollziehbaren Tat.*

Diese Konstitutionsleistung der reinen praktischen Vernunft in den Maximen aller Handlungen lässt sich natürlich nicht im Sinne eines theoretisch-formallogischen Beweises dartun. Hierzu müsste es einen äußeren Zugang zu den Maximen anderer Menschen geben können.

Die die Autonomie belegende subjektive Nötigung der Verpflichtung in jeder Maxime ist im Sinne KANTs genau dann belegt, wenn man zeigen kann, dass jeder Mensch Phänomene der Verpflichtung wie den Sinn der Lüge und des Versprechens versteht, da jeder Mensch sich mit anderen Menschen über diese Phänomene verständigen kann. Um dieses Faktum ausweisen zu können, strapaziert KANT Beispiele. Diese Beispiele stellen eine Art transzendentalphänomenologische Methode dar.

(3.) Das Lügnerbeispiel

Das „lügenhafte Versprechen" ist KANTs bestes Beispiel. Es findet sich in der optimalen Form in der „Grundlegung zur Metaphysik der Sitten".[10] In der zweiten Kritik wird es am Ende von § 1 kurz aufgerufen, aber nicht noch einmal entfaltet wie in der „Grundlegung". In der Anmerkung zu § 4 tritt es modifiziert als das moralische Problem der unrechtmäßigen Aneignung des Depositums eines mittlerweile Verstorbenen auf – also in Form des lügenhaften Bruchs des Versprechens einem Verstorbenen gegenüber. Im Kapitel von der „Deduktion der Grundsätze", in dem das Faktumargument von KANT in der Kritik der praktischen Vernunft eingeführt wird, erscheint die moralphilosophische Problematik des Lügens in Form des wahren bzw. unwahren Zeugnisses. Sämtliche Argumentationsschritte, die wir angelehnt an das Lügnerbeispiel der Grundlegung nun vorführen, ließen sich auch anhand der Sinnbedingungen eines falschen (lügenhaften) Zeugnisses darlegen. Der falsche Zeuge müsste dieselben Sinnverpflichtungen denjenigen gegenüber übernehmen, denen er das falsche Zeugnis vorträgt, wie der Buchentleiher in unserem Beispiel dem Buchausleiher. Auch beim falschen Zeugnis (das KANT an der bezeichneten Stelle allerdings nicht durchspielt) könnte demonstriert werden, dass der falsche Zeuge das Verbot des falschen Zeugnisses als formendes Prinzip der eigenen Tat wollen muss. Ich entnehme das Lügnerbeispiel mit freundlicher Genehmigung des Verlagshauses Königshausen & Neumann meinem Aufsatz von 1996, S. 103ff.

---

[10] GMS z.B. S.29 f. und S.52 f.

Nehmen wir einmal folgendes Beispiel an: Peter und Hans lernen für eine wichtige Prüfung. Nur Hans besitzt aber ein wichtiges Buch für den Prüfungsstoff. Peter bittet Hans, ihm dieses Buch zu leihen. Hans willigt ein – doch muss Peter Hans versprechen, das Buch am übernächsten Tag zurückzugeben. Schon während Peter Hans das Versprechen gibt, ist er sicher, es nicht zu halten. Peter benötigt das Buch länger – und Kopieren ist ihm einerseits zu teuer und andererseits zu mühsam. Peter lügt also *bewusst* bei seinem Versprechen. Anhand der geschilderten Situation lassen sich neun Hauptbedingungen mit dazugehörigen Unterbedingungen ausmachen, die sinnvolles Lügen allererst ermöglichen:

I.   Der Lügner Peter muss voraussetzen und wissen, dass Lügen in der *konkreten Situation* verboten ist. Hans würde ja sonst nie dem lügenhaften Versprechen Peters vertrauen – und das Buch ausleihen. Hieraus ergeben sich zwei Unterbedingungen:

    I.   Peter muss also *auch* voraussetzen und wissen, dass Hans weiß und voraussetzt, dass Lügen verboten ist.

    II. Peter muss auch wissen und voraussetzen, dass Hans weiß und voraussetzt, dass Peter weiß und voraussetzt, dass Lügen verboten ist.

II. Peter muss das Verbot der Lüge auch wollen. Das Verbot der Lüge ist ja die Fundamentalbedingung für Peter, mit seiner Lüge das Buch von Hans für längere Zeit zu entleihen. Hieraus ergeben sich zwei Unterbedingungen:

    I.   Peter muss wissen und voraussetzen, dass auch Hans das Verbot der Lüge will [wenn auch aus anderen Gründen als er selbst]. Peter muss also voraussetzen, dass das Verbot der Lüge von ihm und Hans nicht nur gewusst und vorausgesetzt wird, sondern, dass es auch ein prinzipielles subjektives Motiv der Handlung bei ihm und Hans darstellt und darstellen muss.

    II. Peter muss wissen und voraussetzen, dass auch Hans weiß und voraussetzt, dass Peter das Verbot der Lüge will [wenn auch aus anderen Gründen, als dies wirklich der Fall ist].

III. Der belogene Hans muss wissen und voraussetzen, dass Peter dem Sollen des Lügeverbotes prinzipiell folgen kann, selbst wenn dies Peters Privatinteressen einschränken sollte. Hans setzt also voraus, dass Peter frei ist (zumindest in der bezeichneten Situation). Daraus ergeben sich drei Unterbedingungen:

    I.   Hans kann dies nur deshalb voraussetzen, weil er sich bewusst ist, selbst dem Sollen des „Sittengesetzes" Folge leisten zu können, auch wenn dies seine Privatinteressen einschränkt. Hans versetzt sich also quasi an die Stelle von Peter.

    II. Peter weiß, dass Hans voraussetzt und weiß, dass Peter dem Sollen Folge leisten kann, da Hans sich mit seinem „Freiheitsbewusstsein" an die Stelle Peters setzt.

    III. Peter kann dies aber nur deshalb wissen und voraussetzen, wenn er sich selbst bewusst ist, dem Sollen des Lügeverbotes Folge leisten zu können. Peter hat sich seinerseits nur an die Stelle von Hans versetzt.

IV.   Der Lügner Peter muss wissen und voraussetzen, dass alle Menschen um das Verbot der Lüge wissen und es voraussetzen. Da kein Mensch in die Gesinnung eines anderen Menschen sozusagen hineinsehen kann, kann Peter auch nicht die Gesinnung von Hans *speziell* erkennen. Wenn Peter davon ausgehen müsste, dass nur einige Menschen um das Verbot der Lüge wissen, könnte er niemals sicher sein, dass Hans ein solcher Mensch ist, der das Lügeverbot kennt. Nur unter dieser Voraussetzung macht aber seine Lüge Hans gegenüber Sinn. Peter muss sich also in seinem Wissen und mit seiner Voraussetzung des Verbotes der Lüge an die Stelle von allen Menschen setzen.

V.   Peter muss aus denselben Gründen voraussetzen, dass alle Menschen das Verbot der Lüge wollen. Daraus ergeben sich zwei Unterbedingungen.

   I.   Peter muss voraussetzen, dass die anderen Menschen – *anders als er selbst (!)* – dieses Verbot um seiner selbst willen wollen und deshalb befolgen. Würden nämlich einige oder alle Menschen das Verbot der Lüge nur deshalb wollen, um gut lügen zu können, wäre das Instrument der Lüge aufgehoben. Kein Mensch würde dem Versprechen eines anderen Menschen trauen.

   II.   *Da Peter nicht in die Maximen der anderen Menschen einblickt, kann er nur dann voraussetzen, dass alle anderen Menschen das Lügeverbot um seiner selbst willen wollen, weil er es letztlich selbst um seiner selbst willen will. Der Lügner Peter versetzt sich somit nur an die Stelle anderer Menschen.* Letztlich instrumentiert Peter damit sogar die eigene, das Gesetz grundsätzlich um seiner selbst willen bejahende[11] Gesinnung für die Lüge.

VI.   Peter muss aus denselben Gründen voraussetzen, dass alle Menschen dem Lügeverbot Folge leisten können. Denn Peter ist sich völlig bewusst, auch

---

[11] Auch die schwächere „legale" Instrumentierung des Sittengesetzes reicht als Sinnbedingung hier nicht aus. Es wäre nämlich keinesfalls ausreichend, wenn der Lügner nur voraussetzte, alle Menschen (außer ihm selbst) müssten die Geltung des Sittengesetzes/Lügeverbotes wollen und verhielten sich *konform* (legal) zu dessen Forderungen, um ihre Privatinteressen ungehindert und besser verfolgen zu können. Es reicht für unseren Lügner nicht aus, um sinnvoll lügen zu können, anzunehmen, alle anderen Menschen wollten die Geltung des Lügeverbotes *und überträten GENERELL dieses Verbot nicht*, um ein reibungsloses Glücksstreben der einzelnen Individuen kompatibel zu halten. Denn dann wären immer Situationen konstruierbar (mithin vorstellbar), bei denen die Übertretungen des Sittengesetzes nicht rechtlich oder gesellschaftlich sanktioniert werden könnte – z.B. dann, wenn die Übertretung prinzipiell nicht öffentlich werden würde. (KANT wählt ja mit Bedacht in der Anmerkung zu § 4 in der Kritik der praktischen Vernunft ein solches Beispiel.) Wäre das Sittengesetz in solchen sanktionsfreien Situationen nur als Konvention gewollt, um das Glücksstreben reibungslos(er) organisieren zu können, gäbe es in solchen Situationen keinen *letztlich sinnvollen* Grund für das Individuum, sich „gesetzestreu" zu verhalten. Der Lügner könnte aber im Sinne KANTs auch dann noch *sinnvoll* seine Lüge vollziehen, wenn alle Welt faktisch nur lügen würde – und es nachweislich keinerlei Sanktionen für diese Lügen gäbe. Sinnvoll heißt hier nicht „sinnvoll" im Sinne von weltklugem Handeln. Es heißt vielmehr, dass alle Menschen in der bezeichneten Situation noch verstehen würden, was es bedeutet, lügenhaft bzw. nichtlügenhaft zu handeln. Hingegen: Wäre auf der Welt alles grün, so gäbe es den Begriff „grün" nicht. *Auf die Spitze getrieben: Das Sittengesetz kann nur als Konventionsregulativ funktionieren und gewollt werden, indem es nicht nur als Konventionsregulativ gewollt wird!*

dem Sollen Folge leisten zu können. Könnte Peter nicht das Freiheitsbe-
wusstsein, das er bei sich verspürt, auch bei anderen Menschen unterstellen,
könnte er nicht sinnvoll lügen. Müssten nämlich die Menschen bei Versprechen erst überlegen, ob sie einen Menschen vor sich hätten, der frei dem
Sollen Folge leisten kann oder nicht, wäre das Institut des Versprechens und
damit in Folge auch die Lüge aufgehoben. Das Wissen um das eigene, freie
Befolgenkönnen des Sittengesetzes ist damit sogar ein Instrument für die erfolgreiche Lüge.

VII.   Indem der Lügner gerade bei der Lüge das Gesetz letztlich um seiner selbst
        willen will und sich bewusst sein muss, dass er auch dem Lügeverbot Folge
        leisten gekonnt hätte, ist seine Entscheidung zum Lügen autonom und zure-
        chenbar.

VIII.   Der Lügner lügt autonom, weil er nur sinnvoll lügen kann, wenn er um das
        Verbot der Lüge weiß, dieses Verbot letztlich um seiner selbst willen will und
        sich bewusst ist, diesem Verbot auch Folge leisten zu können.

IX.   Die Gültigkeit des Sittengesetzes weist sich damit in jeder Tat des Menschen
        aus, da sich das Sittengesetz und sein alle Maximen konstituierender An-
        spruch aus keiner Maxime eliminieren lässt – auch nicht aus der Maxime der
        bösen Tat.

III. Die kriteriologische Funktion des Sittengesetzes

Nun kann die Eigenbestimmtheit[12] des Willens, deren wir uns im Sittengesetz bewusst
werden können, nicht einfach nur als Eigenbestimmtheit gedeutet werden, die alle
konkreten Willensakte prinzipiiert. Schließlich artikuliert das Sittengesetz (determiniert
auf die endlichen Bedingungen menschlichen Wollens als kategorischer Imperativ) ein
Sollen. Das Sollen hat aber nur dann Sinn, wenn grundsätzlich auch gegen dieses gehandelt werden kann. Und damit stehen wir vor folgender Problematik:
    (i)   Wird die Eigenbestimmtheit des Willens ausschließlich als ein solches prakti-
sches Prinzipiengefüge gedacht, das jede moralisch qualifizierbare Maxime und
Handlung prinzipiiert, so ist zwar die Autonomie erklärt, aber nicht zureichend der
Sollensanspruch der Moral. Denn kein Prinzipiat kann sich seinem Prinzip gegenüber
irgendwie verhalten. Im Grunde hätte das im „Faktum der Vernunft" dargelegte Prinzip damit ein gleich-gültiges Verhältnis zu seinen Möglichkeiten von Gut und Böse.
Denn letztlich hätten Gut und Böse zu ihrem Prinzip die identische und gleichgültige
Beziehung des Prinzipiats zu seinem Prinzip.
    (ii)   Denkt man aber das Sittengesetz qua kategorischer Imperativ ausschließlich
kriteriologisch als „Maximenprüfverfahren", dann wäre die böse Tat eine solche, deren Maxime zwar nach dem Prüfverfahren des kategorischen Imperatives hätte ver-
worfen werden sollen, die böse Maxime wäre aber nicht im Vollzug der Tat im streng-

---

[12] Vgl. HILTSCHER (1996), S.108 ff.

en Sinne durch das praktische Prinzip konstituiert. Und damit wäre die böse Tat –
weil nicht autonom – nicht zurechenbar.

(1.) Der Prauss'sche Kant

KANT hat klar begriffen, dass die Prinzipienfunktion des Sittengesetzes die gewichti-
gere Funktion ist. Denn nur diese kann evtl. die moralische Differenz von guter oder
böser Maxime erklären, die auch die Möglichkeit der autonomen bösen Tat fundiert.
Und das Entscheidende ist, dass das „Faktum der Vernunft" nur dann ein Argument
sein kann, wenn es ausschließlich auf die Prinzipfunktion des Sittengesetzes abhebt.
Denn das Argument operiert mit dem Ausweis, dass z.B. der Lügner gerade in der
Lügentat implizit die Geltung des Gesetzes wollen muss. Mit anderen Worten: Es
zeigt am Beispiel die Prinzipgeformtheit der bösen Tat auf. Doch erklärt andererseits
die bloße Autonomie, die nach dem Modell einer theoretischen Prinzip-Prinzipiatsre-
lation gedacht wird, nicht mehr hinreichend ein autonome Alternativen ermöglichen-
des Selbstverhältnis des praktischen Prinzips.
    GEROLD PRAUSS vertritt in seinem „Autonomiebuch" die These,[13] KANT sei es in
der Kritik der praktischen Vernunft nicht gelungen, die autonome freie böse Tat zu
erklären. Die These ist zutreffend – nicht jedoch deren Begründung durch PRAUSS.
PRAUSS unterstellt KANT, wie folgt gedacht zu haben: Nur die gute Tat geschehe aus
Achtung vor dem Sittengesetz – mithin umwillen des Sittengesetzes. Bei der bösen Tat
werde der Wille von den naturalen Neigungen des jeweiligen Individuums fremdbe-
stimmt. Somit führe bei der bösen Tat (anders als bei der guten) nicht die autonome
Vernunft Regie. Die böse Tat sei daher nicht autonom vollzogen und könne somit
nicht „zugerechnet" werden.
    Allein schon der Gedanke verwundert, ein Philosoph vom Format KANTs solle
eine so „einfache Aporie" nicht durchschaut haben. M.E. demonstriert KANT ja gerade in den Beispielen im Grundsatzkapitel der zweiten Kritik, dass auch der Missetä-
ter in seinen Maximen im Vollzug seiner Missetat die Geltung des Sittengesetzes wollen muss – und zwar wollen muss, durchaus um dieser Geltung selbst willen. Es ist
schlicht unmöglich, das „Zeugnisbeispiel" oder das Beispiel vom „Depositum" (Lüg-
nerbeispiele der zweiten Kritik) nur so zu verstehen, als ob der Lügner hier ausschließlich von seinen Neigungen motiviert sei. In den Beispielen KANTs wird deutlich, was KANT wirklich unter dem „Faktum der Vernunft" versteht. Jeder muss in der
moralrelevanten Maxime seiner Tat die Geltung des Sittengesetzes um dieser Geltung
selbst willen wollen – eben auch der Lügner im Vollzug seiner Tat. Das „durchgeführte Lügnerbeispiel" macht luzide, was KANTs wahre Intentionen sind. Beispiele wie
das Lügnerbeispiel machen nämlich KANTs Ansicht deutlich, man könne eine vom
Sittengesetz etablierte „Sollensnorm" nie *nur* als Mittel zum Verfolgen der eigenen Interessen oder als Regularium der möglichen Kompatibilität der mannigfaltigen Privatinteressen innerhalb einer Gesellschaft wollen. Was KANT allerdings in der zweiten
Kritik nicht ganz durchschaut, ist die Differenz von Prinzipienfunktion und kriteriologischer Funktion des Sittengesetzes. Erst in der Religionsschrift benennt KANT die

---

[13] PRAUSS (1983), z.B. S. 81f.

beiden zum Teil unterschiedlichen Weisen, wie das Sittengesetz in jeder moralrele-vanten Maxime gewollt werden kann.

Vom Reflexionsstand der zweiten Kritik aus betrachtet, kann KANT aber nicht mehr trennscharf erklären, worin sich das Wollen der Geltung des Sittengesetzes (Wollen der Geltung des Lügeverbotes) des Lügners von dem Wollen (der Geltung des Lügeverbotes/Sittengesetzes) des höchstmoralischen Nichtlügners unterscheiden soll. Das Wollen der Geltung des Sittengesetzes hätte eine univoke Prinzipienbedeu-tung bezüglich Gut und Böse bei beiden eben angeführten Protagonisten. Damit er-weist sich aber das für KANT so wichtige kriteriologische Moment des Sittengesetzes als nicht letztfundiert im Faktumargument. Um es in Form eines Schlagwortes zu wenden: In der zweiten Kritik gelingt es KANT zwar aufzuzeigen, dass man autonom gut *und* böse handeln kann, nicht jedoch wird aufgewiesen, dass man autonom gut *oder* böse handeln kann. Es geht aber systematisch *nicht nur* um die Autonomie der beiden *Alternativen*, sondern besonders auch um die Autonomie *der Alternative*. Somit ist die, in der zweiten Kritik dargetane Autonomie, keine *freie* Autonomie.

(2.) Kants Lösungsversuch

KANT hätte hier nur zwei Optionen. Er könnte Autonomie als Eigengesetzlichkeit fas-sen und den kriteriologischen Aspekt des Sittengesetzes ganz aufgeben. Dann wäre die Kritik der praktischen Vernunft die Entfaltung eines universalen aber autonomen Konsistenzprinzipes, das jeder empirischen Theorie von Gut und Böse als alternativen Werten zu Grunde läge. Eine apriorische Bestimmung der Werte „gut" und „böse" als Alternativen wäre dann nicht möglich. Die Bestimmung des alternativen Sinnes von Gut und Böse wäre empirisch-heteronom. Apriori und autonom im Sinne von eigen-gesetzlich wäre nur das Konsistenzprinzip, das sich in identischer Weise auf Gut und Böse bezöge. KANT könnte sagen, das praktische Prinzip ermögliche autonom gut *und* böse zu handeln, aber so, dass in diesem Prinzip gut und böse noch nicht vollständig thematisch entfaltet seien. Voll thematisch entfaltet *als Alternativen* würden Gut und Böse dann erst durch nähere empirisch-sinnliche Bedingungen. Ganz offenkundig ist dies nicht der Sinn von Autonomie den KANT annimmt. Denn selbst wenn man dem Konsistenzprinzip Autonomie zugeständе, so hätte es kein autonomes alternatives Verhältnis mehr zu sich, es läge keine freie Autonomie vor. Ganz abgesehen davon, dass KANTs gesamte Rhetorik klar macht, dass es ihm um eine Letztsicherung der Normativität geht.

Oder aber KANT behält die kriteriologische Funktion des Sittengesetzes bei. Dann muss es Zusatzbedingungen geben, die das als Prinzip fungierende Wollen der Gel-tung des Sittengesetzes z.B. des Lügners von dem des Nichtlügners unterscheiden. In der zweiten Kritik kann KANT dies nur so erklären, dass zum Wollen der Geltung des Sittengesetzes des Lügners noch zusätzlich Naturneigungen als Bestimmungsgründe des Wollens hinzutreten. Aber ausschließlich neigungsbestimmt und neigungsmoti-viert kann auch die Lüge nicht sein.

Das soll heißen: Nicht etwa, weil nach dem Theoriestand der zweiten Kritik kein autonomes Selbstverhältnis des praktischen Prinzips bei der bösen Tat möglich ist, scheitert KANTs Faktumargument, sondern weil das Selbstverhältnis des praktischen Prinzips (das sich als solches durchaus durchgängig autonom denken lässt) nur dann alternativ wird, wenn Neigungen zu diesem Selbstverhältnis hinzutreten und hierdurch Alternativität begründen.

Die naturalen Neigungen müssten also die Autonomie zu einer freien Autonomie determinieren. Dass dies KANTs Auffassung von freier Autonomie gänzlich widersprechen muss, ist evident. Das autonome Selbstverhältnis des praktischen Prinzips würde zu einem freien Selbstverhältnis durch die Vermittlung der Neigungen werden.

Somit bleibt nur übrig, dass autonome praktische Vernunft selbst noch die Alternativen ihres Selbstverhältnisses begründen muss, soll sie durchgängig freie autonome Vernunft sein können. Mit anderen Worten: Vernunft muss selbst noch als Alternativen stiftende Zusatzbedingung in ihrem Selbstverhältnis auftreten. So versucht KANT in der Religionsschrift eine Lösung der Problematik aufzuzeigen. Eine Vereinigung des Prinzipienmomentes und des kriteriologischen Momentes des Sittengesetzes ist nur möglich, wenn einerseits gilt, dass die im Sittengesetz artikulierte Eigenbestimmtheit des Willens die moralisch qualifizierbare Maxime jeder konkreten Handlung prinzipiiert, dass dies jedoch andererseits auf unterschiedliche Weise geschehen kann.

Die erste Bedingung sichert die Autonomie auch der bösen Tat, die zweite Bedingung den kriteriologischen Charakter des Sittengesetzes qua kategorischer Imperativ. Das Zusammenspiel beider Funktionen des Sittengesetzes erläutert KANT in einem wichtigen Satz der Religionsschrift, in welchem er genau sagt, in welcher Weise das Sittengesetz bei einer bösen Maxime in Anspruch genommen[14] wird:

> „[…] wenn die Vernunft die Einheit der Maximen überhaupt, welche dem moralischen Gesetze eigen ist, bloß dazu braucht, um in die Triebfedern der Neigung, unter dem Namen *Glückseligkeit*, Einheit der Maximen, die ihnen sonst nicht zukommen kann, hinein zu bringen […]; da dann der empirische Charakter gut, der intelligibele aber immer noch böse ist." (Rel 685)

Für jede moralisch qualifizierbare Maxime (gleich, ob sie gute oder böse Maxime ist) hat das Einheit unter den Maximen stiftende Sittengesetz und damit das implizite aber *notwendige* Wollen der Geltung des Sittengesetzes *aus Achtung* vor diesem unhintergehbare Prinzipienfunktion. Aber nur bei der guten Maxime wird die Geltung des Sittengesetzes aus Achtung vor diesem ausschließlich um des Gesetzes selbst willen gewollt und in Anspruch genommen. Bei der bösen Maxime hingegen wird die Einheit, die das Sittengesetz unter den Maximen ermöglicht, zum *Instrument* des Glücksstrebens *pervertiert. Auch* in der bösen Maxime wird das Sittengesetz um seiner selbst willen gewollt, aber es wird sozusagen für Ausnahmefälle auch als *zweckrationales Mittel* für Weltzwecke gewollt.

Immerhin zeigt dies im Sinne KANTs, dass in jede moralrelevante Maxime grundsätzlich die Triebfeder des Glücksstrebens und die Triebfeder des Sittengesetzes aufgenommen werden muss. Das Sittengesetz ist eben nicht aus der bösen Maxime eliminierbar. Für KANT sind nach der Lehre der Religionsschrift gut und böse dadurch bestimmt, dass unterschiedliche Triebfedern jeweils zur Bedingung der anderen in der Maxime gemacht werden. Wird das Glücksstreben zur Bedingung des Sittengesetzes gemacht, so ist die Maxime böse – ist das Sittengesetz in der Maxime Bedingung des Glücksstrebens, ist die Maxime gut. Nun ist nach unserem Anfangsbefund ganz klar,

---

[14] Vgl. zu den folgenden Ausführungen HILTSCHER (1996), S. 112 ff.

dass die Entscheidung darüber, welche Triebfeder der anderen vorgezogen wird, nicht durch die regellose nichtautonome Willkürfreiheit getroffen werden kann. Somit muss das praktische autonome Prinzip selbst noch die kriteriologische Funktion steuern. KANT denkt dies als eine Art Selbstverhältnis des praktischen Prinzips. Er führt deshalb den Terminus der intelligiblen Tat ein.

Der Clou dieses Konzeptes besteht darin, dass die intelligible Tat nicht etwa eine Wahl zwischen den Weisen der Inanspruchnahme des Sittengesetzes ist im Sinne eines willkürlich äußerlichen Verhältnisses zur Prinzipiendimension, sondern die intelligible Tat stellt eine – wenn auch prinzipiell reversible – Selbstspezifikation des autonomen endlichen Prinzips in zwei Grundprinzipiate dar, die nun ihrerseits gegenüber den Konkreta als „abgeleitete" Prinzipien fungieren. Die Selbstspezifikation und Selbstbezüglichkeit des praktischen Prinzips ist Leistung des konkreten moralischen Subjektes. Im dem einen der beiden alternativen Grundprinzipiate wird das Sittengesetz ausschließlich um seiner selbst willen gewollt. Dieses Prinzipiat *formt*[15] als abgeleitetes

---

[15] Ich gebrauche ganz *bewusst* den Terminus „Formen". Die oberste gute Maxime *formt* nur gute spezielle Maximen und sie *formt* aus diesen Maximen *resultierende* gute Handlungen. Da wir aber als endliche Vernunftwesen niemals in völligem Einklang mit den Erfordernissen der „reinen Sittlichkeit" stehen, kann auch die gute angenommene Grundmaxime *einzelne* böse Handlungen des konkreten Menschen *nicht verhindern*.

KANT deutet dies in seiner Lehre von den drei Stufen des Bösen an. In der Religionsschrift hat KANT das Böse in 3 Stufen eingeteilt (Rel 677), nämlich in die *„Gebrechlichkeit der menschlichen Natur"* *(1)*, die *„Unlauterkeit des Herzens" (2)*, sowie die *„Bösartigkeit des menschlichen Herzens" (3)*. „Gebrechlichkeit" (1) und „Unlauterkeit" (2) stellen letztlich nur eine Art moralischen „Unfall" dar – und sind nicht durch das gute Prinzipiat (die gute Grundmaxime), das (die) als *spezifiziertes Prinzip* fungiert, sozusagen *„grundsätzlich"* fundiert. Vielmehr beziehen sich diese beiden Formen des Bösen immer nur auf *singuläre Handlungen* und verdanken sich keiner Maxime, die in ihrer Direktivfunktion für viele Handlungen gültig wäre.

Nach (1) kann eine böse Handlung entstehen, obwohl ich die gute *Grundmaxime (das gute Grundprinzipiat)* angenommen habe. Sie entsteht dann, obwohl ich in meiner *Grundmaxime* das Gute ausschließlich um des Guten selbst willen will – und obwohl ich gemäß dieser Grundmaxime eine gute spezielle Maxime erzeugt habe, weil im „Augenblick" des beabsichtigten (der guten Maxime gemäßen) Handlungsvollzuges der Anspruch meiner Sinnlichkeit sich als unüberwindbares Hindernis erweist.

Auch nach (2) kann eine böse Handlung entstehen, obwohl ich die gute Grundmaxime angenommen habe – und obwohl ich evtl. sogar gemäß dieser eine spezielle Maxime erzeugt habe, in der ich beabsichtige, nur umwillen der Triebfeder „Sittengesetz" zu handeln. In meiner aus der Grundmaxime abgeleiteten speziellen Maxime kann also das Sittengesetz auch hier durchaus als einzig zulässiger Bestimmungsgrund qua Triebfeder aufgenommen sein. Die spezielle Maxime einer konkreten Handlung ist aber qua Maxime eine Direktive, die für viele Handlungen gilt. Aus dieser Differenz einer „für viele Handlungen geltenden speziellen Maxime" zur konkreten singulären Handlung, kann das Böse im Sinne von (2) erklärt werden. Bei (2) liegt das Böse darin, dass das Sittengesetz nicht allein hinreichendes Motiv der *konkreten, einzelnen* Handlung ist, sondern „sinnliche" Nebenmotive „bei *Gelegenheit* der konkreten, *einzelnen* Handlung" mitwirken (müssen). Das Sittengesetz kann in diesem *Einzelfall* (qua spezieller guter Maxime) durchaus als das *überragende* und *überwiegende* Hauptmotiv zur Ausübung der *singulären* Tat fungieren, es kann aber *allein* den konkreten, *singulären* guten Handlungsvollzug nicht mehr motivieren.

Nur die Bösartigkeit (3) kann keinesfalls bei einer guten angenommenen Grundmaxime entstehen. Die Bösartigkeit (3) kann nur Produkt der bösen Grundmaxime sein, da nur hier die Abweichung von den Geboten des Sittengesetzes und dessen Instrumentierung *grundsätzlich* für dienliche Handlungsfälle (=für Ausnahmen) in das böse Grundprinzipiat aufgenommen ist. Nur aus einer bösen Grundmaxime/Grundprinzipiat im Sinne von (3) können böse spezielle Maximen entstehen, die eine grundsätzlich böse Direktivfunktion für *viele* Handlungen übernehmen können. Nur im Sinne von (3) ist die Grundmaxime Formprinzip der speziellen bösen Maximen und der speziellen bösen Taten. Genau genommen, ergibt sich bei den Formen des Bösen im Sinne von (1) und (2) die Frage, ob KANT diese beiden Formen des Bösen überhaupt als gänzlich *zurechenbare* Formen des Bösen sinn-

Prinzip gute spezielle Maximen und in Folge gute Handlungen. In dem anderen der beiden alternativen Grundprinzipiate wird das Sittengesetz um seiner selbst willen gewollt – jedoch wird es zusätzlich *auch* als rationales Mittel für die eigenen Interessen gewollt. Dieses Prinzipiat *formt* als abgeleitetes Prinzip *zusätzlich auch* spezielle böse Maximen, legale Handlungen und letztendlich auch „essentiell" „phänomenal" böse Handlungen.

In einem autonomen Selbstbezug spezifiziert sich das autonome praktische Prinzip alternativ unter endlichen Bedingungen selbst und zwar im jeweiligen Individuum. Die Selbstspezifikation erzeugt alternativ eine oberste Maxime, die als Prinzip für alle weiteren Maximen fungiert. Auch eine böse oberste Maxime prinzipiiert gewöhnlich legale Handlungen. Denn der Kaufhausbesitzer, der die Kunden nicht betrügt, damit seine Geschäfte aufgrund eines schlechten Rufes nicht ruiniert werden, gebraucht das „Gesetz" auch als Mittel für seine Privatinteressen – hat also eine böse Maxime. Gerät jedoch ein Individuum, in dessen oberster Maxime die Ordnungsfunktion des Sittengesetzes auch als pervertiertes Instrument für das Glücksstreben gewollt ist in mehr oder weniger extreme Handlungskonstellationen, so kann die böse oberste Maxime auch eine *phänomenal* gesetzwidrige Tat prinzipiieren.

IV. Das Scheitern

Wir haben oben schon angedeutet, dass Autonomie als solche noch keine Freiheit ist, sondern Autonomie nur dann Freiheit ist, wenn es „autonome Alternativen" gibt. KANTs Argument in der Religionsschrift scheint doch aber zumindest zu beweisen, dass man frei, gut oder böse handeln könne, da ja das autonome praktische Prinzip beide Möglichkeiten forme. Dies ist jedoch ein Irrtum. Auch das „Faktumargument" im Rahmen der Religionsschrift beweist nämlich nur, dass ich gut *und* böse autonom handeln kann, nicht aber, dass ich alternativ gut *oder* böse autonom handeln kann. Und auf die autonome Alternative kommt es an, wenn Autonomie Freiheit sein soll. Auch die Prinzipien des Verstandes konstituieren die Differenz von wahr und falsch. Ebenso ergibt sich schon aus der Urteilsform ein Sollen – die Wahrheitsprätention des Urteils. Aber die alternative Begründung dafür, ob ein Urteil wahr oder falsch ist, bedarf bekanntermaßen empirischer Zusatzbedingungen.

Das praktische Prinzip nun – diese und nur diese Funktion kann das Faktumargument belegen – verhält sich strukturell nicht viel anders. Es konstituiert die Möglichkeit, autonom gut und böse zu handeln – und es fordert ein Sollen ein. Damit aber aus der Autonomie Freiheit wird, indem auch die Alternative eine autonome Wahl sein kann, bedarf es auch hier der Zusatzbedingungen.

Diese dürfen für KANT nicht aus dem Umkreis der Natur und Willkürfreiheit stammen, denn diese Elemente können keine Autonomie fundieren.

Somit muss das Sittengesetz selbst noch einmal in der zweiten Funktion einer spezifizierenden Zusatzbedingung auftreten. Diese von KANT angenommene reflexive und selbstspezifizierende Selbstbezüglichkeit des praktischen Prinzips in zwei Grundprinzipiate, die ihrerseits als alternative endliche Prinzipien auftreten, lässt sich

vollerweise ansehen kann und darf. Eine Diskussion dieser Problematik behält sich der Autor in einem anderen Aufsatz vor.

nicht konsistent denken. Da das Sittengesetz nach KANT für alle Vernunftwesen – also auch für Gott – gilt, kann die Selbstspezifikation nicht in diesem Gesetz begründet, bestenfalls angelegt sein.

Und auch wenn das Sittengesetz und das unhintergehbare Wollen seiner Geltung als keinesfalls schon spezifiziertes und unveränderliches Prinzip der intelligiblen Tat fungiert, ja fungieren muss, wenn KANT konsistent bleiben will, so ist damit die Spezifikationsleistung der intelligiblen Tat nicht mehr durch dieses Prinzip vollständig abgedeckt.

Die Gründe der Selbstspezifikation unter endlichen Bedingungen müssen also außerhalb des Gesetzes liegen. Und da bleibt nach Lage der Dinge nur die naturale und individuelle Verfasstheit des Menschen übrig.

Literatur

BECK, LEWIS WHITE (1974): Kants „Kritik der praktischen Vernunft". Ein Kommentar. Ins Deutsche übersetzt von KARL-HEINZ ILTING, München: Fink.

CRAMER, KONRAD (1966): Zur systematischen Differenz von Apriorität und Reinheit in Kants Lehre von den synthetischen Urteilen a priori, in: DIETER HENRICH/HANS WAGNER (Hg.), Subjektivität und Metaphysik. Festschrift für Wolfgang Cramer, Frankfurt a.M.: Klostermann.

HENRICH, DIETER (1973): Der Begriff der sittlichen Einsicht und Kants Lehre vom Faktum der Vernunft, in: GEROLD PRAUSS (Hg.), Kant. Zur Deutung seiner Theorie von Erkennen und Handeln, Köln: Kiepenheuer & Witsch.

HILTSCHER, REINHARD (1996): Zur systematischen Stellung des Bösen in Kants Moralphilosophie, in: ALEXANDER RIEBEL/HILTSCHER REINHARD (Hg.), Wahrheit und Geltung. Festschrift für Werner Flach, Würzburg: Königshausen & Neumann.

KONHARDT, KLAUS (1979): Die Einheit der Vernunft. Zum Verhältnis von theoretischer und praktischer Vernunft in der Philosophie Kants, Königstein/Taunus: Forum Academicum.

PLAASS, PETER (1965): Kants Theorie der Naturwissenschaften, Göttingen: Vandenhoeck & Ruprecht.

PRAUSS, GEROLD (1983): Kant über Freiheit als Autonomie, Frankfurt a.M.: Klostermann.

Guido Löhrer

KANTS PROBLEM EINER NORMATIVITÄT AUS REINER VERNUNFT

1. Einleitung

In der jüngeren Rezeption der praktischen Philosophie KANTs[1] konfrontieren einander zwei prominente Lesarten. (i) Die eine fokussiert auf das Projekt einer von Erfahrung generell und empirischer Anthropologie im Besonderen gesäuberten reinen Moralphilosophie, die zum einen Regeln ausweisen soll, welche nicht *sub condicione*, sondern unbedingt notwendig gelten, und die zum anderen selbst als Untersuchungsfeld notwendig zu bearbeiten sei, weil sie sowohl „die Quelle der *a priori* in unserer Vernunft liegenden praktischen Grundsätze zu erforschen" (GMS 389f.) als auch die Sitten richtig zu beurteilen und zu reinigen erlaube. Entsprechend wird KANTs Anspruch, Moralphilosophie als nichtempirische Wissenschaft zu betreiben und ein genuin moralisches kategorisches Sollen isoliert zu haben,[2] besonders herausgestellt und der diesbezügliche Versuch rekonstruiert sowie einer kritischen Prüfung unterzogen.[3] Dabei gehen die Ansichten darüber auseinander, ob KANTs Ansatz tauglich und die Durchführung des Projekts gelungen ist oder ob am Ende geurteilt werden muss, es sei – obgleich wir in vielem daraus lernen können – gescheitert. (ii) Die zweite Lesart kritisiert diesen Ansatz als zu eng und reklamiert, man werde KANTs Anliegen nur dann gerecht, wenn man die Bedeutung von Erfahrung und Urteilskraft für seine Moraltheorie anerkenne.[4] Dabei darf sie sich auf KANTs Bemerkung aus der Vorrede zur *Grundlegung zur Metaphysik der Sitten* berufen, nach der apriorische Moralgesetze zu ihrer Anwendung erfahrungsgeschärfter Urteilskraft (cf. GMS 389$_{30}$) bedürfen. Unter diesen Vorzeichen lassen sich Gegensätze zwischen kantischen und aristotelischen Theoriestücken entschärfen und Übereinstimmungen, wie die einer Zweiheit von Tugend- und Rechtslehre, betonen,[5] wobei KANTs fundationalistische Überlegungen als Ergänzung zum Fundus der Gemeinsamkeiten betrachtet werden.

Die nachfolgenden Erörterungen gehören dem ersten Typ an. Dies jedoch nicht in Opposition zum zweitgenannten (obgleich dessen zentraler, für die aristotelische

---

[1] KANTs Schriften werden mit Ausnahme der *Kritik der reinen Vernunft* nach der Akademieausgabe zitiert. Die *Kritik der reinen Vernunft* wird zitiert nach der Ausgabe von RAYMUND SCHMIDT. Vergleiche dazu das Siglenverzeichnis in diesem Band.
[2] Cf. GMS 416f. – Hier steht auch die These im Raum, gemäß der sich die moderne Ethik von antiken Ethikkonzeptionen (cf. GMS 394) durch die Annahme eines spezifisch moralischen Sollens unterscheidet; cf. GRAESER (1999), S. 43. Zum Unterschied im Wissenschaftsanspruch cf. als *locus classicus* ARISTOTELES, Ethica Nicomachea I 1, 1094b 11-27, u. I 7, 1098a 26-29.
[3] Dass es ein solches Sollen gibt, ist von FOOT (1978) bestritten worden. Cf. dazu MCDOWELL (1978), kritisch zu FOOT: S. 22-24, u. TUGENDHAT (1993), S. 57.
[4] So bereits PATON (1947). Cf. WIELAND (2001), S. 163-166.
[5] Cf. HÖFFE (1995).

phronêsis substituierender Begriff der Urteilskraft,[6] sei sie erfahrungsgeschärft oder, wie
KANT später vorziehen wird, rein praktisch bzw. moralisch (cf. KpV 67f., Rel 186$_{10f.}$),
besondere Schwierigkeiten birgt und der Ausdruck „Urteilskraft" eher ein Problem
benennt (eine irgendwie funktionierende *Blackbox*) als etwas, wodurch die Vermittlung
von Allgemeinem und Einzelnem in ihrer Funktionsweise durchsichtig würde)[7]. Vielmehr sind zugunsten eines systematischen Ethikdiskurses Bemühungen *toward reunion
in philosophy* zu begrüßen,[8] sofern sich dahinter nicht der Hegemonialanspruch der einen oder anderen Seite versteckt. Doch wird es hier um Fragen an das Unternehmen
einer Grundlegung der Normativität aus reiner Vernunft gehen, das der einen Seite als
zentrales Anliegen, der anderen als fundationalistische Ergänzung aristotelisch-kanti-
scher Gemeinsamkeiten *in ethicis* gilt. Fragen der Anwendung, wie die der „Ableitung
der Handlungen von Gesetzen" (GMS 412$_{28f.}$) werden daher nur insoweit berührt, wie
ihnen eine Relevanz für die Grundlegung zukommt.

Im Folgenden suche ich den Gang dieses theoretischen Unternehmens von der
Grundlegung der Normativität bis zu jenen grundlegungsrelevanten Anwendungen
der Norm in einigen kruzial erscheinenden Punkten auf seine Annahmen und deren
Folgeprobleme hin durchsichtig zu machen. Näherhin wird in einem ersten Schritt (II)
auf Schwierigkeiten hingewiesen, in die KANT sich verstrickt, wenn er – anders als von
Überlegungen aus dem Umfeld der *Grundlegung zur Metaphysik der Sitten* her zu erwarten[9] – nicht geradewegs, nämlich synthetisch-progressiv,[10] *Normativität* aus *Willensfreiheit* bzw. ein Sollen aus einem Wollen ableitet,[11] sondern *Freiheit* und *Autonomie* für re-
ziproke Begriffe erklärt. Abschnitt (III) widmet sich der Analyse von KANTs Lehre
von den beiden *rationes*, die einen diesbezüglichen Zirkelverdacht ausräumen soll. In
(IV) stehen Probleme der transzendentalen Argumentation, insbesondere der Präsupposition der Freiheit, und das Faktum der Vernunft im Blick. Abschnitt (V) handelt
vom Interesse der Vernunft und problematisiert die Analogie von theoretischer und
praktischer Widerspruchsfreiheit. In einem weiteren Schritt (VI) werden das Gefühl
der Achtung und die Kasuistik der reinen Moralphilosophie traktiert, bevor ich in
(VII) die Hauptpunkte der Erörterung zusammenfasse und einen alternativen Ansatz
zur Klärung des Normativitätsproblems anspreche.

Trotz der Verständnisprobleme und der Schwierigkeiten, die dabei ans Licht
kommen, scheint KANTs Ansatz gut motiviert, wenn man seine nichtempirische anthropologische Grundannahme teilt. Denn geht man von einzelnen essentiell vernunft-
bestimmten Subjekten aus und begreift deren Handeln als Ausbildung subjektiver
Prinzipien des Wollens (cf. GMS 400 Anm.), so liegt es nahe, eine „ihrem Wesen ein-
verleibt[e]" (KpV 105$_{12}$) gesetzgebende Kraft der Vernunft und einen entsprechenden
Freiheitsbegriff anzusetzen, durch die die Koexistenz und Kohärenz aller zulässigen
Intentionen garantiert wird. Denn Normativität ist dann eben zu diesem Zweck erfor-

---

6   KrV A 132/B 171: „Urteilskraft [ist] das Vermögen unter Regeln zu *subsumieren*, d.i. zu
unterscheiden, ob etwas unter einer gegebenen Regel (*casus datae legis*) stehe, oder nicht."
7   Cf. BITTNER (2001), S. 59-64, bes. §§ 111f.
8   Vorbildlich ist hier immer noch WHITE (1956).
9   Cf. NF 1319-1324 u. GMS 428$_{3-6}$.
10 Zur Unterscheidung von analytisch-regressiver und synthetisch-progressiver Methode cf. JL
149$_{6-8}$ (§ 117) u. Prol 274f. In den *Prolegomena* behauptet KANT, in der KrV synthetisch-progressiv
vorgegangen zu sein; eine Einschätzung, der der überwiegende Teil seiner Interpreten wohl zu Recht
nicht folgt.
11 Cf. PRAUSS (1983), S. 138 Anm. 36.

derlich und der Versuch, sie aus eben dem Vermögen zu deduzieren, das in seiner Reinheit betrachtet mit den Prinzipien der Widerspruchsfreiheit und der Universalität konvergiert, gerechtfertigt.

2. Freiheit und Autonomie

Die Frage nach den Grundlagen und der Genese der Normativität und der Rechtfertigung der Inanspruchnahme des Freiheitsbegriffs stellt sich bei KANT als Frage einer Kritik der praktischen Vernunft danach, ob reine Vernunft praktisch und das heißt gesetzgebend sein kann (cf. KpV 3).[12] Nun ist Normativität ohne Freiheit offenkundig witzlos, weil solchem, was sich unmöglich anders verhalten kann, nicht effektiv Vorschriften gemacht werden können. Neben einer gewissen Empfänglichkeit für Vorschriften scheint demnach Freiheit nötig, um den Begriff der Norm etablieren zu können.

Doch ist diese *Ad-hoc*-Analyse für KANT sicherlich unzureichend. Für ihn ist Freiheit an den Akt der Gesetzgebung und eine entsprechende *Facultas agendi* geknüpft. Praktisch Sein als eine Art von Kausalität der Vernunft involviert einen Gesetzesbegriff derart, dass Vernunft spontan nach regulativen Begriffen eine eigene Ordnung zu erzeugen vermag und – wie KANT sagt – „sogar Handlungen für notwendig erklärt, die doch *nicht geschehen sind* und vielleicht nicht geschehen werden" (KrV B 576).[13] Entsprechend geht es um „Gesetze von dem, was *geschehen soll*, ob es gleich niemals geschieht" (GMS 427₂ₓ.). Gleichwohl ist diese Kausalität nicht allein als frei *von* fremder Bestimmung gedacht, sondern auch als frei *dazu*, etwas selbsttätig zu initiieren nach selbstgegebenen Gesetzen.[14] Bedeutsam aber ist, dass hier von Freiheit letztlich nur dann geredet werden kann, wenn die Gesetzgebung sich so vollzieht, dass der mit ihr einhergehende Freiheitsgebrauch sich unmöglich selber aufreiben kann. Dies scheint nur dann der Fall, wenn das Gesetz strikte Allgemeinheit einfordert, die jeden gesetzmäßigen partikularen Freiheitsgebrauch neben jedem anderen zu bestehen erlaubt. Und das heißt begriffslogisch betrachtet wiederum, dass der Begriff der Freiheit als Eigenschaft der Kausalität der Vernunft und der Begriff der kategorischen (Selbst)Gesetzgebung bzw. Autonomie, den der in Rede stehende Kausalitätsbegriff „bei sich führt", Wechselbegriffe sind.[15] Daher ist Autonomie nunmehr moralische Autonomie, d.h. ein freier Wille und ein Wille unter sittlichen Gesetzen gelten als dasselbe (cf. GMS 446f.). – Begriffe sind Wechselbegriffe genau dann, wenn sie umfangsgleich sind, wobei „Begriffsumfang" in KANTs Terminologie nicht die Extension eines Begriffs, sondern die Menge der dihairetisch ermittelbaren Begriffe meint, die unter einen Begriff fallen, im Gegensatz zum Inhalt eines Begriffs als dessen Merkmale.[16]

---

[12] Wichtige Arbeiten dazu sind KORSGAARD (1985), KORSGAARD (1996) u. ALLISON (1995).

[13] Cf. KrV B 575f. u. GMS 452. Cf. dazu SCHÖNECKER (1999), S. 273f.

[14] Cf. KrV B 581f.

[15] Cf. GMS 450 u. dazu GMS 447 u. KpV 29, 93f. – Dass der Gehalt eines kategorischen Imperativs, wie KANT (GMS 420f., cf. KpV 29) meint, aus seinem Begriff bzw. seiner Form folgt, hat PATZIG (1971), bes. 110f., mit dem Argument bestritten, dass für die Unterscheidung zwischen hypothetischen Imperativen und kategorischem Imperativ auch materiale Überlegungen erforderlich seien.

[16] JL 98 (§ 12): „Begriffe, die einerlei Sphaere haben, werden *Wechselbegriffe* (conceptus reciproci) genannt." WL 911: „Sphaera ist der Umfang eines Begriffes, und geht auf die Menge der Dinge, die

Gerade diese begriffslogische Relation ist vielfach kritisiert worden. Die Schwierigkeit besteht darin, dass zwar bei Voraussetzung der Freiheit das Sittengesetz analytisch aus ihr folgt (cf. GMS 447₈₋₁₀). Denn dieses Urteil erläutert lediglich seinen Subjektbegriff und enthält alles, was nötig ist, um es sich evident zu machen.[17] Doch ist Freiheit umgekehrt nur durch das Gesetz zugänglich, das aus ihr folgt. Daher heben sich die Legitimität der Voraussetzung und die Legitimität ihrer Folge in einem Zirkel auf.

Eine tragfähige Deduktion von Normativität in Gestalt eines Sittengesetzes scheint damit ebenso unmöglich wie die Rechtfertigung der Inanspruchnahme des Freiheitsbegriffs. Erstere würde einen Freiheitsbegriff voraussetzen, der nicht bereits mit dem allererst zu deduzierenden Gesetz einhergeht. Letztere sollte anders möglich sein als im Rückgriff auf ein Gesetz, das seinerseits erst durch den Freiheitsbegriff möglich wird.[18] Da aber der wechselseitige Verweis der Begriffe einen derart unabhängigen Zugang verunmögliche, habe KANT – so seine Kritiker – das Projekt einer Deduktion des Freiheitsbegriffs aus reiner praktischer Vernunft (cf. GMS 447₂₂f.) und ebenso die Beantwortung der Frage „quid juris?",[19] die das Sittengesetz rechtfertigen soll, gleichsam defaitistisch aufgegeben,[20] um den Zugang zur Freiheit nun durch ein sich aufdringendes, unleugbares Faktum der Vernunft abzusichern (cf. KpV 31f.).[21]

3. Das Lehrstück von den beiden *rationes*

KANT hat allerdings zum einen selber auf Zirkel der skizzierten Art aufmerksam gemacht. Zum anderen sucht er nach Möglichkeiten, sie in einer Weise zu interpretieren, in der sich die Zirkularität als Schein erweist und somit auflösen lässt.[22] Zu diesen Bemühungen zählt sein kurzes Lehrstück von den beiden *rationes*. Damit verleiht er der

---

unter dem Begriff enthalten sind. Nach dem Inhalt betrachten wir den Begriff, wenn wir auf die Menge der Vorstellungen [Merkmale; G.L.] sehen, die in dem Begriffe selber enthalten sind." Cf. KrV B 94. JL 146 (§ 110): „Ein jeder Begriff enthält ein Mannigfaltiges *unter* sich […] Der höhere Begriff heißt der *eingetheilte Begriff* (divisum), und die niedrigern Begriffe die *Glieder der Eintheilung* (membra dividentia)." Zur Dihairese cf. JL 147f. (§ 113). Zur Unterscheidung von Begriffsumfang und -inhalt bei KANT cf. STUHLMANN-LAEISZ (1976), S. 87-89.

[17] Cf. KrV A 6-8/B 10-12, JL 111 (§ 36 Anm. 1) u. KANT (1790), S. 228. Cf. dazu LÖHRER (2002), S. 64-70.

[18] Cf. PRAUSS (1983), S. 119.

[19] Zur Deduktion als Rechtfertigung der Inanspruchnahme bzw. des Gebrauchs eines Begriffs cf. KrV B 116f. PRAUSS (1983), S. 119 spricht von einer „Deduktion […] aus der Freiheit heraus". Dies scheint problematisch, insofern PRAUSS eher an eine Ableitung (cf. S. 138) als an eine Rechtfertigung denken lässt.

[20] Cf. KpV 47₂₁₋₂₇. Dass eine Klärung der Frage, wie Freiheit möglich sei und wie reine Vernunft praktisch sein könne, nicht durchführbar sei, behauptet KANT auch in GMS 458f. u. 461. Cf. dagegen SCHÖNECKER (1999), der nachzuweisen sucht, dass KANT die Deduktion im dritten Abschnitt der *Grundlegung* gelingt.

[21] PRAUSS (1983), S. 67 spricht von einer Verzweiflungstat KANTs. Cf. auch ILTING (1972), S. 124, BÖHME/BÖHME (1983), S. 345f. u. BITTNER (1983), S. 138-142.

[22] Cf. GMS 450₁₈₋₂₃ u. 453₃₋₁₅, dazu LÖHRER (1995), S. 408-410, SCHÖNECKER (1997) u. SCHÖNECKER (1999), S. 70. Die Zirkularität der Behauptungen, in der Existenz als Zweck an sich selbst liege der Grund eines kategorischen Imperativs, einerseits (GMS 428₃₋₆), und Moralität sei die Bedingung, unter der ein Wesen Zweck an sich selbst sein könne, andererseits (435₅f.), scheint KANT jedoch entgangen zu sein; cf. KpV 131f. Cf. PRAUSS (1983), S. 138-143 u. LÖHRER (1995) S. 336-346.

Sorge Ausdruck, man könne argwöhnen, es werde, vereinfacht gesagt, zunächst aus einem Können ein Sollen abgeleitet, um darauf aus dem Sollen auf ein Können zu schließen. Stattdessen gehe es einmal um einen Seinsgrund, im anderen Fall aber um einen Erkenntnis- bzw. Anerkennungsgrund. Freiheit sei nämlich die *ratio essendi* des Sittengesetzes, das seinerseits *ratio cognoscendi* der Freiheit sei (cf. KpV 4₃₁₋₃₃ Anm.).

> „Denn wäre nicht das moralische Gesetz in unserer Vernunft *eher* deutlich gedacht, so würden wir uns niemals berechtigt halten, so etwas, als Freiheit ist (ob diese gleich sich nicht widerspricht), *anzunehmen*. Wäre aber keine Freiheit, so würde das moralische Gesetz in uns gar *nicht anzutreffen* sein." (KpV 4₃₃₋₃₇ Anm.)

Folgt man KANTs Text in seiner Wörtlichkeit, so scheint, vielleicht überraschenderweise, das *ratio-essendi*-Argument formal eher unproblematisch. Dagegen ist bei der *ratio cognoscendi* unklar, um welche Form von Argumentation es sich handelt.[23] KANT nennt hier ein Konditional, dessen Antecedens eine kontrafaktische Annahme zum deutlichen Gedachtsein der Merkmale des Gesetzesbegriffs enthält ($\neg G$),[24] während das Konsequens festhält, dass dann auch keine Berechtigung bestünde, Freiheit anzunehmen ($\neg F$).[25] Da es offenkundig nicht um empirische Verhältnisse geht, wäre ein transzendentales Argument zur Rechtfertigung von Geltungsansprüchen zu erwarten, durch das man sich im Ausgang von einer zweifelsfreien Einsicht (F) mittels eines hypothetischen Schlusses im *Modus tollens* eines regulativen Begriffs als notwendiger Bedingung (G) der Möglichkeit dieser Einsicht versichert:

$$\textit{Modus tollens} \qquad \frac{\begin{array}{c} \neg G \supset \neg F \\ F \end{array}}{G} \ .$$

Dabei handelt es sich um ein analytisch-regressives Verfahren. Wenn die Einsicht (F) nicht wegdiskutiert werden kann und sie nur unter jener Bedingung (G) erklärbar ist, darf deren Voraussetzung für diese Erklärung als unumgänglich und legitim betrachtet werden.[26] Und da man sich hier nicht beliebiger Gegenstände, sondern der Grundbestände begrifflicher Verständigung zu versichern sucht, kann ein zusätzliches Instru-

---

[23] Mit den folgenden Überlegungen soll nicht bestritten werden, dass dem Resultat der kantischen Unterscheidung kraft einer hermeneutischen Billigkeit (cf. MEIER (1996), S. 17 (§ 39)) eben der Sinn gegeben werden kann, den KANT und später FICHTE wie auch die Mehrzahl der Interpreten ihr zudenken. Fraglich ist vielmehr, ob dieses Resultat durch KANTs Argumentation erreicht wird, wenn man sich an den Wortlaut hält, der mit hermeneutischer Billigkeit vielleicht allzu bereitwillig überlesen wird. Mittelbar steht dann freilich auch das Resultat in einem ungünstigeren Licht da, sofern nur eingeräumt wird, dass ein Resultat nicht unabhängig ist von dem Weg, auf dem es erzielt wird.

[24] Zur Deutlichkeit von Begriffen cf. STUHLMANN-LAEISZ (1976), S. 105f. Das Mannigfaltige einer begrifflichen Vorstellung sind die im Begriff enthaltenen Merkmale. Werden diese bewusst vorgestellt bzw. geurteilt, so ist der Begriff deutlich.

[25] Der leichteren Lesbarkeit wegen verwende ich im Folgenden zur Repräsentation der diskutierten Schlussmodi nicht wie üblich Variablen, sondern Konstanten: (G) für das Bewusstsein des Sittengesetzes und (F) für die Berechtigung zur Annahme der Freiheit bzw. (F^*) für Freiheit.

[26] Zur analytisch-regressiven Methode cf. Fn. 10. Zur Diskussion um transzendentale Argumente und ihre Form cf. u.a. STROUD (1968), RORTY (1971), RORTY (1979), BUBNER (1984). Dass der Terminus auf KANT zurückgeführt werden kann, zeigen u.a. die Passagen KrV B 317, 325, 351 („*transzendentale Überlegung*"), B 319 („*transzendentale Reflexion*") u. B 617 („Dieses Argument, ob es gleich in der Tat transzendental ist, […]").

ment der Evidenzgewinnung angeführt werden, das HANS LENK die *petitio tollendi* genannt hat. Danach gilt eine Bedingung als abgesichert, wenn selbst der Versuch ihrer Bestreitung sie in Anspruch nehmen müsste,[27] z.B. die Bestreitung der Freiheit nur als Freiheitsgebrauch möglich wäre. – Wie aber lassen sich die Bestandteile des *ratio-cognoscendi*-Arguments so zueinander in Beziehung setzen, dass ein entsprechendes Argumentationsziel erreicht wird?

(1) Ein Schluss der angegebenen Form dürfte hier gerade nicht in Frage kommen. Selbst wenn wir die besondere Problematik kontrafaktischer Konditionale ausblenden, wird sich zum hypothetischen Urteil „Wenn das Moralgesetz nicht deutlich gedacht wird ($\neg G$), dann gibt es keine Berechtigung zur Annahme der Freiheit ($\neg F$)" keine zweite Prämisse (F) finden lassen, die einen Schluss auf (G) gestattet. Zum einen würde ohne weitere argumentative Anstrengung keinerlei Gewissheit darüber bestehen, dass wir zu der Annahme berechtigt sind, Freiheit existiere. Denn die Widerspruchsfreiheit ihres Begriffs ist nur die Bedingung dafür, dass Freiheit logisch möglich und somit denkbar ist,[28] aber kein hinreichender Grund für eine Existenzannahme. Zum anderen dürfte das Urteil (G), die Merkmale des Begriffs eines Moralgesetzes seien hinreichend distinkt vorgestellt, kaum das angestrebte Ziel einer *ratio-cognoscendi*-Argumentation darstellen.

(2) Dasselbe gilt für die Kontraposition $F \supset G$:[29] „Wenn wir zur Annahme der Freiheit berechtigt sind (F), so ist das Moralgesetz deutlich gedacht (G)". Weder besitzen wir die Gewissheit dieser Berechtigung, die einen Schluss im *Modus ponens* rechtfertigen würde, noch scheint es zweckmäßig, auf G zu schließen.

(3) Drittens wird ein Schluss von $\neg G \supset \neg F$ auf $\neg F$ im *Modus ponens* hier ebensowenig eine pragmatisch sinnvolle Möglichkeit darstellen wie der

$$\textit{Modus tollendo ponens} \qquad \frac{\begin{array}{c} G \supset \neg F \\ \neg G \end{array}}{F} \; ,$$

welcher nur für disjunkte G und F gilt und daher nur entweder das Moralgesetz oder Freiheit etablieren würde.

(4) Nun könnte mit der *ratio cognoscendi* gegen den Wortlaut vielleicht auch eine Relation $G \supset F$ als Obersatz eines Schlusses im *Modus ponens* avisiert sein: „Wenn das Moralgesetz deutlich gedacht ist (G), dann sind wir berechtigt, Freiheit anzunehmen (F)". Doch läge die Misshelligkeit jetzt nicht allein darin, dass diese Form als untypisch für ein transzendentales Argument angesehen werden muss. Denn derlei Argumente bzw. Rechtfertigungen suchen notwendige Bedingungen der Möglichkeit zu etablieren, während G in $G \supset F$ hier hinreichende Bedingung wäre. Dieses Vorgehen würde zusammen mit dem *ratio-essendi*-Argument auch eben in jenen Zirkel münden, der durch

---

[27] Cf. LENK (1970), hier S. 203 u. SCHÖNRICH (1981), S. 188-193. LÖHRER (1995), S. 386: „Daß die Operation der *petitio tollendi* keine Letztbegründung, sondern ein wesentlich schwächeres Begründungsmodell darstellt, folgt erstens daraus, daß ihr Schluß auch dann gilt, wenn die (der Probe halber) bestrittene Aussage selbst falsch ist, und zweitens daraus, daß [...] Begründungs- und Widerlegungsansprüche [...] aufgegeben werden [können]."
[28] Cf. KrV B XXVI Anm. u. B XXVIII.
[29] Zur Kontraposition cf. BÜHLER (1992), S. 175.

die Unterscheidung der beiden *rationes* vermieden werden soll und der sich nun genauer wie folgt darstellt: Zunächst wird durch eine transzendentale Argumentation eine notwendige Bedingung etabliert, die für einen weiteren Schluss *vice versa* sodann als hinreichende Bedingung gebraucht bzw. missbraucht wird.

(5) Ist dieser Befund ((1)-(4)) stichhaltig, so würde er insgesamt die Erwartung schwächen, dass sich die beiden *rationes* erhellend aufeinander beziehen lassen, selbst wenn die *ratio essendi* von Unklarheiten der genannten Art nicht betroffen scheint. Bei ihr dürften wir es mit der klassischen Form eines transzendentalen Arguments zu tun haben, bei dem die analytisch-regressive Methode angewendet wird:

$$\textit{Transzendentales Argument} \quad \frac{\neg F^* \supset \neg G}{F} \quad .$$

„Wenn keine Freiheit ($\neg F^*$), so kann das Moralgesetz in uns nicht angetroffen werden ($\neg G$). Nun treffen wir das Moralgesetz in uns an (G). Folglich sind wir berechtigt (und genötigt), Freiheit vorauszusetzen (F)."

Klärungen sind in wenigstens zwei Punkten erforderlich. Sie betreffen die Art der gemachten Präsupposition und einen möglichen Kandidaten für das, was die Gewissheit verleihen könnte, dass wir das Moralgesetz in uns antreffen (G). Letzteres scheint besonders wichtig, da die zweite Prämisse des Arguments einen besonders heiklen Punkt darstellt und ihre erfolgreiche Bestreitung das ganze Argument zu Fall bringen würde. Denn hier wird auf ein Faktum zurückgegriffen, das durch die transzendentale Argumentation selbst nicht abgesichert wird und daher anderer Rechtfertigungsgründe bedarf, um nicht leichthin in Abrede gestellt werden zu können.

4. Präsupposition der Freiheit und „Factum der Vernunft"

(1) Dass das Moralgesetz Freiheit voraussetzt, kann Verschiedenes heißen. So ist es eines zu sagen, eine Proposition G setze eine Proposition F^* voraus, damit G wahr oder falsch sein kann, ein anderes, ein Urteilender setze mit seiner Behauptung, dass G, ein Urteil, dass F^*, voraus. Im ersten Fall haben wir es mit einer semantischen Präsupposition zu tun.[30] Doch bedeutet das, dass Freiheit auch dann vorausgesetzt werden muss, wenn G falsch und das Sittengesetz nicht in uns anzutreffen ist. Dies dürfte kaum mit dem Zweck des *ratio-essendi*-Arguments übereinstimmen und würde der Annahme widersprechen, Vernunft beweise sich praktisch durch ihre Gesetzgebung (cf. KpV 42). – Doch könnte man eine semantische Präsupposition womöglich auch als Teil eines Versuchs ansehen, Freiheit als Bedingung sowohl des moralisch richtigen (wahren) als auch des moralisch inkorrekten (falschen) Handelns auszuweisen.[31]

---

[30] Cf. STRAWSON (1952), S. 175, der den Begriff „Präsupposition" seinerzeit in Abgrenzung zu RUSSELLs „entailment" gebrauchte. Erst STALNAKER (1972) führt eine Unterscheidung zwischen semantischer und pragmatischer Präsupposition ein, wobei nur die semantische Präsuppostion das abdeckt, was STRAWSON mit Präsupposition meinte.

[31] Diesen Hinweis verdanke ich ANDREAS GRAESER.

Der zweite Fall ist der einer pragmatischen Präsupposition.[32] Hier geht es nicht um eine logische Konsequenzrelation zwischen Propositionen, sondern um eine Beziehung zwischen epistemischen Größen, nämlich Urteilen. Auch der Begriff der transzendentalen Deduktion bzw. Rechtfertigung ist im Unterschied zu dem der logischen Konsequenz ein epistemischer Begriff. Er involviert Wissen. Damit hypothetische, d.h. von anderen Urteilen abhängige Urteile korrekt gefällt werden können, müssen jene Urteile präsupponiert werden. Zudem ist festzuhalten, dass Urteile im Unterschied zu Propositionen stets jemandes Urteile sind. So könnte man sagen, jemand sei nur dann im Recht zu urteilen, wir stünden unter einem moralischen Gesetz, wenn es Freiheit gibt, und wer korrekt, statt aufs Geratewohl so urteile, müsse demnach die Existenz von Freiheit, d.h. genauer ein entsprechendes Urteil, präsupponieren. Derart würde das Argument Notwendigkeit im Sinne einer *necessitas consequentiae* ($\Box(A \to B)$) demonstrieren.

Die pragmatische Interpretation der Präsupposition wäre mit der Ansicht verträglich, dass es sich bei transzendentalen Argumenten um eine Art von positiv bewertetem *ad-hominem-*, oder wie KANT sagt, *kat'anthrôpon*-Argument handelt.[33] Selbst wenn dieses Argument – so KANT – für „Menschen überhaupt" (KU 462[37]) geführt wird, muss es doch jemanden geben, dem etwas gerechtfertigt erscheint. Es gibt keine Rechtfertigung an sich selbst.

(2) Damit eine pragmatische Präsupposition der genannten Art irgendeine argumentative Wirkung entfalten kann, muss es, wie erwähnt, einen Untersatz des Schlusses im *Modus tollens* geben, der aufgrund einer unabhängigen Einsicht gewiss ist. Theoretischer Philosophie, die nach notwendigen Bedingungen der Möglichkeit von Erfahrung sucht, ist dazu der Rekurs auf ein empirisches Faktum erlaubt. Der Moralphilosophie, so wie KANT sie als reine konzipiert (cf. GMS 389[8]), ist dieser Zugang verstellt (cf. KpV 46[20-30]). Darum erscheint die Berufung der zweiten Kritik auf ein einzigartiges synthetisch apriorisches „Factum der Vernunft"[34] als Kandidat für die zweite Prämisse einerseits erfolgversprechend – denn ein Faktum wird für ein transzendentales Argument und das analytisch-regressive Verfahren benötigt –, andererseits merkwürdig.

Auf Letzteres weisen insbesondere diejenigen Kritiker hin, die unter dem Faktum der Vernunft eine apriorische Tatsache verstehen, die die Vernunft hinzunehmen

---

[32] Cf. STALNAKER (1972), S. 387, STALNAKER (1973) u. GRAESER (1999), S. 48. Cf. auch DORSCHEL (2002), S. 94-96, über absolute Präsuppositionen.

[33] Cf. KrV B 767 u. KU 462f. (§ 90). Cf. dazu LÖHRER (1995), S. 284.

[34] KpV 31[24-34] Anm.: „Man kann das Bewußtsein dieses Grundgesetzes ein Factum der Vernunft nennen, weil man es nicht aus vorhergehenden Datis der Vernunft, z.B. dem Bewußtsein der Freiheit (denn dieses ist uns nicht vorher gegeben), herausvernünfteln kann, sondern weil es sich für sich selbst uns aufdringt als synthetischer Satz *a priori*, der auf keiner, weder reinen noch empirischen Anschauung, gegründet ist, ob er gleich analytisch sein würde, wenn man die Freiheit des Willens voraussetzte. […] Doch muß man, um dieses Gesetz ohne Mißdeutung als *gegeben* anzusehen, wohl bemerken: daß es kein empirisches, sondern das einzige Factum der reinen Vernunft sei, das sich dadurch als ursprünglich gesetzgebend […]ankündigt." – Das Sittengesetz ist ein „synthetischer Satz *a priori*" (KpV 31[27] Anm.), da er die Synthesis des Mannigfaltigen der Zwecke in einem einheitlichen Bewusstsein bzw. Willen *a priori* leistet. Die Spontaneität der analytisch-praktischen Apperzeption eines *Ich will (für mich)* verwirklicht sich nur durch synthetisch-praktische Apperzeption *unter* einem Gesetz. Dies ist die prinzipiierende Rolle des Faktums, die sich unter kantischen Auspizien ausweisen lässt. Cf. dazu im LÖHRER (1995), S. 319-336. Für Handlungen nach dem Gesetz, insbesondere jedoch für solche, die durch das Gesetz motiviert sind, ihm gemäß zu sein, scheint sich eine entsprechend aussichtsreiche Rolle des Faktums nicht darlegen zu lassen.

habe,[35] wobei diese Tatsache zuweilen mit dem Sittengesetz, zuweilen auch mit dessen Bewusstsein identifiziert wird.[36] So verstanden ist die Rede vom Faktum tatsächlich merkwürdig. Denn die Berufung auf etwas unleugbar Faktisches, was keiner Rechtfertigung bedarf (cf. KpV 47), läuft allen Bemühungen um die Rechtfertigung der Inanspruchnahme von Begriffen und insbesondere von Apriorischem zuwider und würde den Kerngedanken und die intellektuelle Redlichkeit der Transzendentalphilosophie verraten.[37]

Nun steht aber seit einiger Zeit ein Interpretationsvorschlag im Raum, der vielleicht *more charitable* ist und erfolgreicher zu sein verspricht.[38] Danach bezeichnet „Factum" an den inkriminierten Stellen nicht ein *factum brutum* bzw. eine Tatsache, sondern ist in Entsprechung zur Rede von der *imputatio facti* bzw. Zurechnung das Wort für eine Tat oder Handlung.[39] Das Faktum der Vernunft wäre daher nicht eine Tatsache, auf die die Vernunft stößt, sondern eine Tat oder Handlung der Vernunft (*genitivus subjectivus*), die sie vollbringt. Diese Tat ist der Akt der sittlichen Gesetzgebung, dessen Resultat das Bewusstsein des Sittengesetzes ist. Eben die darin sich abzeichnende Akt/Resultat- oder Akt/Objekt-Ambiguität des Ausdrucks „Faktum", die dieser Ausdruck mit anderen wie „Urteil", „Beweis" oder „Rechtfertigung" teilt,[40] verleitet dazu, das Sittengesetz mit dem in Rede stehenden Faktum im Sinne von Tatsache zu identifizieren. Ist das Faktum statt dessen der Gesetzgebungsakt der Vernunft, dann würde sich die Praktizität reiner Vernunft gleichsam performativ oder, wie KANT sagt, „praktisch" (KpV 42₇) beweisen, nämlich ihre Realität „durch die That" (KpV 3₁₂) unter Beweis stellen. Dabei würde die Tat wie alles Handeln (gemäß seinem vollständigen Begriff)[41] von einem Bewusstsein dieser Tat begleitet; allerdings mit der wichtigen Einschränkung, dass es sich unmittelbar nur um ein Bewusstsein im Sinne des Resultats und erst abgeleiteterweise um ein Bewusstsein der Freiheit handelte. Statt Vernunft gleichsam in flagranti aufzuspüren, was nicht möglich scheint, schließt man abduktiv von einem Handlungsresultat auf einen Täter (hinreichende Bedingung), der als einzig möglicher auch notwendig als Täter anzusehen ist.

So gedeutet, könnte die These vom Faktum zum einen den Fängen der Sein/Sollen-Dichotomie entgehen.[42] Zum anderen mag sie sich für die zweite Prämisse des *ratio-essendi*-Arguments eignen und, statt mit einer Deduktion zu konfligieren[43] oder sie überflüssig zu machen, Teil derselben sein. Dass Vernunft in einem bewussten Gesetzgebungsakt Freiheit unter Beweis stellt, ist offenbar nur dann möglich, wenn es Freiheit gibt, deren Begriff bereits zuvor als logisch möglich ausgewiesen war. So haben wir es mit einer Ordnung der Begriffe zu tun, in der der Begriff der logi-

---

[35] Cf. PRAUSS (1983), S. 115.
[36] Cf. HENRICH (1973), S. 248 u. PRAUSS (1983), S. 12, 15, 67, 150, 160 u. 231.
[37] Cf. PRAUSS (1983), S. 68 u. BÖHME/BÖHME (1983), S. 345.
[38] Cf. WILLASCHEK (1991) u. WILLASCHEK (1992), S. 174-193.
[39] So bereits ILTING (1972), S. 127.
[40] Cf. WILLASCHEK (1991), S. 459f. u. WILLASCHEK (1992), S. 180f.
[41] Cf. ARISTOTELES: Ethica Nicomachea III 2 u. III 3, 1111a 22-24.
[42] Cf. HUME (1888), S. 469f. Zu KANT cf. ILTING (1972). Zwar haben Philosophen wie HILARY PUTNAM und MORTON WHITE die Unterscheidung semipermeabel zu machen gesucht, indem sie darauf hinwiesen, dass zahlreiche Fragen des Faktischen nur im Rekurs auf Präskriptionen klärbar werden und ein Gleichklang in Wertfragen die sachliche Übereinstimmung erleichtert; cf. PUTNAM (1981), S. 128, PUTNAM (1993), S. 146 u. WHITE (1981). Doch würde dies umgekehrt noch keineswegs erlauben, aus Tatsachen Vorschriften abzuleiten.
[43] Zu einer Oppositionsstellung Deduktion vs. Faktum cf. SCHÖNECKER (1999), S. 309-316.

schen Möglichkeit dem der Wirklichkeit des Freiheitsgebrauchs vorangeht, während die Wirklichkeit des Freiheitsgebrauchs als das begrifflich Frühere nach der *ab-esse-ad-posse*-Regel dessen reale Möglichkeit oder Potentialität absichern würde.[44] Es lässt sich leicht denken, dass von hierher auch die metamoralische These, Sollen impliziere Können, Unterstützung erfahren könnte.

5. Das Interesse der Vernunft

Aufs Ganze gesehen sind wir allerdings mit dieser Lesart vom Faktum der Vernunft vielleicht gar nicht besser dran. Denn wir dürfen trotz der sachlichen, auf den Urteilsgehalt bezogenen Redeweise der vorangehenden Überlegungen nicht unterdrücken, dass das *ratio-essendi*-Argument die Notwendigkeit einer pragmatischen Präsupposition und damit eine *necessitas consequentiae* ($\Box(A \to B)$) demonstriert, von der nicht auf eine *necessitas consequentis* ($A \to \Box B$) des behaupteten Sachverhalts geschlossen werden kann.[45] *Wie* reine Vernunft praktisch und Freiheit möglich ist, kann denn auch auf diese Weise nicht eingesehen werden.[46] Dass KANT in diesem Zusammenhang besonders emphatisch wird, vermag diesen Mangel nicht auszugleichen. Denn dass ein Bewusstsein des Moralgesetzes als Faktum „sich für sich selbst uns aufdringt" (KpV 31[27] Anm.), dass es unleugbar (cf. KpV 32[2]), nämlich „a priori bewußt" und „apodiktisch gewiß" (KpV 47[12f.]) sei, ist eben etwas, was widerspruchsfrei bestritten werden kann und daher nicht etwa „keiner rechtfertigenden Gründe bedarf" (KpV 47[28]), sondern eigens begründet werden muss.

Die Schwierigkeit besteht nun darin, die Gesetzgebung der Vernunft als eine Handlung zu erläutern. Offenbar kann diese Art von Praxis weder nach einem *Desire/Belief*-Modell erklärt werden, noch durch Berufung auf das Gesetz, das durch die Handlung allererst gegeben wird.[47] Grundlegend für eine (Normgebungs-)Praxis der Vernunft ist womöglich ein (reines) Interesse der Vernunft, das genauer als ihr Selbsterhaltungsinteresse zu bestimmen ist.[48] Mit ihm ist eine „Maxime der *Selbsterhaltung* der Vernunft"[49] verknüpft. Doch leiden Überlegungen dieser Art daran, dass sie logische Eigenschaften der Vernunft – Widerspruchsfreiheit und Allgemeinheit – mit einem quasi naturalen Impuls verquicken, Widersprüche zu vermeiden, die die Vernunft im Kern bedrohen würden. Reflexionen zur motivationalen Struktur reiner Vernunft werden hier kaum weiterkommen. Noumenale Kausalität muss vielleicht zwangsläufig

---

[44] Zur „Ordnung der Begriffe" cf. KpV 30. Hier werden im Grunde zwei Prinzipien in Anspruch genommen: Das auf ARISTOTELES zurückgehende „actus est prior potentia ratione" (cf. ARISTOTELES: Metaphysica Θ 8, 1049b 5, Θ 9, 1051a 31) und das scholastische Prinzip „ab esse ad posse valet consequentia (illatio)". – Cf. KANT, *Vorarbeiten*, S. 377f. u. dazu WILLASCHEK (1991), S. 465 Anm. 16. Zur begrifflichen Ordnung von Possibilität (logischer Möglichkeit), Aktualität (Wirklichkeit) und Potentialität (wirklicher Möglichkeit) cf. KrV B 100 u. 301f.

[45] Cf. GRAESER (1999), S. 153-155. Zur Terminologie und einem entsprechenden modalen Fehlschluss cf. THOMAS VON AQUIN, Summe contra gentiles, lib. 1, sap. 67 [565].

[46] Cf. GMS 459, 461.

[47] Erklärungsmodelle dieser beiden Arten kritisiert BITTNER (2001), ch. 1-3.

[48] GMS 459f. Anm.: „Interesse ist das, wodurch Vernunft praktisch, d.i. eine den Willen bestimmende Ursache wird. […] Ein unmittelbares Interesse nimmt die Vernunft nur alsdann an der Handlung, wenn die Allgemeingültigkeit der Maxime derselben ein genugsamer Bestimmungsgrund des Willens ist. Ein solches Interesse ist allein rein." Cf. SOMMER (1977), S. 12.

[49] KANT (1786), S. 147 Anm. Cf. SCHÖNRICH (1981), S. 214f.

ebenso unverständlich bleiben, wie etwa das Verhältnis von Ding an sich selbst und Erscheinung als eine Kausalität *sui generis* gedeutet unverständlich bleiben muss.[50]

Doch ist dies vielleicht nicht einmal gravierend, da es einer Kritik der praktischen Vernunft vorrangig um die Erhellung von Rechtfertigungszusammenhängen zu tun ist, vor der genetische Fragen zurücktreten. Bedeutsamer scheint, dass mit der Erwägung eines Selbsterhaltungsinteresses der Vernunft die Frage aufkommt, ob denn reine Vernunft *moralisch* praktisch und ihre Gesetzgebung, selbst wenn sie vollzogen wird, eine moralische ist. Denn vorderhand dürfte ein Zusammenhang zwischen Widerspruchsfreiheit und Normativität wie einer zwischen Widerspruchsfreiheit und Moralität unklar oder jedenfalls erläuterungsbedürftig sein.

Es gibt den Satz vom Widerspruch. Aber es existiert kein logisches Gesetz, dass das Begehen von Widersprüchen verbietet.[51] So ist am theoretischen Widerspruch auch nichts moralisch Bedenkliches. Er ist zunächst einmal lediglich uninformativ.[52] Zwar würde ein allzu hohes Maß an Widersprüchen lebenspraktisch zu problematischen Verhältnissen führen, die auch die Sozialität bedrohen und ein Zusammenleben verunmöglichen. Doch hätten wir es bei der Vermeidung solcher Zustände bereits mit einem Vernunftgebrauch *sub conditione* zu tun. In diesem Sinne handelt es sich auch bei allen Erweiterungen logischer Regeln zu sog. Rationalitätspostulaten, wie sie etwa von GILBERT HARMAN und in der *Belief Revision Theory* diskutiert werden,[53] kantisch gesprochen, um hypothetische Imperative. Sie zielen auf den Gewinn an informationellem Wert.

Im Feld des Praktischen sind die Aussichten wahrscheinlich nicht besser. Auf der einen Seite können wir mit einer Menge Widersprüche leben, ohne dass unsere Vernunft Schaden nimmt. Doch wird ein Kantianer dieser Beobachtung keine argumentative Signifikanz beimessen. Auf der anderen Seite wird man auch nicht behaupten wollen, die Universalisierbarkeit von Maximen, und das heißt jeder Fall erfolgreicher vernünftiger Selbsterhaltung, würde schon aus sich für moralische Sachhaltigkeit, geschweige denn für Moralität einstehen können.[54] Von größerem Gewicht dürfte die an KANTs Diskussion des strikten Lügenverbots[55] zu machende Beobachtung sein, dass

---

[50] Cf. RÖD (2000), S. 157.

[51] Daher erscheint die Bezeichnung des Satzes als der des zu vermeidenden Widerspruchs gut gemeint, aber irreführend. – MARTIN-LÖF (1992) weist darauf hin, dass alle traditionellen logischen Schlussregeln die Modalität der Erlaubnis haben. Eine normale Schlussregel sagt, dass man unter der Voraussetzung, dass man die Prämissen bewiesen hat, die Konklusion schließen *darf*. So gesehen wären Schlüsse (Handlungen) die besseren Kandidaten für eine Verbindung von deontischen Verhältnissen und Vernunft.

[52] Diesen Punkt erwähnt STRAWSON (1952), S. 2f.

[53] Cf. HARMAN (1986) u. ALCHOURRÓN/GÄRDENFORS/MAKINSON (1985).

[54] Ein Mangel an moralischer Sachhaltigkeit liegt bei der Maxime vor, beim Schuhebinden stets mit dem linken Schuh beginnen zu wollen, die problemlos ein allgemeines Gesetz werden könnte. Der Einwand, der kategorische Imperativ sei nur auf sog. moralrelevante Maximen anzuwenden (HÖFFE), würde ein neues Problem aufwerfen. Sagen, der kategorische Imperativ sei auf solche Fälle restringiert, heißt behaupten, man verfüge über einen unabhängigen Zugang zur Moral, der moralisch Relevantes von Irrelevantem zu unterscheiden erlaubt.

[55] KANT (1797), S. 426$_{14-16}$: „Wahrhaftigkeit in Aussagen, die man nicht umgehen kann, ist formale Pflicht des Menschen gegen Jeden, es mag ihm oder einem Andern daraus auch noch so großer Nachtheil erwachsen". Interessant ist hier der Nebensatz „die man nicht umgehen kann", der an Umstände denken lässt, unter denen Wahrhaftigkeit und Lüge keine disjunkten Klassen von Handlungen darstellen. Vielmehr ist es in solchen Fällen möglich, die Lüge zu vermeiden, indem man die Aussage umgeht. Damit würde die von einigen Autoren verfochtene Überlegung zu einem sog. „praktischen Gegenteil" einer Handlung hinfällig. Denn damit aus dem Verbot einer Handlung das

sowohl in der Folge kategorischer Verbote nichtuniversalisierbarer Absichten als auch durch den Anspruch auf Ausnahmen moralisch fragwürdige, ja unerträgliche Zustände auftreten können.[56] Offenbar sind moralische Fragen hier nicht allgemein im Vorhinein entscheidbar. Doch müsste dieser Befund in erster Linie den Universalisten erschrecken, sofern er bereit wäre, die Möglichkeit moralischer Konflikte oder Dilemmata zuzugestehen.

Weiterführend wäre die Konsequenz, reine Vernunft und Moral im Lichte solcher Beobachtungen ganz entkoppeln zu wollen, da einerseits unklar bleibt, ob formale Vernunfteigenschaften, denen die Begründung eines spezifisch moralischen Sollens zugedacht wird, überhaupt mit Sollensansprüchen verknüpft werden können. Andererseits kann bezweifelt werden, ob Gesetze der reinen Vernunft moralische Gesetze sind, wenn selbst der Umstand, dass eine Person ihre nicht gesetzesfähigen Maximen aufgibt, *weil* sie nicht gesetzesfähig sind, noch sinnvoll mit dem *open-question*-Argument konfrontiert werden kann: Aber handelt diese Person auch moralisch? – Doch nehmen wir an, reine Vernunft sei in einem nicht näher bestimmbaren realistischen Sinne gesetzgebend und damit moralisch praktisch.

6. Das Gefühl der Achtung und die Kasuistik der reinen Moralphilosophie

(1) Es ist sicher richtig, darauf hinzuweisen, dass das Faktum der Vernunft und die „Achtung fürs moralische Gesetz" (KpV 73$_{34}$) in einem systematischen Zusammenhang stehen.[57] Die Achtung ist konzipiert als eine Wirkung des Bewusstseins der Gesetzgebungshandlung der Vernunft (cf. KpV 75$_8$) und ist ausschließlich *dessen* Wirkung.[58] Die Gesetzgebung der reinen Vernunft soll sich nicht allein in einem Bewusstsein, sondern zudem an einem von ihr erzeugten, notwendigen und *a priori* erkennbaren Gefühl (cf. KpV 73$_{34-37}$) beweisen, welches ineins darauf hinwirkt, eben diesem das Gefühl generierenden Gesetz zu folgen und das Gesetz selbst zum alleinigen Motiv seiner Befolgung zu machen.[59] Das „*moralische*[ ]*Gefühl*" (KpV 75$_{18}$) der Achtung dient nicht der Dijudikation. Vielmehr soll es dazu bewegen, vom Moralgesetz als Dijudikationsprinzip einen Gebrauch zu machen, der das Dijudikationsprinzip zugleich als Motivationsprinzip etabliert. Daher sei „Achtung fürs Gesetz […] die Sittlichkeit selbst, subjectiv als Triebfeder betrachtet" (KpV 76$_{4-6}$).

KANTs Argumentation für ein außerordentliches moralisches Gefühl ist umwegig und zielt darauf, aus einem negativen Gefühl ein positives, nämlich aus der Demüti-

---

Gebot einer anderen (ihres praktischen Gegenteils) folgen würde, müssten beide eben disjunkten Klassen zugehören, was, wie KANT andeutet, bei Lüge und Wahrhaftigkeit nicht generell der Fall ist. Cf. u.a. EBERT (1976), bes. S. 577-579, u. HÖFFE (1989), S. 221.

[56] Siehe KANT (1797), S. 427$_{2-7}$: „Hast du nämlich einen eben jetzt mit Mordsucht Umgehenden *durch eine Lüge* an der That verhindert, so bist du für alle Folgen, die daraus entspringen möchten, auf rechtliche Art verantwortlich. Bist du aber strenge bei der Wahrheit geblieben, so kann dir die öffentliche Gerechtigkeit nichts anhaben; die unvorhergesehene Folge mag sein, welche sie wolle." Cf. KANTs kasuistische Ausflucht in KANT (1797), S. 427$_{7-11}$. Das Problem des Lügens, das durch eine Notlage habituell wird, schildert LOUIS BEGLEYs Roman *Wartime lies*.

[57] Cf. HENRICH (1973), S. 249 u. WILLASCHEK (1991).

[58] Cf. GMS 401 Anm. u. KpV 73$_{34-37}$, 76$_{16f.}$ u. 78f.

[59] Achtung für das Moralgesetz soll „als positive, aber indirecte Wirkung desselben aufs Gefühl [angesehen werden], mithin als subjectiver Grund der Thätigkeit, d.i. als *Triebfeder* zu Befolgung desselben, und als Grund zu Maximen eines ihm gemäßen Lebenswandels" (KpV 791$_{4-19}$).

gung der Sinnlichkeit eine Hochschätzung der Intelligibilität abzuleiten: Wenn das Moralgesetz den Willen unmittelbar durch einen intellektuellen Grund bestimmt, werden Neigungen und Sinnlichkeit und eine sich auf sie gründende Selbstschätzung intellektuell gedemütigt. Was Neigungen intellektuell demütigt, erweckt Achtung für den Demütigenden. Wenn das Gesetz Neigungen intellektuell demütigt, erweckt es demnach durch einen intellektuellen Grund via Demütigung der Sinnlichkeit zugleich Achtung für sich selbst.

Das Lehrstück von der Apriorität der Achtung ist wenig durchsichtig.[60] Es involviert möglicherweise den Trugschluss der Bejahung des Konsequens[61] und beruht im Wesentlichen auf drei Annahmen: (i) auf einem Bewusstsein der Geltung des Moralgesetzes, dessen Kausaleffekt allein von menschlicher Sinnlichkeit gehemmt wird (cf. KpV $79_{10\text{-}13}$), (ii) auf einer wertenden Selbstdiskriminierung des Menschen[62] in einen gewürdigten intelligiblen und einen abgewerteten sinnlichen Teil und (iii) auf der Überzeugung, dass der Zusammenhang von Handlungshemmnissen und -beförderungen nach Art kommunizierender Röhren zu denken ist. So sei die

> „Herabsetzung der Ansprüche der moralischen Selbstschätzung, d.i. die Demüthigung auf der sinnlichen Seite, eine Erhebung der moralischen, d.i. der praktischen Schätzung des Gesetzes selbst, auf der intellectuellen, mit einem Worte Achtung fürs Gesetz, also auch ein seiner intellectuellen Ursache nach positives Gefühl, das *a priori* erkannt wird. Denn eine Verminderung der Hindernisse einer Thätigkeit ist Beförderung dieser Thätigkeit selbst" (KpV $79_{4\text{-}10}$).

Annahme (i) ist eben das, was gezeigt werden soll, während Annahme (ii) mit der eingangs erwähnten anthropologischen Grundannahme verschränkt ist, mit deren Akzeptanz sie steht oder fällt. Was wertende Diskriminierungen dieser Art generell fragwürdig macht, ist der Umstand, dass die diskriminierende Instanz sich selbst zum hochgeschätzten Teil ihrer eigenen Diskriminierung rechnet. Die Verteidigung, einzig dieser sei überhaupt fähig, die Diskriminierung vorzunehmen und bereits dadurch vor dem Abgewerteten ausgezeichnet,[63] kann als formaler strategischer Zug der meisten Diskriminierungen dieser Art konstatiert werden und würde Demütigungen aller Art gerechtfertigt erscheinen lassen. Auch an Annahme (iii) drängen sich Zweifel auf. So ist fraglich, ob die Entfernung von Handlungshindernissen zwingend handlungsmotivierend wirkt und ob mit der Intensivierung von Demütigungen die Einsicht in Gegenstände der Achtung zunimmt (cf. KpV $73_{27\text{-}34}$).

Nun könnte es andererseits so scheinen, als zeige sich an KANTs Beweisführung abermals der *kat'anthrôpon*-Charakter transzendentaler Argumentationen: Das moralische Gesetz „beweiset" die „Wirklichkeit" der Freiheit als Autonomie performativ „an Wesen [...], die dies Gesetz als für sie verbindend erkennen" (KpV $47_{29\text{f.}}$), nämlich anerkennen oder eben achten; und dies nicht durch ein Bekenntnis, sondern indem sie es

---

[60] KANT entwickelt das Argument in der *Kritik der praktischen Vernunft* dreimal: cf. KpV 72f., 74f. u. 78f.

[61] Cf. HAMBLIN (1972), S. 35-37.

[62] GMS $452_{7\text{-}9}$: „Nun findet der Mensch in sich wirklich ein Vermögen, dadurch er sich von allen andern Dingen, ja von sich selbst, sofern er durch Gegenstände afficirt wird, unterscheidet, und das ist die *Vernunft.*"

[63] Cf. Fn. 62.

zum Handlungsmotiv machen.[64] Doch erweist sich dieser Gedanke gleichfalls als problematisch und scheint weder als *kat'anthrôpon* (für „Menschen überhaupt" (KU 462$_{37}$)) noch als transzendentale Argumentation akzeptiert werden zu können. Denn ein *kat'anthrôpon* geführter Beweis knüpft zwar an die (Einsichts-)Vermögen der zu überzeugenden Person an. Doch geschieht dies, um dieser Person (als Mensch überhaupt) etwas Allgemeingültiges zu demonstrieren, nicht um Wirkung und Validität lediglich *ad personam* (in einem positiven Sinn), nämlich mit Blick auf solche, die „dies Gesetz als für sie verbindend erkennen", auszuweisen.[65] Weit davon entfernt, universell gültige Regeln zu begründen, mutet Letzteres eher sektiererisch an, es sei denn, wir nehmen an, das Gesetz stelle an ihnen seine Allgemeingültigkeit exemplarisch unter Beweis. – Gelänge aber der Nachweis, dass Handlungen aus Achtung geschähen, so wäre man auch mit der Demonstration einer Normativität aus reiner Vernunft ein gutes Stück weiter gekommen.

Allerdings dürfte es, selbst wenn die Möglichkeit zugestanden wird, dass Achtung nicht allein gegenüber natürlichen Personen, sondern in vergleichbarer Weise auch gegenüber Abstrakta („Achtung für eine bloße Idee" (GMS 439$_6$)) empfunden wird,[66] schwer fallen, die Wirksamkeit dieses Motivs im einzelnen zu belegen. Und vielleicht ist es auch ganz unmöglich nachzuweisen, ob jemals auch nur ein einziger Mensch *„aus Pflicht"* (GMS 406$_{13}$), aus Achtung fürs Gesetz oder aus „intellectuelle[r] Verachtung" (KpV 75$_{11f.}$, cf. GMS 426$_6$) für andere Beweggründe gehandelt hat. Moralische Einstellungen dieser Art entziehen sich notorisch der Untersuchung und können auch dann nicht studiert werden, wenn man sie in Maximen aufnimmt und sich dazu auffordert, bestimmte *Einstellungen* zu haben, z.B.: „Handle pflichtmäßig aus Pflicht" (MS 391$_4$). Denn Einstellungen können gerade nicht *als* Einstellungen zum Gehalt von Maximen werden.

(2) Weil Achtung als Beweggrund auf diese Weise nicht nachgewiesen werden kann, laboriert KANT mit experimentellen Situationen, in denen das moralisch lautere Motiv kasuistisch herausdestilliert und isoliert werden soll.[67]

> „Hält nicht einen rechtschaffenen Mann im größten Unglücke des Lebens, das er vermeiden konnte, wenn er sich nur hätte über die Pflicht wegsetzen können, noch das Bewußtsein aufrecht, daß er die Menschheit in seiner Person doch in ihrer Würde erhalten und geehrt habe, daß er sich nicht vor sich selbst zu schämen und den inneren Anblick der Selbstprüfung zu scheuen Ursache habe? […] Diese innere Beruhigung ist also blos negativ in Ansehung alles dessen, was das Leben angenehm machen mag […] Sie ist die Wirkung von einer Achtung für etwas ganz anderes als das Leben, womit in Vergleichung und Entgegensetzung das Leben

---

[64] Cf. GUEVARA (2000).

[65] Diese Denkfigur kennzeichnet eher religiöse Glaubens- und Vertrauensverhältnisse als wissenschaftliche Begründungsverhältnisse und scheint im Ansatz paulinisch; cf. u.a. *Römerbrief* 1,16: „Denn [das Evangelium] ist eine Kraft Gottes, die selig macht alle, die daran glauben" („[to euangelion] dynamis gar theou estin eis sôtêrian panti tô pisteuonti"). Cf. THEOBALD (2000), S. 120.

[66] GRAESER (1999), S. 133 bekundet darüber zu Recht Befremden. – KANT scheint das Verhältnis beider Formen der Achtung so anzusetzen, dass Achtung für das Gesetz der Achtung einer Person in der begrifflichen Ordnung vorangeht: „Alle Achtung für eine Person ist eigentlich nur Achtung fürs Gesetz […], wovon jene uns das Beispiel giebt." (GMS 401$_{35f.}$ Anm.)

[67] Cf. KpV 30 u. GMS 398; zur quasi chemischen Methode cf. KpV 92f. Cf. WILLASCHEK (1991), S. 463f. u. LÖHRER (1995), S. 115-119.

vielmehr mit aller seiner Annehmlichkeit gar keinen Werth hat. Er lebt nur noch aus Pflicht, nicht weil er am Leben den mindesten Geschmack hat." (KpV 88₄₋₂₀)

Doch kranken diese Versuche, reine Vernunft gegenüber dem Leben auszuspielen, allesamt daran, dass sie durch ein einziges Gegenbeispiel, in diesem Fall durch Beibringen eines abweichenden Motivs, widerlegt würden. Dies dürfte selbst bei geschickter Beispielwahl nicht ganz auszuschließen sein.[68] Gibt es keinen dritten Weg, so ist zu konstatieren, dass, selbst wenn reine Vernunft moralisch gesetzgebend ist, es doch problematisch ist darzulegen, dass sie moralisch wirksam wird.

Dieser Befund tastet ein Gesetz, das sagt „was *geschehen soll*, ob es gleich niemals geschieht" (GMS 427₂f.), wahrscheinlich nicht an. Für die Lehre von einem moralischen Gefühl, welches das Bewusstsein des Moralgesetzes zum rechtmäßigen Kandidaten für die faktische Prämisse eines transzendentalen Arguments adeln würde, dürfte es hingegen perniziös sein. Zwar mag eine Regel Bestand haben, die niemals befolgt wird, sofern, wie LUHMANN meint,[69] das Durchhalten der Erwartung der Regelbefolgung deren Durchsetzung vorzuziehen ist. Dagegen ist es fragwürdig, ob es ein Gefühl gibt, dessen Existenz notwendig und *a priori* demonstrabel ist (cf. KpV 73₃₃₋₃₇), das jedoch womöglich niemals (täuschungsfrei) empfunden wird oder zu keinem Zeitpunkt die ihm zugedachte motivationale Kraft („Triebfeder") entfaltet, welche dann ihrerseits die normative Kraft der Regel belegen könnte. Lässt sich die Wirksamkeit dieses außerordentlichen Gefühls nicht nachweisen und die „Gewißheit einer Gesinnung" (KpV 73₂₁) folglich auch nicht als *a fortiori* rechtmäßig beansprucht aufzeigen, dann ist auch diese Argumentationskette unterbrochen und somit kraftlos. – Doch wollen wir annehmen, reine Vernunft sei moralisch motivierend, einerseits, um Handlungen einen Grund zu geben, andererseits, um zu veranlassen, bestimmte Maximen aufzugeben.

(3) Wie man bei PLATON gut beraten ist, wenn man sich auf die von ihm benannten Ideen beschränkt, statt systematisierend neue Exempel zu generieren, so tut man bei KANT gut daran, sich an seine Beispiele für die Anwendung des kategorischen Imperativs zu halten. Denn kaum auf anderes als das, was die gesetzgebende Vernunft direkt oder mittelbar als möglicher Widerspruch selbst belangt, scheinen das Sittengesetz oder der Imperativ anwendbar. Das würde bedeuten, dass es um subjektive Grundsätze geht, die im Erlaubnisfall universalisierbar, im Verbotsfall dagegen nicht als allgemeines Gesetz denkbar oder, obgleich denkbar, nicht mehr gewollt werden können.

Auch hier sind Einschränkungen nötig. Denn es dürften mehr Bedingungen im Spiel sein als einer reinen Moralphilosophie lieb sind. Auf Probleme mit einem strikten Lügenverbot (cf. auch GMS 403) habe ich bereits hingewiesen. Ähnliche Schwierigkeiten könnten im Fall der unbedingten Einhaltung von Versprechen auftreten (cf. GMS 422), wenn nicht eine situationsinvariante Pflichtenhierarchie moralische Konflikte systematisch ausschließt.[70] Dagegen hängt das Argument für das Verbot des

---

[68] Cf. GMS 407.
[69] LUHMANN (1969), S. 39: „[…] daß das Durchhalten der Erwartung wichtiger ist als das Durchsetzen." Cf. LUHMANN (1987), S. 61.
[70] KANT (1784/85), S. 260f.: „Obligationes können größer und kleiner seyn, und können sich nicht widerstreiten, denn was moralisch nothwendig ist, da kann keine andere Obligation das Gegentheil nothwendig machen."

Selbstmords (cf. GMS 421f.) von der Plausibilität faktischer Annahmen über eine Natur ab, die widerspruchsfrei gedacht werden können soll. Dass die Unterlassung der Hilfeleistung in der Not unstatthaft ist (cf. GMS 423), wird überraschenderweise damit begründet, dass die naturgesetzliche Aufhebung von Verhältnissen des *do ut des* nicht gewollt werden könne, was offenbar Erfahrung involviert. Von den kategorischen Verboten des Diebstahls,[71] der Faulheit (cf. GMS 422f.) oder der Masturbation (cf. MS 424f.) nicht erst zu reden.

7. Rückblick und Ausblick

Das Projekt der Begründung von Normativität aus reiner Vernunft ist in nicht unerhebliche Schwierigkeiten verstrickt. Im Stile von GORGIAS' Fragment 3 könnte man resümieren:[72] (1) Wie Freiheit und mit ihr ein Gesetz aus reiner Vernunft möglich ist, lässt sich nicht zeigen. Zuvor ist jedoch bereits nicht hinreichend klar, ob dieses Gesetz ein moralisches sein kann. (2) Wenn aber reine Vernunft moralisch praktisch, nämlich gesetzgebend wäre, so scheint nicht nachweisbar, dass ihr Gesetz motivierend wirksam wird. (3) Und selbst wenn das Gesetz motivierte, wäre sein Geltungsbereich eingeschränkt und jedes Beispiel mit einer Fülle von Einwänden konfrontiert.

Ungeachtet dieser Schwierigkeiten, die bei Theorien dieser Tragweite und Bedeutung vielleicht nicht einmal überraschend sind, gibt es gute Gründe dafür, von Begründungsversuchen dieser Art nicht abzulassen. Dies freilich wiederum *sub conditione*; dann nämlich, wenn man bestimmte anthropologische Grundannahmen teilt, die auch KANTs Überlegungen motiviert haben mögen. Gehen wir von einem Subjekt aus, das aus sich allein etwas wollen kann und dabei stets für sich selbst will, so präsentiert sich Subjektivität des Näheren als nicht anders denn erfolgsorientiert mögliche Intentionalität.[73] Das Subjekt erscheint zudem als eines, das nicht durch vorgängige Sozialität Subjekt wird, sondern als ein, essentiell vernunftbestimmtes, zunächst für sich seiendes, das (dem Begriff nach später) auch einen Hang zur Geselligkeit hat,[74] jedoch keinen positiven begrenzenden Halt an anderen findet, der konstitutiv für es sein könnte.

Dieser formale Zug färbt auf weiterführende Überlegungen ab. Subjekte rechnen primär mit Widerstand durch andere Subjekte, wie sie selber gleichfalls zum Widerstand tendieren, während Verhältnisse wechselseitigen Brauchens und Liebens unter

---

[71] Cf. HEGELs Kritik, das Diebstahlverbot setze Eigentum voraus, andernfalls komme es nicht zum Widerspruch, in HEGEL (1971), S. 368f. Einen ähnlichen Einwand bringt BRENTANO (1955), S. 52 Anm. 14, gegen den kategorischen Imperativ in all seinen Anwendungen vor: „Man erkennt leicht, daß die Argumentation Kants falsch, ja absurd ist. Wenn infolge des Gesetzes gewisse Handlungen unterlassen werden, so übt es eine Wirkung; es ist also noch wirklich und keineswegs durch sich selbst aufgehoben. Wie lächerlich wäre es, wenn einer in analoger Weise folgende Frage behandeln würde: Darf ich einem, der mich zu bestechen sucht, willfahren? – Ja! Denn dächte ich die entgegengesetzte Maxime, zum allgemeinen Naturgesetz erhoben, so würde niemand mehr einen zu bestechen versuchen; folglich wäre das Gesetz ohne Anwendung; also unausführbar und somit aufgehoben durch sich selbst."

[72] Cf. GORGIAS (Fr. 3 = SEXTUS EMPIRICUS, *Adversus mathematicos* 7,65); sinngemäß: (1) Nichts existiert; (2) Selbst wenn etwas existiert, so ist es für den Menschen nicht erkennbar; (3) Selbst wenn es erkennbar ist, so ist es doch einem anderen nicht mitteilbar.

[73] Cf. PRAUSS (1983), S. 23f. u. S. 162f..

[74] Cf. KANT (1784), S. 20$_{30\text{-}33}$.

Pathologischem rubriziert werden.[75] Nun würde das egoistische Besitz- und Machtstreben gleichsam entfesselter Intentionalitätsbestien allerdings so kollidieren, dass es sich letztlich in Hobbesschen Zuständen aufreibt.[76] „Wäre […] jeder frey ohne Gesetz", so KANT zur Zeit der Abfassung der *Grundlegung*, „so könnte nichts schrecklicheres gedacht werden. Denn jeder machte mit dem andern was er wollte, und so wäre keiner frey."[77] Unter diesen Auspizien scheint es zwingend, Freiheit als Harmonie von größtmöglichem Antagonismus und universeller Nichtläsion nach einem allgemeinen Gesetz zu denken,[78] damit vernunftbestimmte Subjekte (Intentionalität) an ihm ihren Halt finden.

Anders würden Überlegungen zur Normativität aussehen, wenn man annähme, dass Freiheit konstitutiv Verhältnissen des Besonderen statt des Einzelnen oder Universellen entspringt, so dass es sie auch erst zu zweit oder dritt gibt, und wenn man des weiteren von einer Konzeption des Handelns ausginge, für die die Form des Gebens und Nehmens – mithin etwas, was niemand für sich allein leisten kann – grundlegend ist.[79] Dann würde man auch der Normativität eine andere Genese und der Inanspruchnahme ihres Begriffs eine andere Rechtfertigung zudenken wollen.[80]

Literatur

ALCHOURRÓN, CARLOS/GÄRDENFORS, PETER/MAKINSON, DAVID (1985): On the Logic of Theory Change. Partial Meet Contraction Functions and Their Associated Revision Functions, in: Journal of Symbolic Logic 50, S. 510-530.

ALLISON, HENRY (1995): Kant's Theory of Freedom, Cambridge MA: Cambridge Univ. Press.

BEGLEY, LOUIS (1992): Wartime Lies, London: Picador.

BITTNER, RÜDIGER (1983): Moralisches Gebot oder Autonomie, München/Freiburg: Alber.

BITTNER, RÜDIGER (2001): Doing Things for Reasons, Oxford: Oxford Univ. Press.

BÖHME, HARTMUT/BÖHME, GERNOT (1983): Das Andere der Vernunft. Zur Entwicklung von Rationalitätsstrukturen am Beispiel Kants, Frankfurt a.M.: Suhrkamp.

BRENTANO, FRANZ (1955) Vom Ursprung sittlicher Erkenntnis (1889), ed. OSKAR KRAUS, 4.Auflage, Hamburg: Meiner.

BUBNER, RÜDIGER (1984): Selbstbezüglichkeit als Struktur transzendentaler Argumente", in: EVA SCHAPER/WILHELM VOSSENKUHL (eds.), Bedingungen der Möglichkeit. ‚Transcendental Arguments' und transzendentales Denken, Stuttgart: Klett-Cotta, S. 63-79.

BÜHLER, AXEL (1992): Einführung in die Logik. Argumentation und Folgerung, Freiburg/München: Alber.

---

[75] Cf. KANT (1784), S. 21.
[76] Cf. KANT *Bemerkungen*, S. 92_{2-4}, 92_{23}-93_2, $93_{26f.}$ u. 94_{1-3} u. dazu PRAUSS (1983), S. 42-44.
[77] KANT, NF 1320_{16-18}.
[78] Cf. z.B. KANT (1784), S. 22_{9-11}.
[79] Cf. dazu LÖHRER (2003), S. 13 et al.
[80] Für Kritik und Hinweise zu früheren Fassungen danke ich ANDREAS GRAESER und KARL MERTENS. Die Fertigstellung dieser Arbeit wurde vom Schweizerischen Nationalfonds unterstützt.

DORSCHEL, ANDREAS (2002): Vorgriffe. Über Präsumtionen, Präsuppositionen und Vorurteile, in: Internationale Zeitschrift für Philosophie, Heft 1, S. 85-100.

EBERT, THEODOR (1976): Kants kategorischer Imperativ und die Kriterien gebotenes, verbotenes und freigestellter Handlungen, in: Kant-Studien 67, S. 570-583.

FOOT, PHILIPPA (1978): Morality as a System of Hypothetical Imperatives, in: dies., Virtues and Vices and Other Essays in Moral Philosophy, Oxford: Basil Blackwell, S. 157-173.

GRAESER, ANDREAS (1999): Philosophie und Ethik, Düsseldorf: Parerga.

GUEVARA, DANIEL (2000): Kant's Theory of Moral Motivation, Boulder, Colo.: Westview Press.

HAMBLIN, CHARLES L. (1972): Fallacies, London: Methuen.

HARMAN, GILBERT (1986): Change in View. Principles of Reasoning, Cambridge, Mass.: MIT Press.

HENRICH, DIETER (1973): Der Begriff der sittlichen Einsicht und Kants Lehre vom Faktum der Vernunft, in: GEROLD PRAUSS (ed.), Kant. Zur Deutung seiner Theorie von Erkennen und Handeln, Köln: Kiepenheuer & Witsch, S. 223-254.

HÖFFE, OTFRIED (1989): Kants nichtempirische Verallgemeinerung: zum Rechtsbeispiel des falschen Versprechens, in: ders., Grundlegung zur Metaphysik der Sitten. Ein kooperativer Kommentar, Frankfurt a.M.: Klostermann, S. 206-233.

HÖFFE, OTFRIED (1995): Ausblick: Aristoteles oder Kant – wider eine plane Alternative, in: ders. (ed.), Aristoteles: Die Nikomachische Ethik, Berlin: Akademie Verlag, S. 277-304.

HUME, DAVID (1888): A Treatise of Human Nature (1739/40), ed. A. L. SELBY-BIGGE, Oxford: Clarendon Press.

ILTING, KARL-HEINZ (1972): Der naturalistische Fehlschluß bei Kant, in: MANFRED RIEDEL (ed.), Rehabilitierung der praktischen Philosophie, 2 Bd., Freiburg: Rombach, Bd. 1, S. 113-130.

KORSGAARD, CHRISTINE M. (1985): Aristotle and Kant on the Source of Value, in: Ethics 96, S. 486-505.

KORSGAARD, CHRISTINE M. (1996): The Sources of Normativity, id. with G. A. COHEN, R. GEUSS, T. NAGEL, B. WILLIAMS, ed. ONORA O'NEILL, Cambridge: Cambridge Univ. Press.

LENK, HANS (1970): Philosophische Logikbegründung und rationaler Kritizismus, in: Zeitschrift für philosophische Forschung 24, S. 183-205.

LÖHRER, GUIDO (1995): Menschliche Würde. Wissenschaftliche Geltung und metaphorische Grenze der praktischen Philosophie Kants, Freiburg/München: Alber.

LÖHRER, GUIDO (2001): Gibt es analytische Urteile?, in: Internationale Zeitschrift für Philosophie, Heft 1, S. 60-84.

LÖHRER, GUIDO (2003): Praktisches Wissen. Grundlagen einer konstruktiven Theorie menschlichen Handelns, Paderborn: Mentis.

LUHMANN, NIKLAS (1969): Normen in soziologischer Sicht, in: Soziale Welt 20, S. 28-48.

LUHMANN, NIKLAS (1987): Rechtssoziologie, 3. Aufl., Opladen: Westdeutscher Verlag.

MARTIN-LÖF, PER (1992): On the relation between mathematics, logic and the theory of knowledge, (unveröffentlichte Mitschrift eines Vortrags, Paris, April 1992).

MCDOWELL, JOHN (1978): Are Moral Requirements Hypothetical Imperatives?, in: The Aristotelian Society, suppl. Vol. 52, S. 13-29.

HAMBLIN, CHARLES L. (1972): Fallacies, London: Methuen.

HEGEL, GEORG WILHELM FRIEDRICH (1971): Vorlesungen über die Geschichte der Philosophie III (1816), in: Theorie Werkausgabe, ed. E. MOLDENHAUER/K. M. MICHEL, Frankfurt a.M.: Suhrkamp.

MEIER, GEORG FRIEDRICH (1996): Versuch einer allgemeinen Auslegungskunst (1757), ed. A. BÜHLER u. L. CATALDI MADONNA, Hamburg: Meiner.

PATON, HERBERT J. (1947): The Categorical Imperative. A Study in Kant's Moral Philosophy, London: Hutchinson.

PATZIG, GÜNTHER (1971): Ethik ohne Metaphysik, Göttingen: Vandenhoeck & Ruprecht.

PRAUSS, GEROLD (1983): Kant über Freiheit als Autonomie, Frankfurt a.M.: Klostermann.

PUTNAM, HILARY (1981): Reason, Truth and History, Cambridge: Cambridge Univ. Press.

PUTNAM, HILARY (1993): Objectivity and the Science-Ethics Distinction, in: MARTHA NUSSBAUM/ AMARTYA SEN (eds.), The Quality of Life, Oxford: Oxford Univ. Press, S. 143-157.

RÖD, WOLFGANG (2000): Der Weg der Philosophie von den Anfängen bis ins 20. Jahrhundert, Zweiter Band: 17. bis 20. Jahrhundert, München: Beck.

RORTY, RICHARD (1971): Verificationism and Transcendental Arguments, in: Noûs 5, S. 3-14.

RORTY, RICHARD (1979): Transcendental Arguments, Self-reference, and Pragmatism, in: PETER BIERI/ROLF-P. HORSTMANN/LORENZ KRÜGER (eds.), Transcendental Arguments and Science. Essays in Epistemology, Dordrecht: Reidel, S. 77-103.

SCHÖNECKER, DIETER (1997): Die ‚Art von Zirkel' im dritten Abschnitt von Kants *Grundlegung zur Metaphysik der Sitten*, in: Allgemeine Zeitschrift für Philosophie 22, S. 189-202.

SCHÖNECKER, DIETER (1999): Kant: Grundlegung III. Die Deduktion des kategorischen Imperativs, Freiburg/München: Alber.

SCHÖNRICH, GERHARD (1981): Kategorien und transzendentale Argumentation. Kant und die Idee einer transzendentalen Semiotik, Frankfurt a.M.: Suhrkamp.

SOMMER, MANFRED (1977): Die Selbsterhaltung der Vernunft, Stuttgart-Bad Cannstatt: Frommann & Holzboog.

STALNAKER, ROBERT (1972): Pragmatics, in DONALD DAVIDSON/GILBERT HARMAN (eds.), Semantics of Natural Language, Dordrecht: Reidel, S. 380-397.

STALNAKER, ROBERT (1973): Presuppositions, in: The Journal of Philosophical Logic 2, S. 447-457.

STRAWSON, PETER F. (1952): Introduction to Logical Theory, London: Methuen.

STROUD, BARRY (1968): Transcendental Arguments, in: The Journal of Philosophy 65, S. 241-256.

STUHLMANN-LAEISZ, RAINER (1976): Kants Logik. Eine Interpretation auf der Grundlage von Vorlesungen, veröffentlichten Werken und Nachlaß, Berlin/New York: de Gruyter.

THEOBALD, MICHAEL (2000): Der Römerbrief, Darmstadt: Wissenschaftliche Buchgesellschaft.

THOMAS VON AQUIN (1961): Summa contra gentiles, ed. D. PETRI MARC, Taurini: Marietti Ed. (Nachdruck).

TUGENDHAT, ERNST (1993): Vorlesungen über Ethik, Frankfurt a.M.: Suhrkamp.

WHITE, MORTON (1956): Toward Reunion in Philosophy, Cambridge: Harvard Univ. Press.

WHITE, MORTON (1981): What Is and What Ought To Be Done. An Essay on Ethics and Epistemology, New York: Oxford Univ. Press.

WIELAND, WOLFGANG (2001): Urteil und Gefühl. Kants Theorie der Urteilskraft, Göttingen: Vandenhoeck & Ruprecht.

WILLASCHEK, MARCUS (1991): Die Tat der Vernunft. Zur Bedeutung der Kantischen These vom ‚Faktum der Vernunft', in: G. FUNKE (ed.), Akten des Siebenten Internationalen Kant-Kongresses (Mainz 1990), Bd. II.1, Bonn: Bouvier, S. 455-466,

WILLASCHEK, MARCUS (1992): Praktische Vernunft. Handlungstheorie und Moralbegründung bei Kant, Stuttgart: Metzler 1992.

ANHANG

SIGLENVERZEICHNIS

Die Schriften KANTs werden nach den folgenden Werkausgaben zitiert. Die jeweils zu Grunde gelegte Ausgabe ist in den Fußnoten der Beiträge verzeichnet.
Akademieausgabe (=AA):
IMMANUEL KANT: *Kants gesammelte Schriften*, hg. von der Königlich Preußischen Akademie der Wissenschaften, Berlin 1902ff.: de Gruyter.
Weischedelausgabe (=WW):
IMMANUEL KANT: *Werke in zwölf Bänden*, hg. von WILHELM WEISCHEDEL, Frankfurt a.M. 1968: Suhrkamp.
Die Kritik der reinen Vernunft wird davon abweichend von einigen Autoren nach folgender Ausgabe zitiert: *Kritik der reinen Vernunft*, nach der ersten und zweiten Original-Ausgabe (mit Gegenüberstellung der erheblich von einander abweichenden Abschnitte), hg. von RAYMUND SCHMIDT, Hamburg 1956: Meiner.

Verwendete Siglen (in alphabetischer Reihenfolge) und Konkordanz

(Bemerkungen)	*Bemerkungen zu den Beobachtungen über das Gefühl des Schönen und Erhabenen*, AA 20, 1-192.
(FdM)	*Welches sind die wirklichen Fortschritte, die die Metaphysik seit Leibnizens und Wolff's Zeiten in Deutschland gemacht hat?*, AA 20, S. 255-332; WW 6, 583-582.
(GMS)	*Grundlegung zur Metaphysik der Sitten*, AA 4, 385-463; WW 7, 7-102.
(JL)	*Jäsche-Logik*, AA 9, 1-150; WW 6, 417-582.
(KpV)	*Kritik der praktischen Vernunft*, AA 5, 1-163; WW 7, 103-302.
(KrV A)	*Kritik der reinen Vernunft* (1. Auflage 1781), AA 3, 1-252; WW 3,4.
(KrV B)	*Kritik der reinen Vernunft* (2. Auflage 1787), AA 2, 1-552; WW 3,4.
(KU)	*Kritik der Urteilskraft*, AA 5, 165-486; WW 10, 113-456.
(MAN)	*Metaphysische Anfangsgründe der Naturwissenschaften*, AA 4, 465-565; WW 9, 7-136.
(MS)	*Metaphysik der Sitten*, AA 6, 203-494; WW 7, 303-634.
(NF)	*Naturrecht Feyerabend*, AA 27,2.2, 1317-1394.
(Prol)	*Prolegomena zu einer jeden künftigen Metaphysik, die als Wissenschaft wird auftreten können*, AA 4, 253-383; WW 5, 109-264.
(Rel)	*Die Religion innerhalb der Grenzen der bloßen Vernunft*, AA VI, 1-202; WW 8, 645-879.
(Vorarbeiten)	*Vorarbeiten zu Die Metaphysik der Sitten*, AA 23, 207-419.
(WL)	*Wiener Logik*, AA 24,1.2, 785-940.
(1755)	*Allgemeine Naturgeschichte und Theorie des Himmels*, AA 1, 215-368; WW 1, 219-400.
(1764)	*Untersuchung über die Deutlichkeit der Grundsätze der natürlichen Theologie und der Moral*, AA 2, 273-301; WW 2, 739-774.

(1766)   *Träume eines Geistersehers, erläutert durch Träume der Metaphysik*, AA 2, 315-373;
                  WW 2, 919-990.

(1782/83)   *Moral Mrongovius*, AA 27,2.2, 1395-1581.

(1784)   *Idee zu einer Geschichte in weltbürgerlicher Absicht*, AA 8, 15-32; WW 11, 31-50.

(1784/85)   *Moralphilosophie Collins*, AA 27,1, 237-473.

(1786)   *Was heißt: Sich im Denken orientiren?*, AA 8, 131-148; WW 5, 265-284.

(1790)   *Über eine Entdeckung, nach der alle neue Kritik der reinen Vernunft durch eine ältere
                  entbehrlich gemacht werden soll* [Streitschrift Eberhard], AA 8, 185-252.

(1797)   *Über ein vermeintes Recht aus Menschenliebe zu lügen*, AA 8, 423-430; WW 8,
                  635-644.

ZU DEN AUTOREN

ALEKSANDER BOBKO, geb. 1960, habilitierte sich mit einer Arbeit zu SCHOPENHAUER und KANT (erschienen 1996 in polnischer Sprache) und unterrichtet z.Z. Philosophie an der Universität in Rzeszów und an der Päpstlichen Theologischen Akademie in Krakau. Seine Forschungsschwerpunkte liegen in den Bereichen moderne Philosophie (vor allem deutsche Philosophie von KANT bis SCHOPENHAUER) und gegenwärtige Probleme der Ethik. Neben Veröffentlichungen in polnischer Sprache liegen vor: „Non Multa. Schopenhauers Philosophie des Leidens" (2001); „Das Verhältnis von Bürger und Staat im politischen Bewußtsein in Polen" in M. SPIEKER (Hrsg.), „Nach der Wende", Pardeborn (1995); „Human Rights and Polish Reality" in „Journal of Interdisciplinary Studies" Vol. X, (1998), Pasadena, CA.

CHRISTIAN DANZ, geb. 1962, lehrt seit 2002 als Professor für Systematische Theologie an der Evangelisch-Theologischen Fakultät der Universität Wien. Wichtigste Veröffentlichungen: „Die philosophische Christologie F.W.J. Schellings" (1996); „Religion als Freiheitsbewußtsein. Eine Studie zur Theologie als Theorie der Konstitutionsbedingungen individueller Subjektivität bei Paul Tillich" (2000); neben umfangreicher Herausgeberschaft zahlreiche Aufsätze zur Religionsphilosophie des deutschen Idealismus, zur Theologiegeschichte und zu systematisch-theologischen Fragestellungen.

REINHARD HILTSCHER, geb. 1959, ist Privatdozent für das Wissenschaftsgebiet Philosophie an der Technischen Universität Dresden. Bisherige Buchveröffentlichungen: (hrsg. zusammen mit ANDRÉ GEORGI) „Perspektiven der Transzendentalphilosophie" (2002); „Wahrheit und Reflexion" (1998); (hrsg. zusammen mit ALEXANDEL RIEBEL) „Wahrheit und Geltung" (1996); „Kant und das Problem der Einheit der endlichen Vernunft" (1987). HILTSCHER schreibt z.Z. an einem Buch zum „ontologischen Gottesbeweis".

GUIDO LÖHRER, geb. 1960, ist zur Zeit Privatdozent und wissenschaftlicher Angestellter am Institut für Philosophie der Universität Bern mit dem Nationalfondsprojekt *Prozesse moralischen Umdenkens/The Dynamics of Moral Belief*. Seine Forschungsschwerpunkte im theoretischen Bereich liegen auf Moralphilosophie, Metaethik, Handlungstheorie, *Theory of Mind and Action*, Erkenntnistheorie, Logik, Sprachphilosophie und Ontologie. Wichtigste Veröffentlichungen: „Menschliche Würde. Wissenschaftliche Geltung und metaphorische Grenze der praktischen Philosophie Kants" (1995); „Praktisches Wissen. Grundlagen einer konstruktiven Theorie menschlichen Handelns" (2003).

ANDREAS LORENZ arbeitet seit 2002 am Institut für Philosophie der Universität Wrocław. Wichtigste Veröffentlichungen: „Von Freud zu Schopenhauer. Anmerkungen zu einer revolutionären Rezeptionsbeziehung zwischen Metaphysik und Psychologie an der Schwelle zur Moderne", in: Schopenhauer im Kontext, hg. v. D. BIRNBACHER, A. LORENZ, L. MIODOŃSKI (2002); „Kant und Newton. Klassische Natur- und Transzendentalphilosophie" (2003); „Das Problem der Dinge an sich bei Kant, Schopenhauer und Freud" (2004); „Gewißheit versus Hypothese. Postmetaphysische Untersuchungen zur Philosophieauffassung bei Kant, Newton und Schopenhauer" (Erscheinen in Vorbereitung).

WILHELM METZ, geb. 1959, ist APL-Professor an der Albert-Ludwigs-Universität in Freiburg. Er studierte in Braunschweig und München. Erlangung des *magister artium* 1986 in München, Promotion in Siegen 1989: „Kategoriendeduktion und produktive Einbildungskraft in der theoretischen Philosophie Kants und Fichtes" (1991), Habilitation in Freiburg 1997: „Die Architektonik der Summa Theologiae des Thomas von Aquin. Zur Gesamtsicht des thomasischen Gedankens" (1998). Seine Forschungsschwerpunkte sind: Philosophie und Theologie des Hochmittelalters, Philosophie der frühen Neuzeit, KANT, Deutscher Idealismus, neuzeitliche Rechts- und Staatsphilosophie, französische Gegenwartsphilosophie.

LEON MIODOŃSKI, geb. 1960, lehrt und forscht an der Universität Wrocław. Er promovierte über ARTHUR SCHOPENHAUERs Religionsphilosophie und habilitierte sich zum Thema „Die Ganzheit als Paradigma des Weltdenkens in der deutschen Philosophie im Aufbruch zur Romantik". Er hat zahlreiche Veröffentlichungen über die deutsche Philosophie und deren Rezeption in Polen verfasst. Im Wintersemester 2003/04 war MIODOŃSKI Gastprofessor an der Johannes Gutenberg-Universität Mainz.

GEROLD PRAUSS, geb. 1936, war bis Oktober 2001 Direktor des Philosophischen Seminars I der Universität Freiburg im Breisgau. Ausgewiesen durch Veröffentlichungen zur Philosophie der Antike, Neuzeit und Gegenwart, widmet er sich insbesondere der Systematik von Erkenntnis- und Handlungstheorie zusammen mit Ontologie und der Leib/Seele-Problematik. Buchveröffentlichungen: „Platon und der logische Eleatismus" (1966); „Erscheinung bei Kant" (1971); „Kant und das Problem der Dinge an sich" (1974); „Erkennen und Handeln in Heideggers *Sein und Zeit*" (1977); „Einführung in die Erkenntnistheorie" (1980); „Kant über Freiheit als Autonomie" (1983); „Die Welt und wir" (1993-1999), 2 Bände in 4 Teilen (letzter Teil in Vorbereitung).

ADOLF RAMI, geb. 1977, ist gegenwärtig wissenschaftlicher Mitarbeiter am Lehrstuhl für Theoretische Philosophie an der Technischen Universität Dresden; Veröffentlichungen zu unterschiedlichen Themen aus den Bereichen Sprachphilosophie, Wahrheitstheorie, Ontologie und zu WITTGENSTEINs Spätphilosophie.

PEDRO SCHMECHTIG, geb. 1968, studierte Philosophie und Erziehungswissenschaften an der Technischen Universität Dresden. Er promovierte dort 2002 mit einer Arbeit zur Rationalität von Einstellungszuschreibungen. Seit 2002 ist er wissenschaftlicher Mitarbeiter im philosophischen Teilprojekt des Sonderforschungsbereichs 537 „Institutionalität und Geschichtlichkeit" in Dresden.

GERHARD SCHÖNRICH, geb. 1951, ist Professor für Theoretische Philosophie an der Technischen Universität Dresden. Buchveröffentlichungen: „Kategorien und transzendentale Argumentation" (1981); „Zeichenhandeln. Untersuchungen zum Begriff einer semiotischen Vernunft im Ausgang von Ch. S. Peirce" (1990); „Bei Gelegenheit Diskurs. Von den Grenzen der Diskursethik und dem Preis der Letztbegründung" (1993); (hrsg. zusammen mit Y. KATO) „Kant in der Diskussion der Moderne" (1996); „Semiotik zur Einführung" (1999); (hrsg. zusammen mit U. BALTZER) „Institutionen und Regelfolgen" (2002); zahlreiche Abhandlungen und Artikel in Sammelbänden und Fachzeitschriften.